本書係「敦煌文獻系統性保護整理出版工程」項目成果

二〇二一—二〇三五年國家古籍工作規劃重點出版項目

「十四五」國家重點出版物出版規劃項目

國家古籍整理出版專項經費資助項目

敦煌文獻全集

法國國家圖書館藏
敦煌文獻

榮新江　主編

第 一一九 冊

P.3567～P.3599

上海古籍出版社

MANUSCRITS DE DUNHUANG CONSERVÉS À LA BIBLIOTHÈQUE NATIONALE DE FRANCE

119

P.3567 ~ P.3599

Directeur

RONG Xinjiang

Les Éditions des Classiques Chinois, Shanghai

DUNHUANG MANUSCRIPTS IN THE BIBLIOTHÈQUE NATIONALE DE FRANCE

119

P.3567 ~ P.3599

Editor in Chief

RONG Xinjiang

Shanghai Chinese Classics Publishing House

主　編

榮新江

編　纂

史睿　王楠　馮婧　范晶晶　付馬　陳瑞翾

沈琛　包曉悅　李昀　何亦凡　郝雪麗　毛秋瑾

嚴世偉　宛盈　袁勇　李子涵　李韞卓　忻然

路錦昱　徐偉喆　潘雪松　關子健

府憲展　曾曉紅　盛潔

支持單位　北京大學敦煌學研究中心

責任編輯　張禕琛

美術編輯　王楠瑩　嚴克勤

目錄

Bibliothèque nationale de France

Pelliot chinois 3567

厨今至陳竇殿嚴慶龍樓請奉苑之朋傅轉十二之分
教三長後養月六代每稜以以唐加數考有誰施作將
雨有我府主令公先奉為龍天以郎誰竇考表而協曾
花擇□王崔龍似而小壽　　　　公竇任孝却石而章陳
夫人寵顏此貞松而不豪羽□等諭郎君昂季岩塔
盤名之業運小娘之為外金殊恆耀申壽之向之和
勳也伏惟我府主令公天資鳳骨地傑龍腋庶合洫
江海之能棄雁風雲之量敕陳秉安哭竇鎮靜
封壃耳常凛竇於三農風雨不愆於四序故得名
傳田下與云楷八宏謀行師乃里從風許動乃六醬
向巳井卹野老武秉故殿之歟枝逡進余其軟兄

P.3567v　　雜寫

Bibliothèque nationale de France

Pelliot chinois 3568

普賢菩薩行願王經

大蕃國沙門元　分別奉　詔譯

盡諸十方世界尊　普遊三世人師子　我身口意具清淨　是故令當遍稽首

以普賢行諸願力　一切勝想現前　俯身量莘刹主塵　慶心章礼於大聖

一礆塵上衆廛佛　各居其中佛子遶　是諸法界盡无邊　如來皆遍當勝解

是諸德海量難盡　以言枝流活无涯　諸佛切德敷演故　一切善逝我當讚

朕勝妙花及花鬘　朕勝妙燈及鑪香　音聲塗香及寶盖　恭敬供養一切佛

朕妙衣眼及薰香　未香積裏莘須弥　勝妙一切莊嚴具　恭敬供養於善逝

深信普賢行願力　如是无上廣大施　此皆將獻於十方　恭敬供養一切佛

蕣以貪嗔癡爲因　身業口業及意業　若有所造於不善　如是我令皆懺悔

十方諸佛与菩薩　緣覺有學及无學　及与衆生諸切德　我當隨喜於一切

食與懺悔　随喜召發及勸請　我於積集少善根　皆用迴向大菩提

十方諸善逝　速令頗滿證菩提　盡於十方諸剎土　皆得廣大令清净

樹下等覺尊　及諸佛子頗圓滿　所是十方有情類　皆得无病常安樂

永生諸法義　用行希望随意成　菩提諸行我當行　頗生六趣知宿命

世世受身時　頗我出家果恒遂　随順修學諸宗勝　普賢行行令圓滿

无垢清净尸羅行　常頗无缺无瑕穢　天龍夜叉鳩槃茶　人及諸勝發眾聲

所有諸惡成障者　如是皆頗盡消滅　業与煩惱諸魔道　行於世間得解脫

各各所有一切音　我随彼音為說法　調善精勤修十度　頗常不忘菩提心

不著於水喻蓮花　逈空无导如日月　所有十方剎土中　惡趣眾苦盡消除

令致有情安樂處　饒益諸行利群品　餘令圓满菩提行　随順眾生轉彼行

開示普賢菩薩行　盡未来劫行此行　熟餘與我同行行　願得與之常相随

身業口業及意業　與彼行行頗為一　欲利於我諸善友　開演普賢諸行者

Pelliot chinois 3569

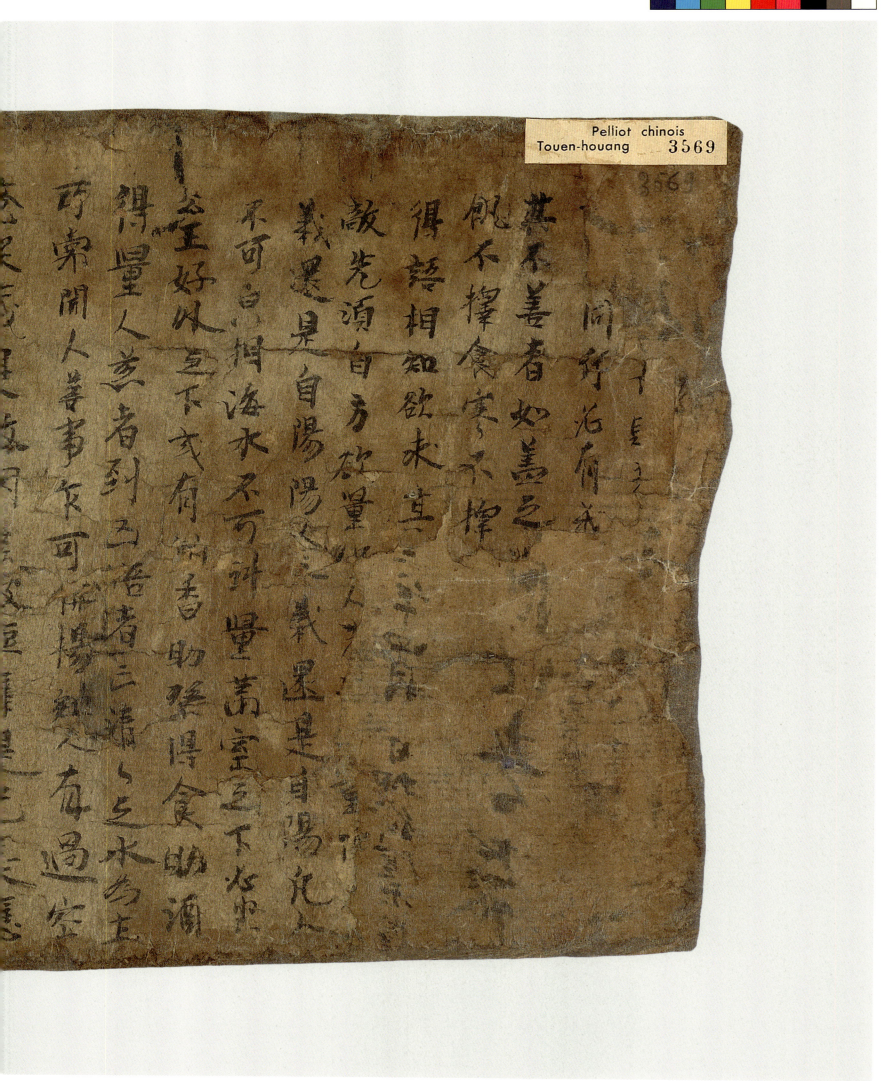

法國國家圖書館藏敦煌文獻

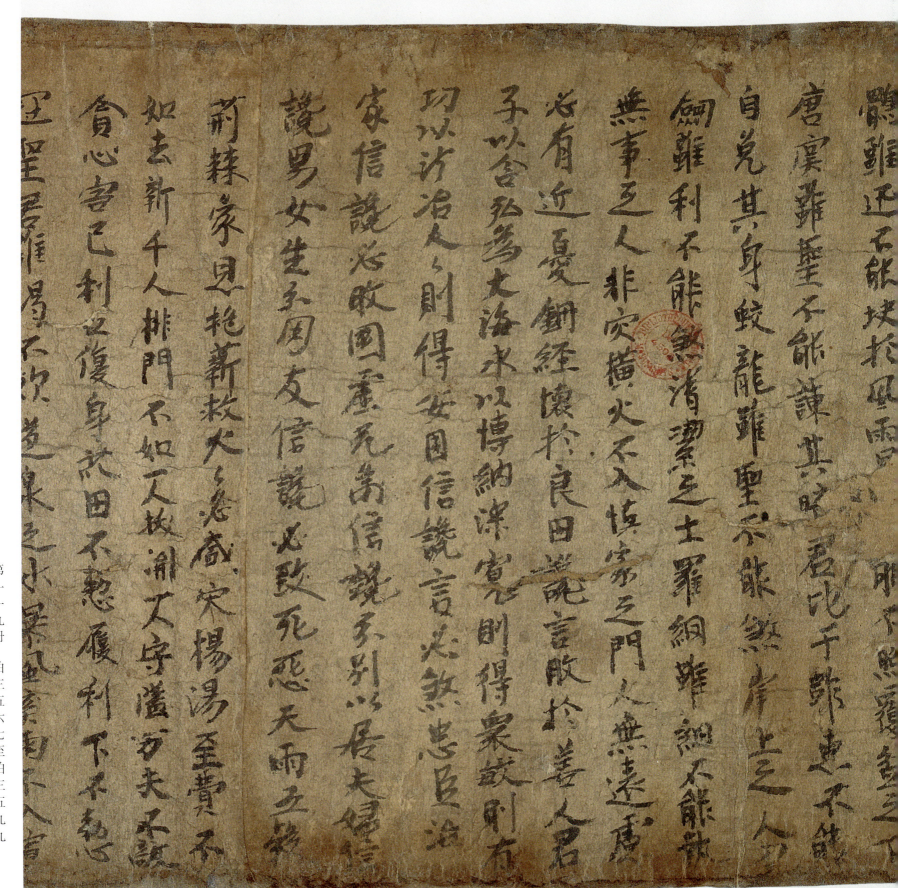

髓雖迮石不能塊於風雷

唐虞雖聖不能諫其旺君化千郡惠不能

自覺其身蚊龍雖聖不能□□□

綱雖利不能□清潔之士罪綱雖細不能救

無事之人非災横火不入慎家之門火無遠

治有近憂鋼經壞於良田詭言散於善人君

子以舍弘為大海水以博納深寬則得泉敬則有

功以訪治人則得安因信詭言必煞忠臣治

家信詭必敗國豪無弟信詭子別以居夫婦憐

譏易女生子困友信詭必致死惡天雨五穀

荊蘇家貝把薪救火之卷商宋楊湯至費不

如去新千人排門不如又枚淅大守護方夫不誠

貪心寄已利不復身於田不慰履利下不慰

迂聖君雀唱不次遂泉走水累虫窗肉下人當

如去新千人排門不如一人拔渭大守濫刀夫不誅

貪心害己利以復身扵田不惹履利下不愁

冠聖君雖渴不飲盜泉之水暴風疾雨不入當

父之門孝子不隱諸扵父也忠臣不隱情扵君也

不家扵君子礼不下扵小人渴則用武消則

用文多言不善其體百徒不方其身明慕

不愛邪偽之語慈父不愛不孝之子三聖道之以德

齊之以礼瓦人負重不憚地而卧君子困窮不

椎官如仕居厄之人不善執鞭之事飄寒廷

身不着兒食之豪負素而歎富又可持筷

陽相催閏而後怡太公未遇釣魚扵水相

而束過畫粟扵市巢父居山曾連海水孔

明蟹桓侯時而起鶴鳴未皐靜聞扵天寛衣

然火煙坐戌雲家中何要以必知同卑有行

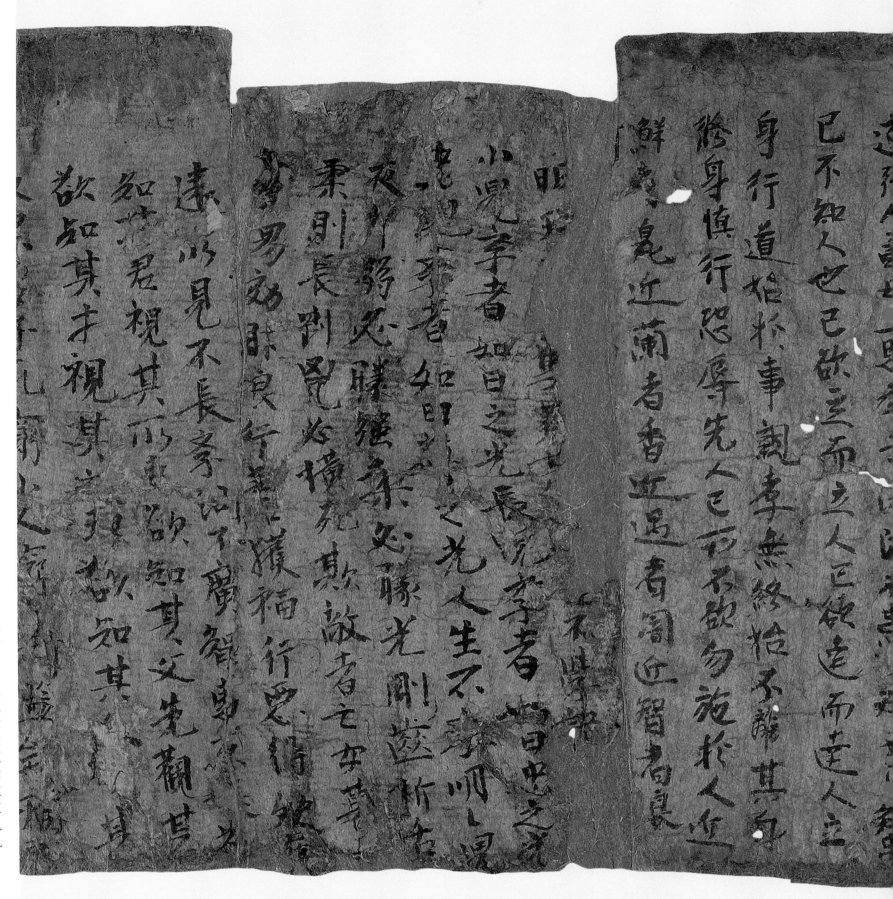

第一一九册 伯三五六七至伯三五九九

P.3569　太公家教　　（3—2）

遠以見不長幸沼干觀御黍谿涤

知在君視其而歇欲知其文先觀甚

欲知其才視其交類歇知其在乂其

奴婢子孔窮必嬌崢綃約

無法耶則無憂紛之彊華不得不

現礼聖人邇其願客先子忍其飄

君子不見人之好見人之貴身

將之家為此畢洞之家必有君

子人相之於無相望於江胡女

無朋鏡云精庶人無良爱

不知行之餘是以結交母互寄石

託孤音重則交精薄則疎終行則

英眾辱則其憂離則相校病則相

夫愍是重難則相

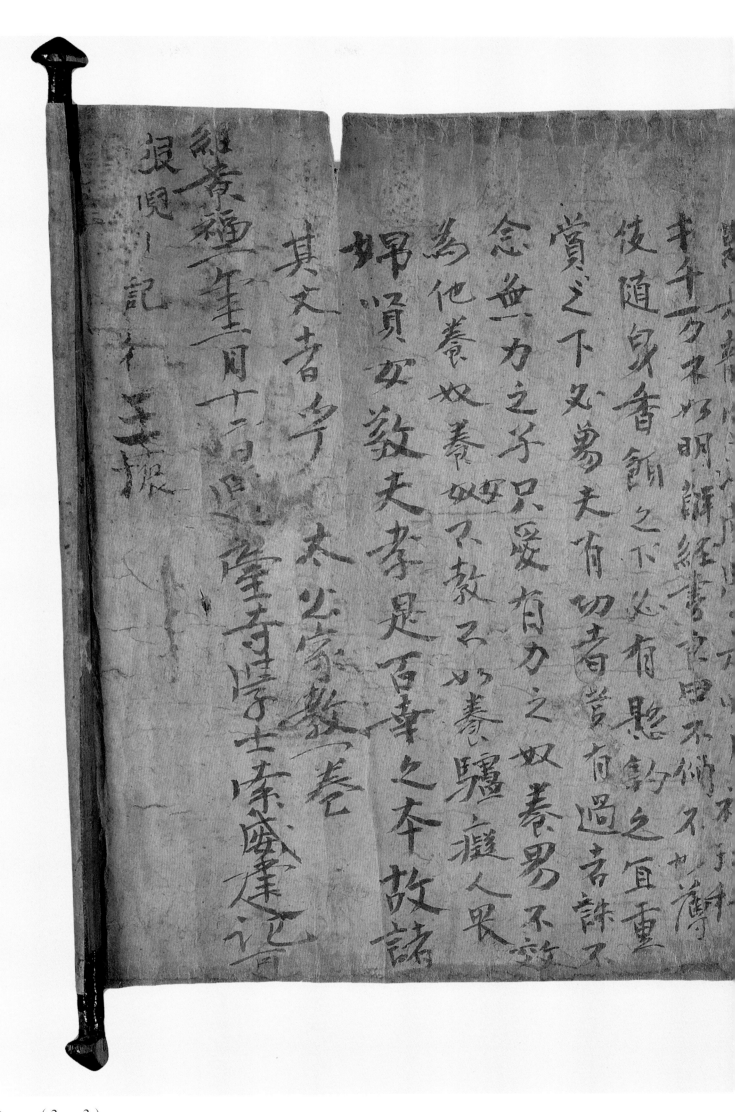

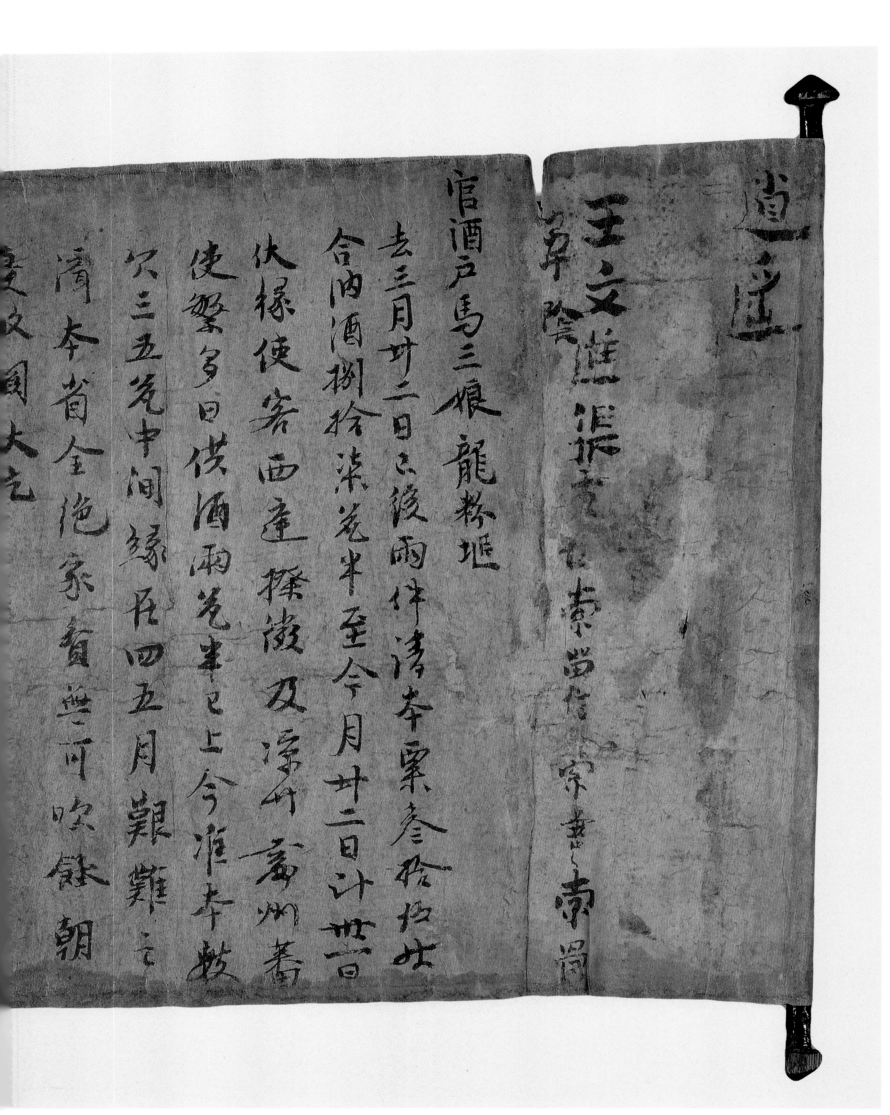

官酒戶馬三娘龍粉堆

去三月廿二日已後雨伴渍本栗叁拾捌廿

合酒酒捌拾柒瓮半至今月廿二日計無當

伏緣使客西達探波及渠州蒭州蕃

使繁多日供酒兩瓮半已上今准本數

尺三五瓮中間緣正四五月艱難之

濟本首全絶家貧無可賒糶餘朝

王文遂處派宣

阜陰法索當信不宗書日南閭

道處□

□文圖大元

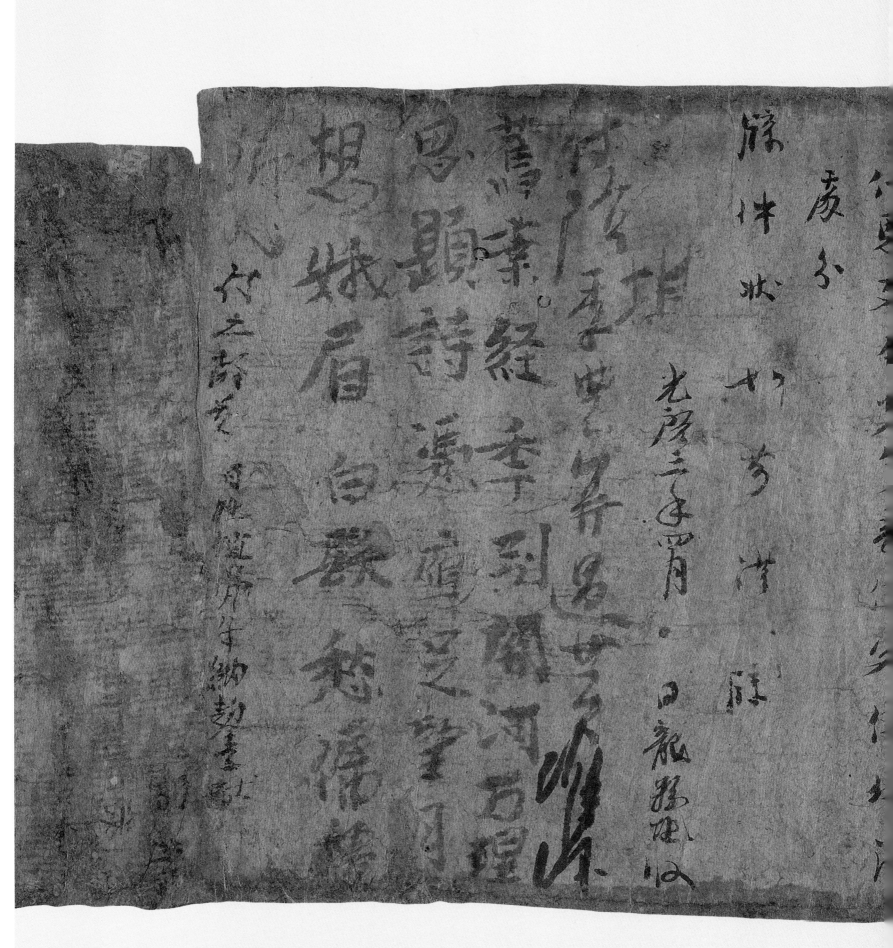

P.3569v　　1. 王文進等人名習書　　2. 唐光啓三年（887）四月廿二日歸義軍官酒户馬三娘龍粉堆狀　　3. 五言寄洛陽
　　　　　　姊妹　　（3—1）

押衙張季豐

徙三月廿三日諸會諸□□□

四月九日諸酒本粟□□□拾伍馱　兩件共

麦半諸虔快給使客及設會賽神二

粟迴鵬使上下叁拾伍人　每一百供酒捌計陸拾

逐仲笑會如後

從三月廿二日至四月廿三日中間計叁拾貳日

計供酒□拾伍瓷□□□武勝

陸人　每一日供酒壹廿陸勝從三月廿日至四月

廿三中間計叁拾貳日供酒捌瓷叁廿貳勝

涼州使曹才戍苧三人　每一日供酒玖勝從三月

廿三至四月廿三中間計叁拾貳日供酒

丰壹廿捌勝　大渾州遏末及□州使從四月

到下膳酒志笑　料酒從四月二日至四月十五

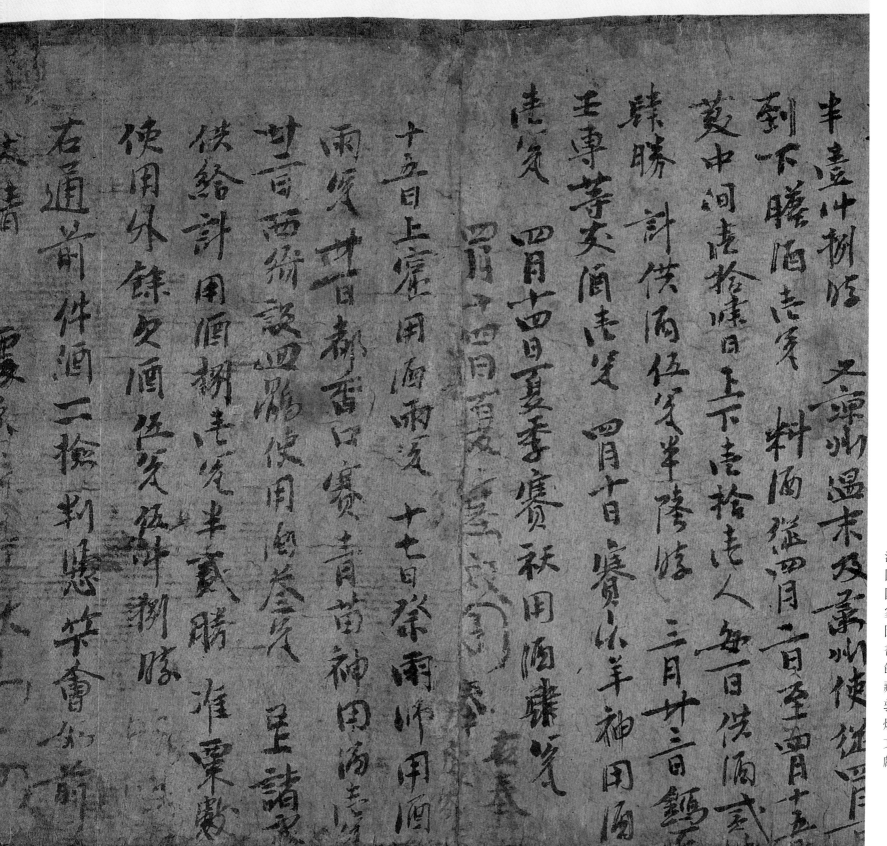

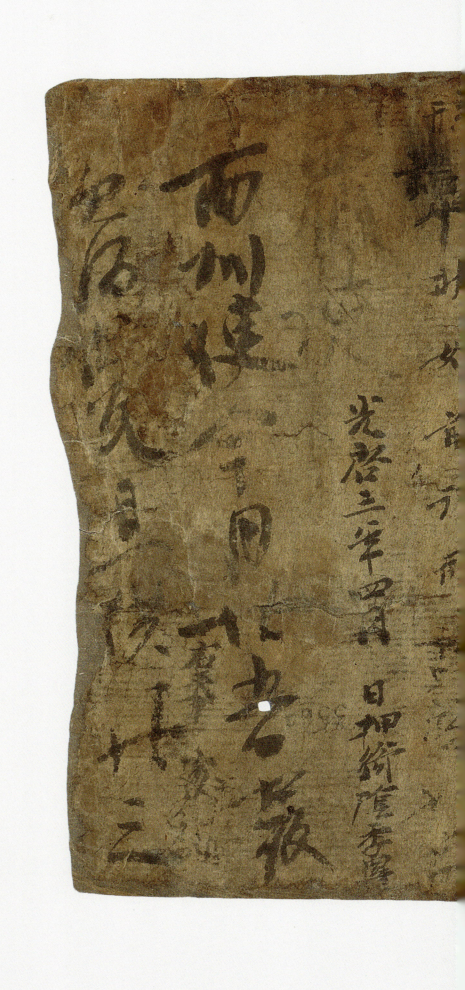

P.3569v　　4.唐光啓三年（887）四月歸義軍押衙陰季豐狀　　（3—3）

Bibliothèque nationale de France

Pelliot chinois 3570

Bibliothèque nationale de France

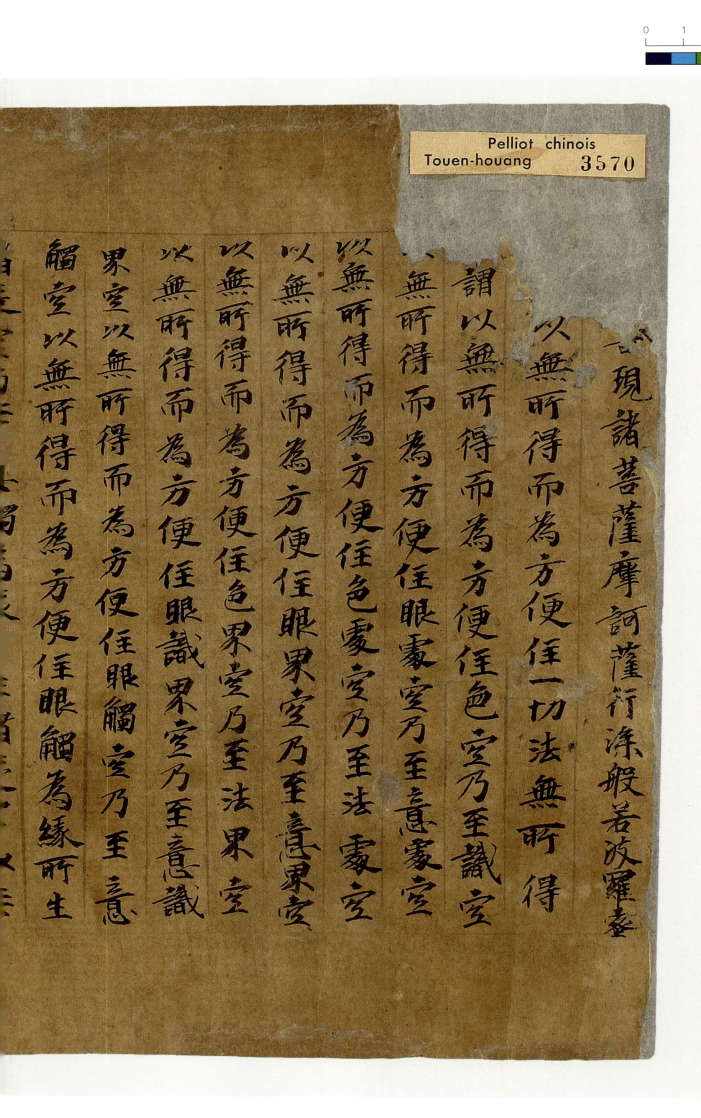

現諸菩薩摩訶薩行深般若波羅蜜

以無所得而為方便任一切法無所得

謂以無所得而為方便任色空乃至識空

無所得而為方便任眼處空乃至意處空

以無所得而為方便任色處空乃至法處空

以無所得而為方便任眼界空乃至意界空

以無所得而為方便任眼識界空乃至法界空

以無所得而為方便任眼識界空乃至意識

以無所得而為方便任眼觸空乃至意

界空以無所得而為方便任眼觸空乃至意識

界空以無所得而為方便任眼觸為緣所生

觸空以無所得而為方便任眼觸為緣所生

来地空以無所得而為方便住熱善地空乃

空以無所得而為方便住淨觀地空乃至如

以無所得而為方便住八解脫空乃至十遍處

空以無所得而為方便住苦集滅道聖諦空

所得而為方便住真如空乃至不思議界

為方便住内空乃至無性自性空空以無

方便住空空無相無願解脫門空以無所得而

四念住空乃至八聖道支空以無所得而為

四無量四無色定空以所得而為方便住

波羅蜜多空以無所得而為方便住

得而為方便住布施波羅蜜多空乃至般若

所得而為方便住無明空乃至老死空以無所

無所得而為方便住從緣所生諸法空以無

所得而為方便住因緣空乃至增上緣空以

空以無所得而為方便住淨觀地空乃至如

来地空以無所得而為方住極喜地空乃

至法雲地空以無所得而為方便住一切陀

羅尼門三摩地門空以無所得而為方便住

五眼六神通空以無所得而為方便住如来

十力空乃至十八佛不共法空以無所得而為

方便住三十二大士相八十隨好空以無所得

而為方便住無忘失法恒住捨性空以無

所得而為方便住一切智道相智一切相智

空以無所得而為方便住預流果空乃至獨

覺菩提空以無所得而為方便住一切菩薩

摩訶薩行諸佛無上正等菩提空以無所得

而為方便住善法非善法空以無所得而為

世間法出世間法空以無所得而為方便住有為
法無為法空善現當知色乃至識無所住色空乃
至識空亦無所住何以故色乃至識無自性
不可得色空乃至識空亦無所住如是乃至一切菩薩
自性不可得法有所住故如是乃至一切菩
摩訶薩行諸佛無上正等菩提無所住一切菩
薩摩訶薩行諸佛無上正等菩提空亦無所住
何以故一切菩薩摩訶薩行諸佛無上正等菩
提無自性不可得一切菩薩摩訶薩行諸
佛無上正等菩提空亦無自
性不可得法有所住故善法非善法無
非善法空亦無所住何以故善法非善法無自
性不可得法空亦無所住何以故善法非善法無自
性不可得法有所住故有記法無記法無所住有

性不可得善法非善法空亦無自性不可得非無自

性不可得法有所住故有記法無記法無所住有

記法無記法空亦無所住何以故有記法無記

法無自性不可得有記法無記法空亦無自性

不可得非無自性不可得法有所住故有漏

法無漏法無所住有漏法無漏法空亦無所

住何以故有漏法無漏法自性不可得有

漏法無漏法空亦無自性不可得有

可得法有所住故世間法出世間法無所住

世間法出世間法空亦無所住何以故世間

法出世間法無自性不可得世間

法出世間法空亦無自性不可得非無自性不可得法

有所住故有為法無為法無所住有

法空亦無自性不可得法無所住有為法無

可得非無自性不可得法有兩住故善現當

知非無性法住無性法非有性法住有性法

非無性法住自性法非他性法住他性法非

自性法住他性法非自性法住他性法非自

性法住他性法非他性法住自性法所以者

何是一切法皆不可得不可得法當何所住

如是善現諸菩薩摩訶薩行深般若波羅蜜

多時以是諸宣俏遍諸法亦能如實說亦有

情若菩薩摩訶薩能如是行甚深般若波羅

蜜多於佛菩薩獨覺聲聞一切賢聖甚無

失所以者何諸佛菩薩獨覺聲聞一切賢聖

於是法性皆能隨覺既隨覺已為諸有情

倒宣說雖為有情宣說諸法而於法性無轉

無改行火菩若復諸法性住

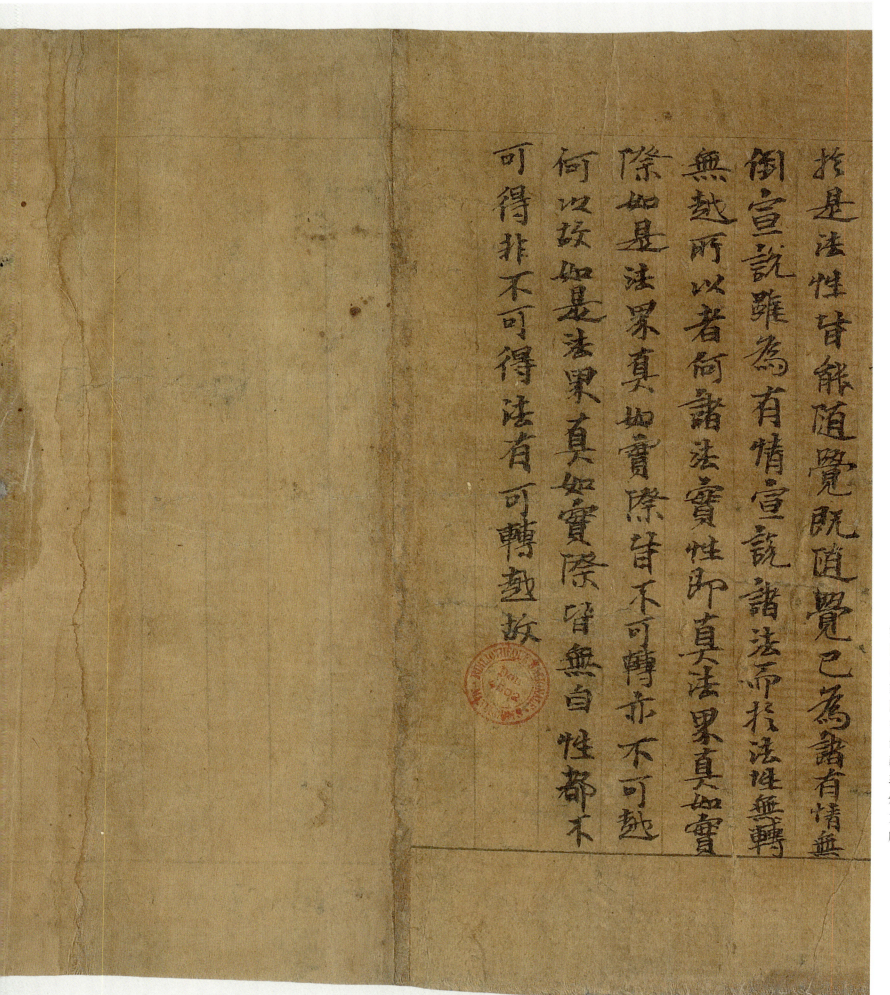

於是法性皆能隨覺既隨覺已為諸有情無
倒宣說雖為有情宣說諸法而於法性無轉
無越所以者何諸法實性即真法界真如實
際如是法界真如實際皆不可轉亦不可越
何以故如是法界真如實際皆無自性都不
可得非不可得法有可轉越故

P.3570　　　大般若波羅蜜多經卷四七〇　　　（４—４）

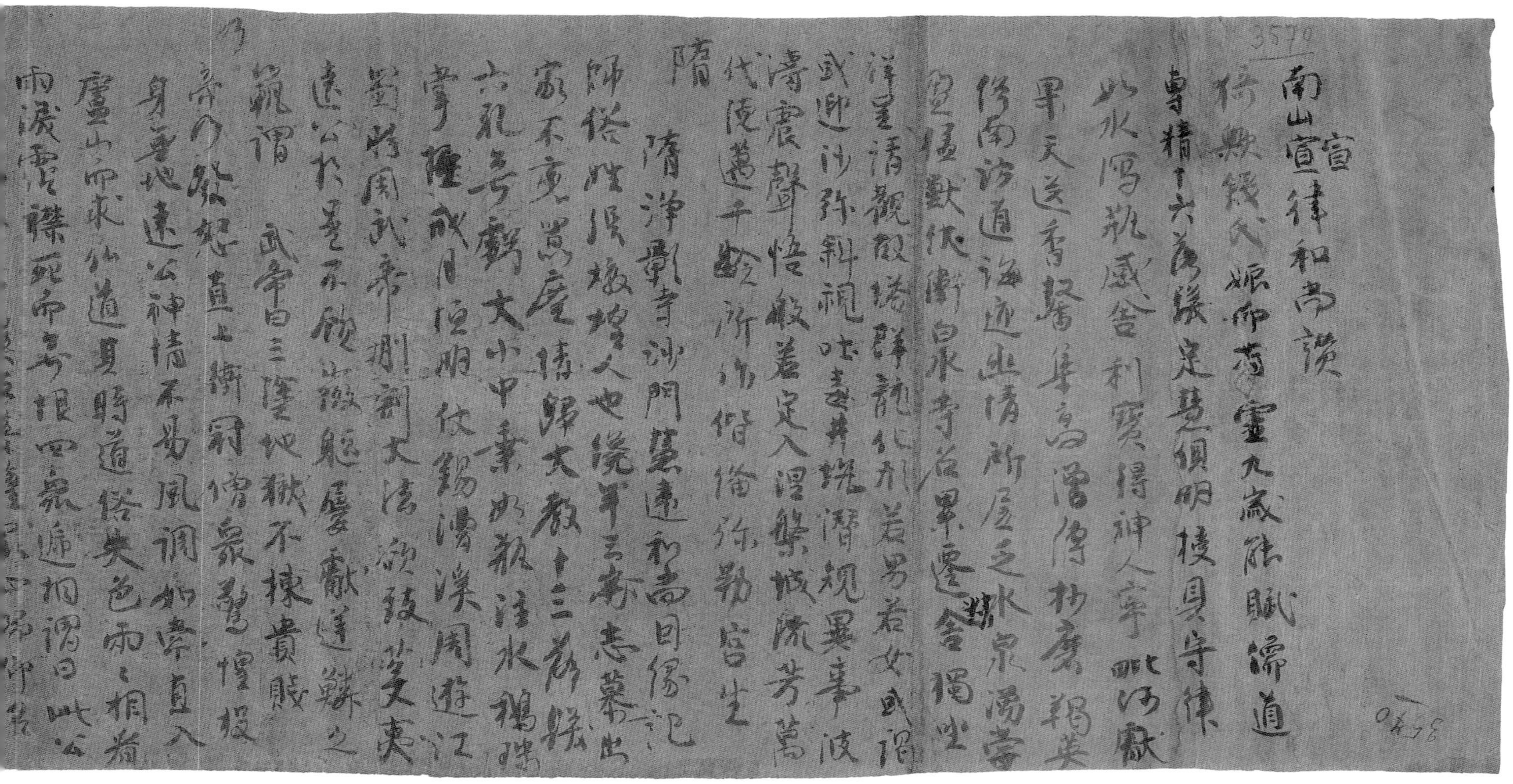

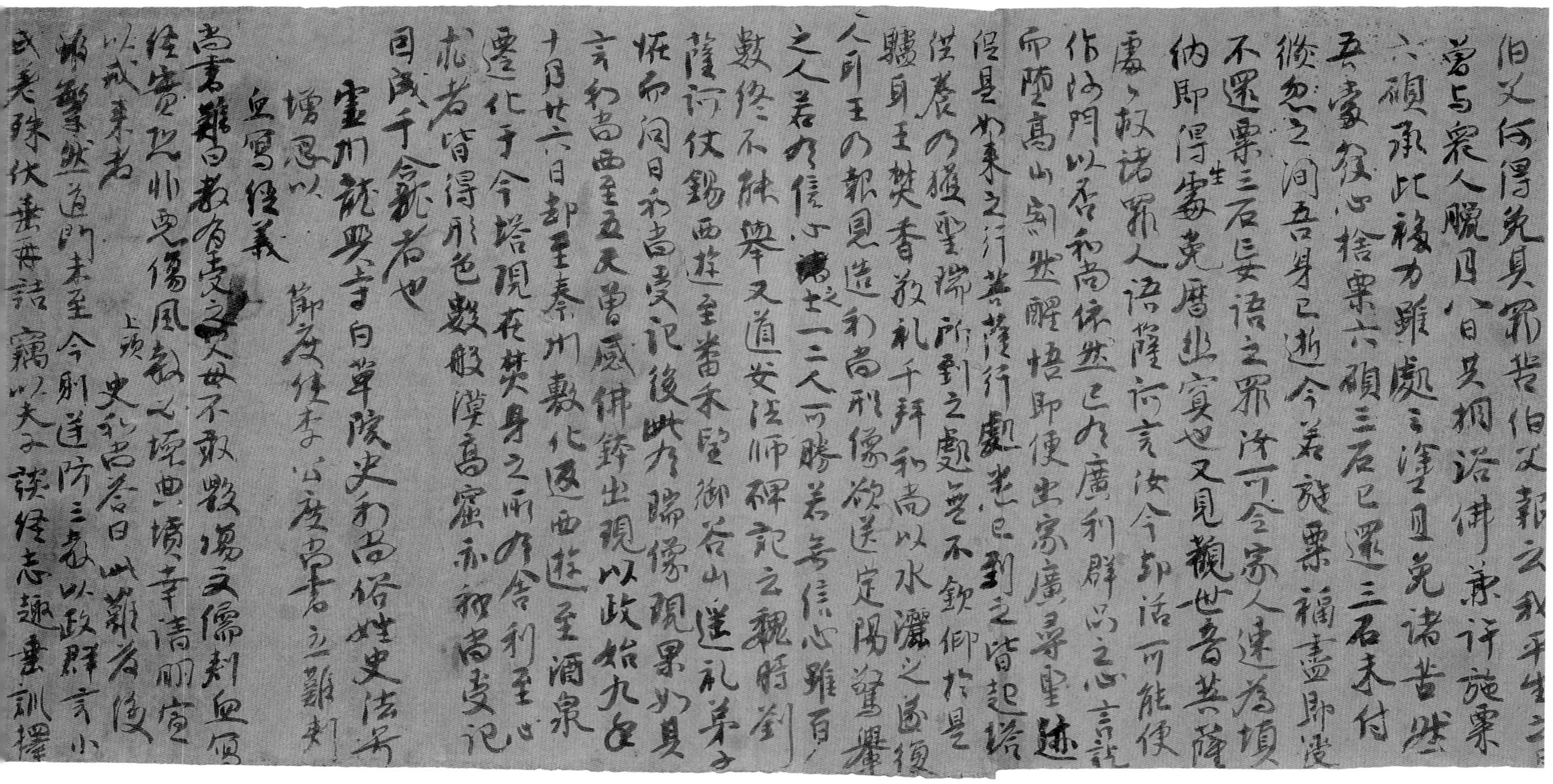

劉薩訶和尚因緣記

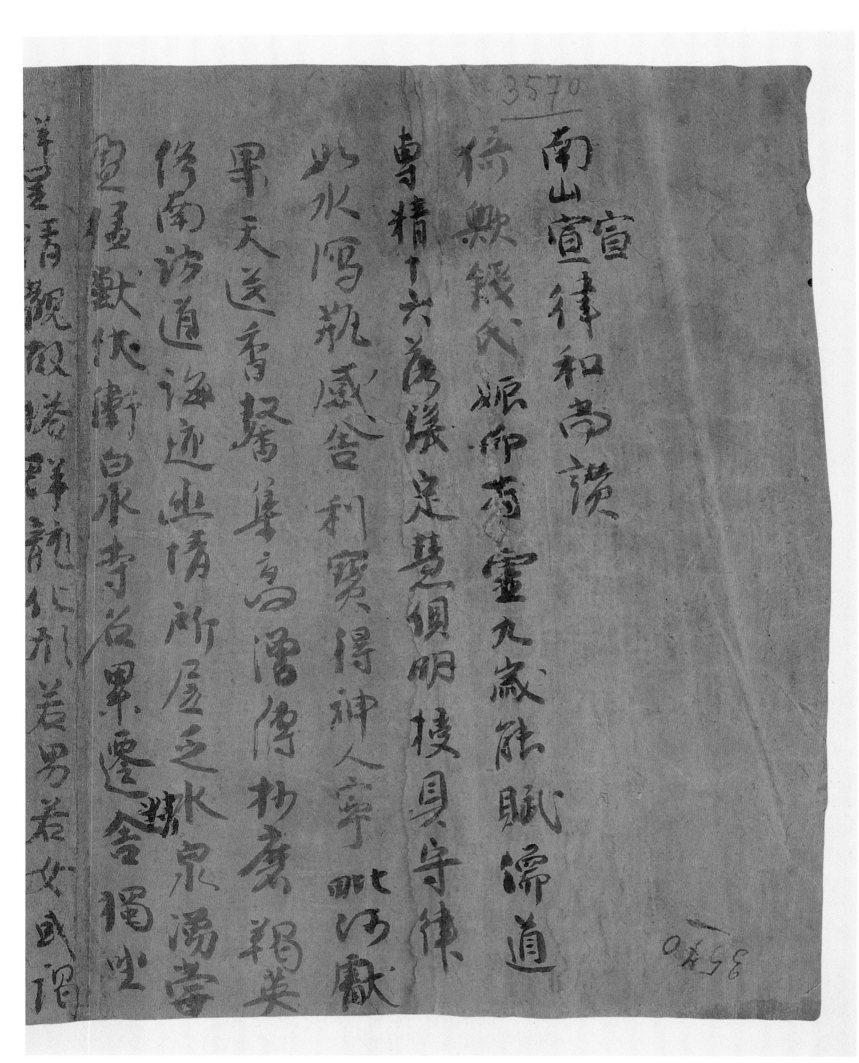

P.3570v　　1. 南山宣律和尚讚　　（9—1）

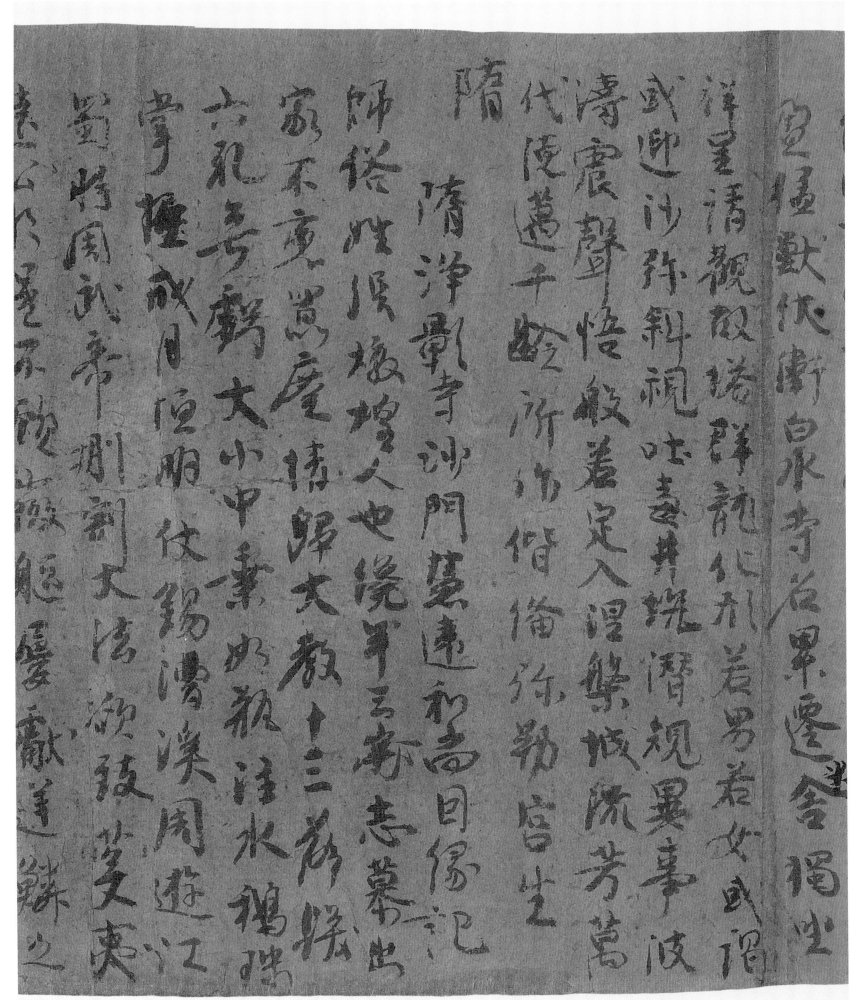

P.3570v　　1. 南山宣律和尚讚　　2. 隋净影寺沙門惠遠和尚因緣記　　（9—2）

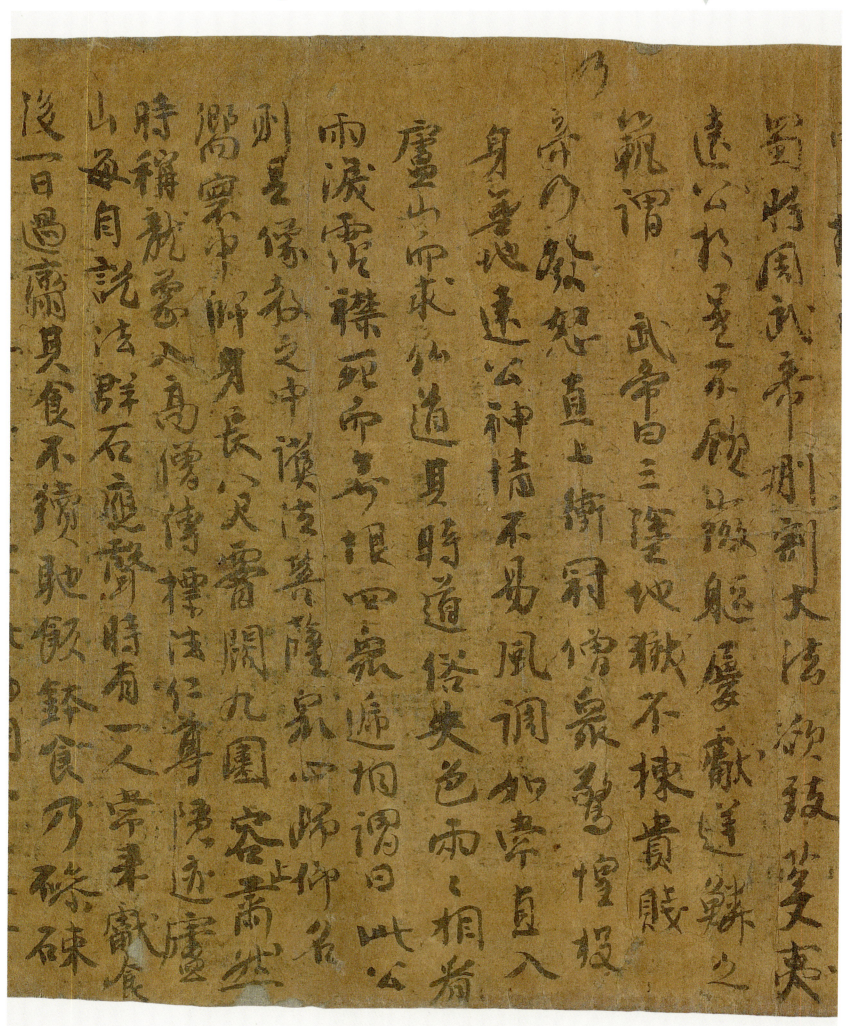

當時周武帝以割大法頗致嗟歎夷
遠公於是不從山藪躬屢獻達難之
報謂 武帝曰三塗地獄不揀貴賤
帝以發怒直上衝冠僧眾驚惶投
身無地遠公神情不易風調如常直入
盧山而求於道夏時道俗失色雨相看
雨淚雲襟死而号恨四眾遍迴相謂曰此公
剃是像教之中讚法隆家以師仰名
灄寧衝師身長八尺霜關九圍容正蕭然
時稱就雲入為僧傳標法仁尊陝逶廬
山每自記法群石應聲時有一人常乘獻食
後一日過齋見食不辍馳飯鉢食乃磕石

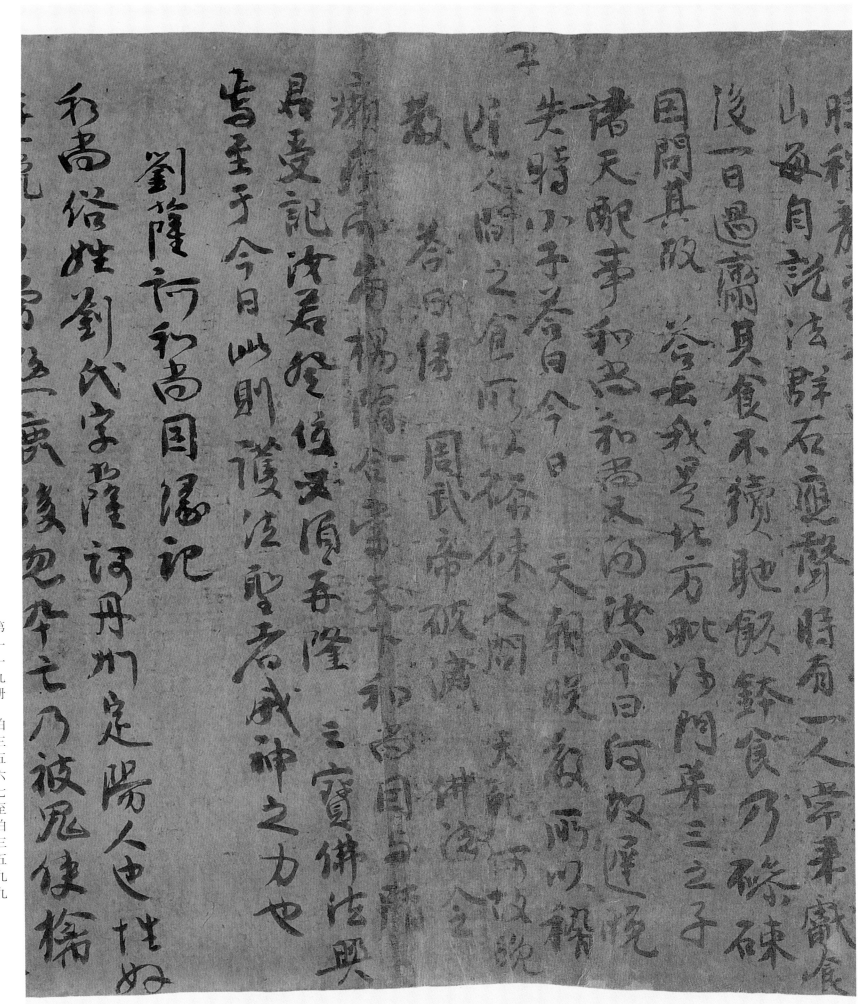

時彼薩訶於
山每自說法群石應聲時有一天常秉蔽食
後一日過齋其食不絕馳歐鉢食乃磋磋
因問其故登坐我是比方此馮門苐三之子
諸天配事和尚又問汝今回何故歸悅
失時小子告曰今日天翔暇夜雨以霖
教若問僕之食而以橋陳天關天地河故金貌
周武帝破滅
和尚回目三寶佛法興
癩楊隋所南楊隋今三天下和尚
具受記次君又位又頂舌隆護法聖君威神之力也
三寶佛法興
告至于今日此則護法聖君威神之力也

劉薩訶和尚因緣記

和尚俗姓劉氏字薩訶丹州定陽人也性奴
和高院字更後忽卒亡乃被尼健稀

和尚俗姓劉氏字薩訶訶丹州定陽人也姓如

遊獵多勞殺一鹿後包羍之乃被冤使檐

提物至洞羅王兩開薩訶汝雷丝鹿以

否薩訶目即板津頒更乃見恐家覺來

相隆即便招延何空中唱聲薩訶訶為鹿

當即身變民鹿遂被箭尉卦下進洞

無所覺知即將又頂人身唯見諸地獄中

邢人等數受諸苦妻和尚遍歷諸獄迴

貝友人王姓談在於受罪乃囑和尚曰若卻

色人問諸達音耗謂我妻男役廬開造儀又

以濟幽寅更於無數邢人皆來桐羅又

覓已過伯父在王左右逍遠等事和尚迴

以濟此寃更有無數寃人皆來相羅又
見已過伯父在左右遶無事和尚向
伯父何得免負罪苦伯父報云我平生之日
嘗與衆人暖日只捉諸佛菩薩許施栗
六碩承此福力雖處三塗且免諸苦然
五碩發心捨栗六碩三石已還三石未付
徼怨之間吾身已逝今若旋栗福盡即沒
不還栗三石長安語之罪淨可令家人速為頂
納即得審竟歷此寃也又見觀世音菩薩
虞叔諸罪人語薩訶言汝令卻活可能便生
作何門以吾和尚依然已内廣利群品之心言說
而陷高山割坐醒悟即便出家廣尋聖跡

作沙門以君和尚依然已久廣利群品之志言詫
而陛高山劍赴醒悟即便出家廣尋聖迹
但是如來之行共薩行處到之題之筆不欽卿於是
從農之猛聖瑞所到之題之題之題老已劉之皆起塔
聽身王焚香敬礼千拜和尚以水灑之遂復
人令王之報恩造和尚形像欲送定陽聲舉
之人若九信心雖百一三人可勝若無信心雖百
數終不林拳又道安法師碑記之魏時劉
薩訶仗錫西游至當禾聖御谷山遷礼弟子
怳而同日和尚愛記後此九瑞像現果如貝
言和尚西至五天曹感佛銛出現以政始九年
十月廿六日卻至秦州敷化遂西游至酒泉
遷化于今塔現在焚身之兩个舍利至
高窟和尚愛記

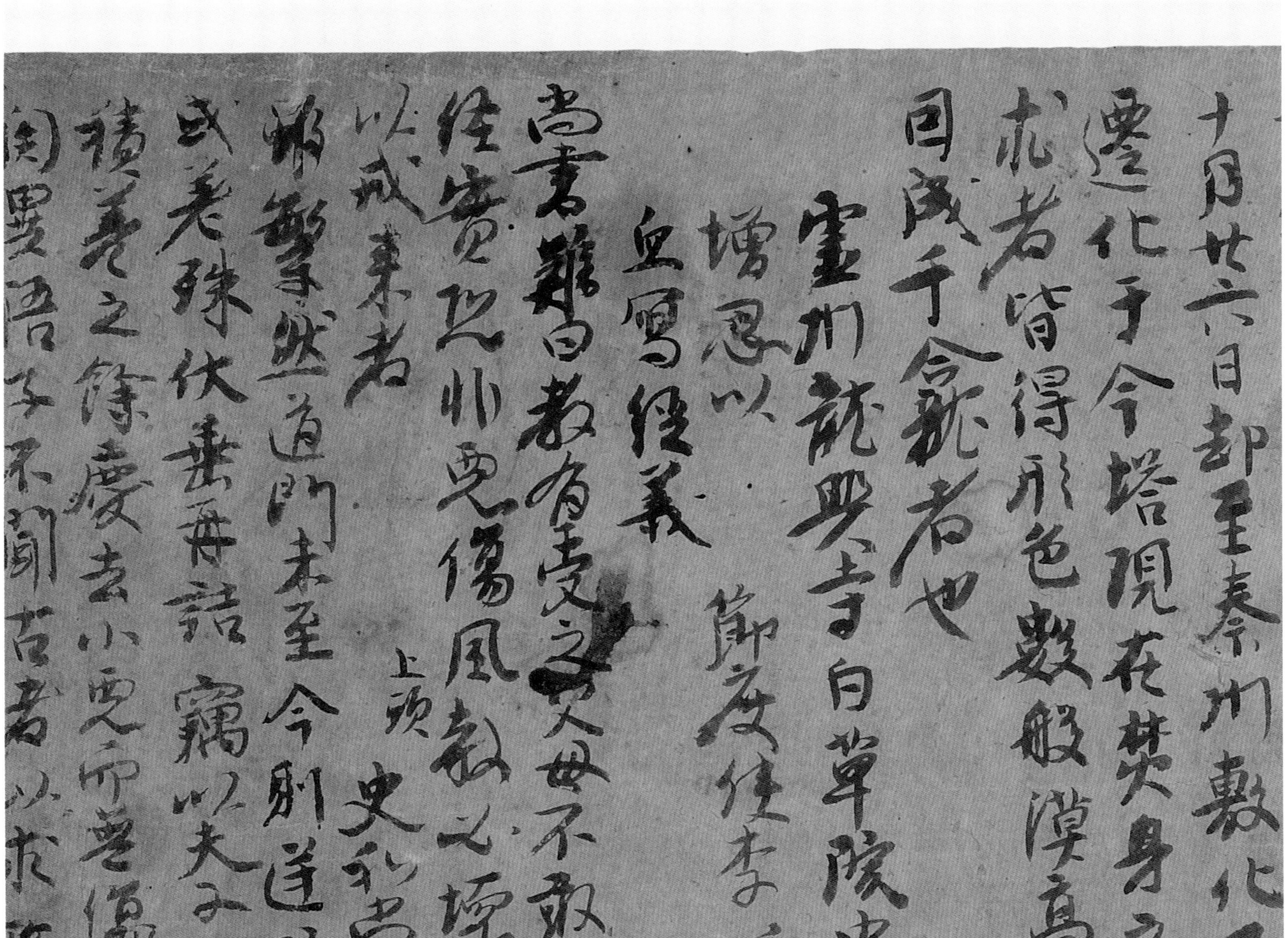

十月廿六日却至秦州敷化遂西遊至酒泉

遷化于今塔現在焚身之雨所舍利至

杌若皆得形色數般漠高窟亦和尚變記

同威千今瘞者也

靈州龍興寺白草院史和尚俗姓史法号

壇恩以　　　節度佳李公庭尚書立難刲

血寫經義

尚書難曰教有虔之父母不取數傷之偏刲血�·

佳貫以小兒傷風教心頑典墳幸请丽室

以咸来者　　　上頃史利告曰此難者没

武老珠伏至再詰窃以政群言小

郡敢然道門末至今別違防三敎以政群言小

積善之餘慶古小兒所老偽何剛榆佛教門報

閩農吾子不聞古昔以求院霞国逗逗

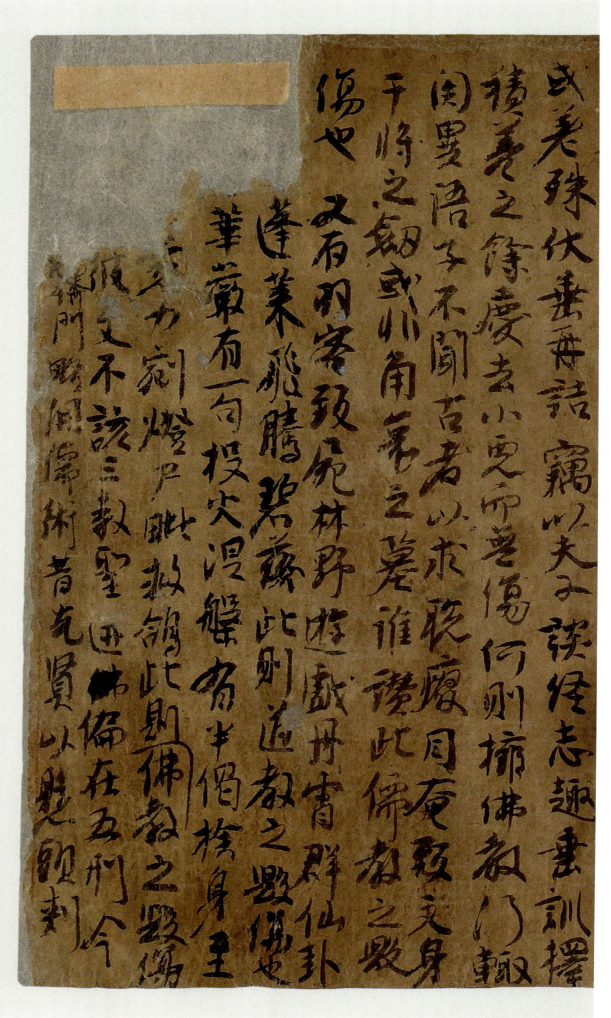

P.3570v　　4. 靈州龍興寺白草院史和尚因緣記　　（9—9）

Bibliothèque nationale de France

Pelliot chinois 3571

Bibliothèque nationale de France

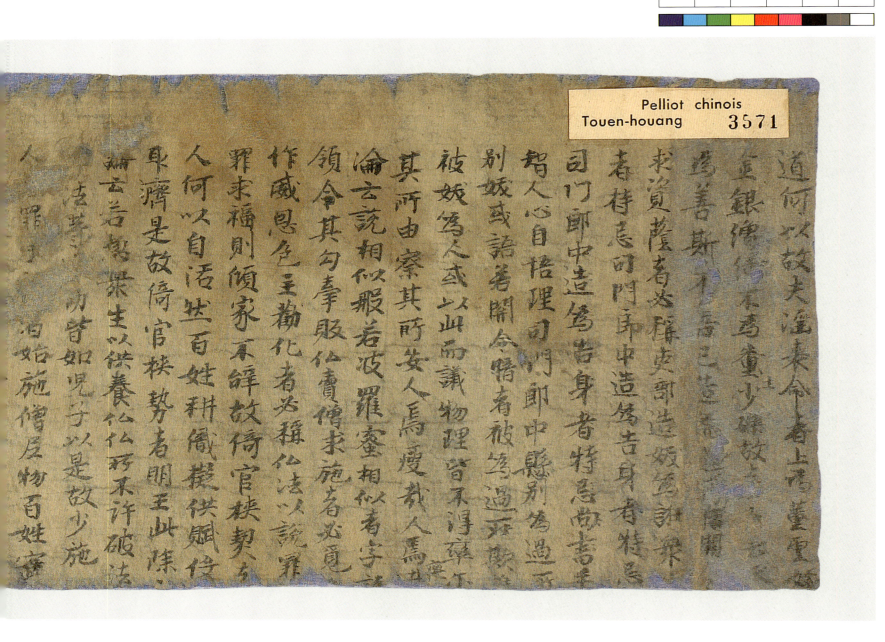

道何以故夫淫來命者上禀董重
金銀傳□木為董少辯故□人□
為善斯不肯王造□□□陽關
我資蔭者必罹賣鄧造婬笃誹□
者持志司門郎中造□□者特居
司門郎中造為告身者特居尚書
智人心自悟理司門郎中縣別為過
別婬或語善開令騎者被為過□
被婬為人或以此而謙物理皆不得辭
其所由察其所安人馬慶哉人馬
渝玄說相似服若波羅蜜相似者字
領令其勾奉販仏賣傳求施者必意
作藏恩色主勸化者必稱仏法以說罪
罪求福則傾家再辭故倚官袂契□
人何以自活芸百姓耕織縫供賦役
取齊是故倚官袂勢者明王此陳□
論云若愍眾生以供養仏弥不許破法
□法若學□□皆如兒子以是故少施
□罪□□泊始施僧屋物百姓賓
個□□□□□

吉出衆生炎不肯施一切故真清謹長
百姓索錢真清淨沙門雀奉如東正
阿以戶主爲好人者爲浮池財錢復不同人
浮他財復不向人說其過德徳使多乞
正業正報終末竟則不洧
居卧故事帝王者但莫造婬邪却沒
養父母支順兄弟慈愛妻兒和睦諸
官人長吏乃至不懼帝王敬孔子云儻
從役車載真金送与帝玉亦終不竟
仏者但滅三毒至明勤身苦作以活性
妬我怖遠離誚曲邪排莫起一切惡
僧居道士乃至不懼諸仏天尊故維摩
上所行者從使捨身命与仏亦終不
姓錢国法終不捨若僧居破貳受
自治百姓仏法終不原爲身自行道
有恩及百姓僧居尚自没身入地獄何
同於二庶民出家循道者不得同状凡
有季觀自殊官人則有僑公營
故是行非之遇福叙非僑公則不得作
福以行篤非明王不能制彼濁官吏

P.3571　　　真言要訣卷三　　　（2—1）

自治百姓仏法終不願爲身自行道但
有思及百姓僧居尚自没身入地獄何况
同於二庶民幽家備道者不得同於凡
有寺觀自殊官人則有倚公營
故是行非之過福叹非傍公則不得作
福以行篤非明王不能制彼濁官吏
說利養至於講說歲有百千遠教人
驗之明心近化誘平物剝脆貧窮寒
儒俊狩稱爲聖主況備智出世之道而
制藥敦腦癃痤云満餘衆生於諸漆法
種子者當以王力天龍鬼神力而調伏
憂養兆民有耕爲聖君金屋躍
爲闍王故聖慮能接詣百姓而国
減况乎世尊弃聖伝於轉輪不
留意於爲形者以滋味美色爲懷狩
急乃乃圃藥村亂国之心非理勞弊人
聞之衆燕令槍俗干空開或居塚
鶴杖行住恒与同居活命耳濤随緣少
誨狩来高不得以持行爲心豈淫以

素色焰耀无自眾生燒香礼拜頬眉

禪儀竟毛饒益之心唯有規圖

之情相㒵大唱善哉誰懷於善㲉

軆攘之竟貢施財剝於飛蛾赴火不

因㲵能爲人解傳但知勧他布施不

穰福莫肯己之長㩧破貳達律之

知破戒正法非是外人寧更有西

實以多供養故後當疾滅夫復

皆无厭名爲不生分別妄語惡口閙

逺㵼很淺人觸目无有詩知即号我難

空　斷備諸行不六度在懷聞道法

難誦句偈微言實不識其言言依御

心㶍爲同慶悔述食穧導何受犀者

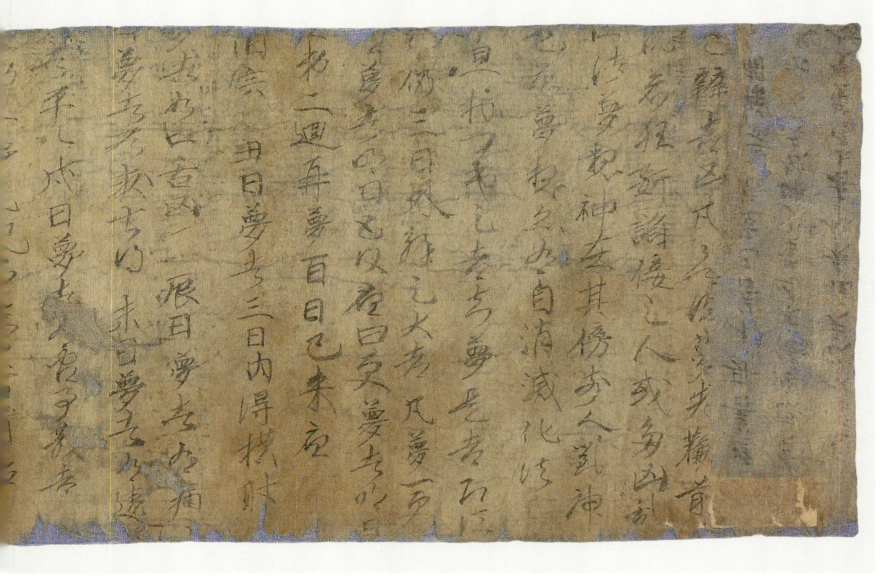

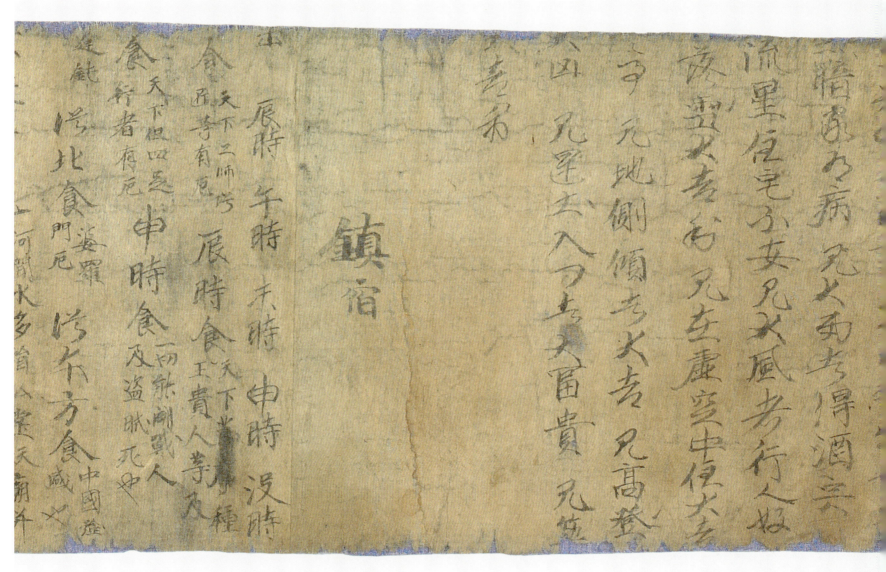

鎮宿

P.3571v　　1.新集周公解夢書　　2.日月食占　　（2—1）

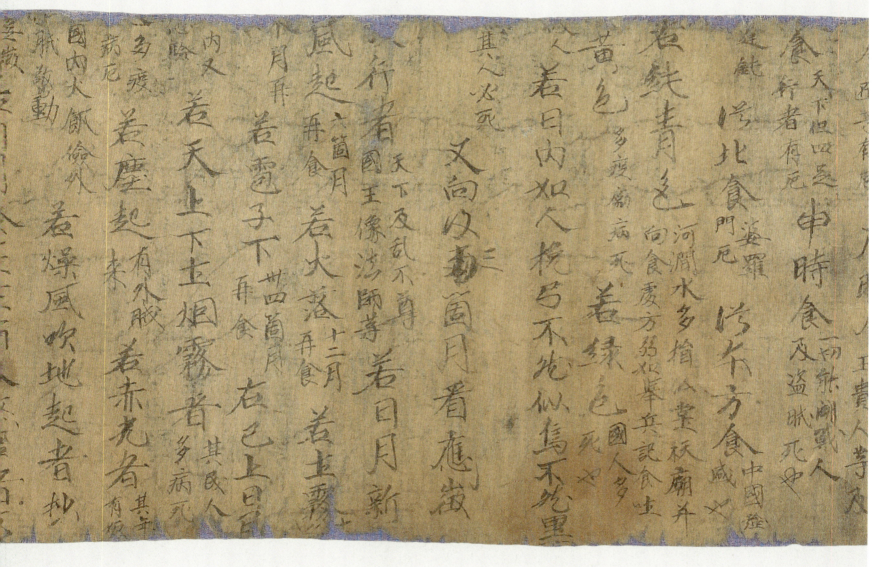

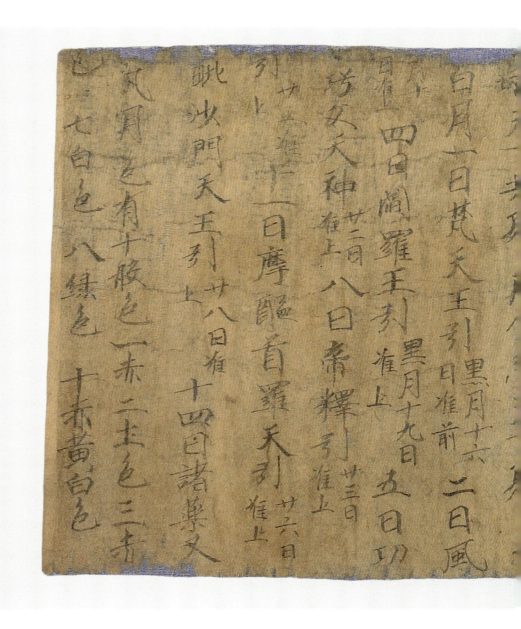

P.3571v　　2. 日月食占　　（2—2）

Pelliot chinois 3572

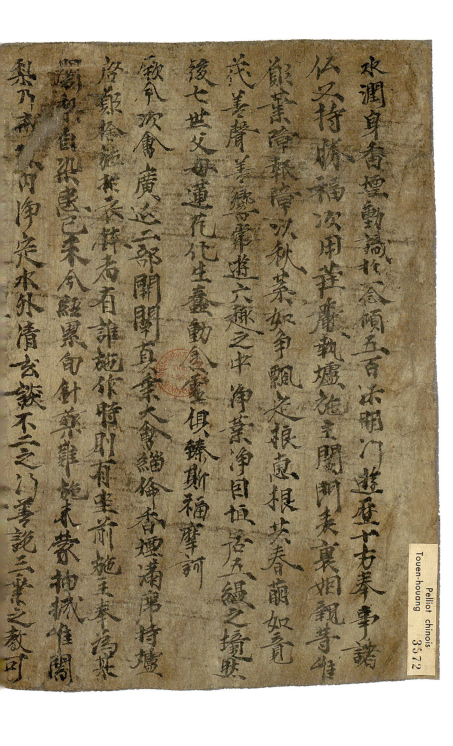

永潤身香煙動藏於念頃五百迷朗門遊歷千古奉事諸

仏又持齋福次用華嚴執爐施主閣門夫裏姐親等惟

能葉帝釋常以秋菜如爭飄之狼惠提英春蘭如竟

花美聲美麐吾輩遊六趣之中淨葉淨目恒居五縵之壇然

後七世父母蓮花化生蠢動含靈俱籙斯福摩訶

歡会次會廣這二部開闡百葉大會緇倫香煙滿席持爐

啓報檀施豪乘群者有誰施依特則有畫前施主奉為泉

獨制勒香梁惠已來今經累旬針藥難施末蒙神械惟闕

梨乃諸八月月净炭水外清玄歎不二之門菩託三業之教可

P.3572　　雜齋儀（總圖）

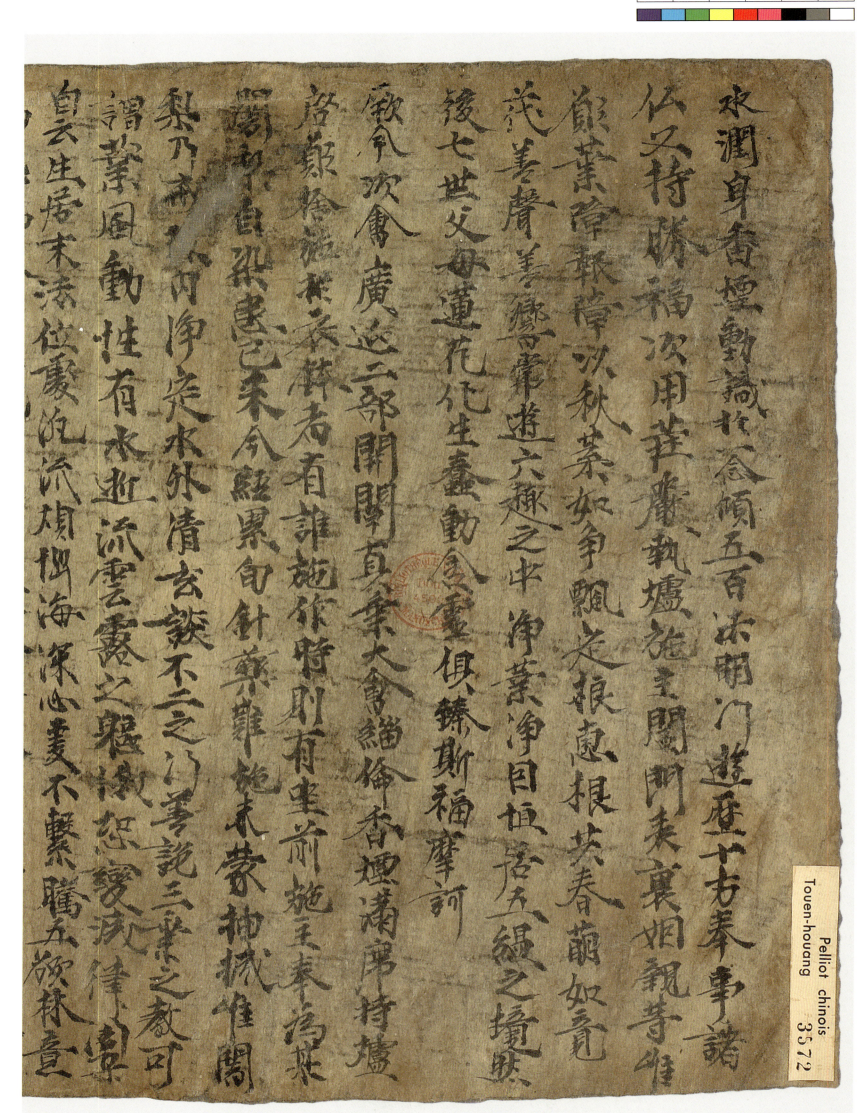

P.3572　雜齋儀　（2—1）

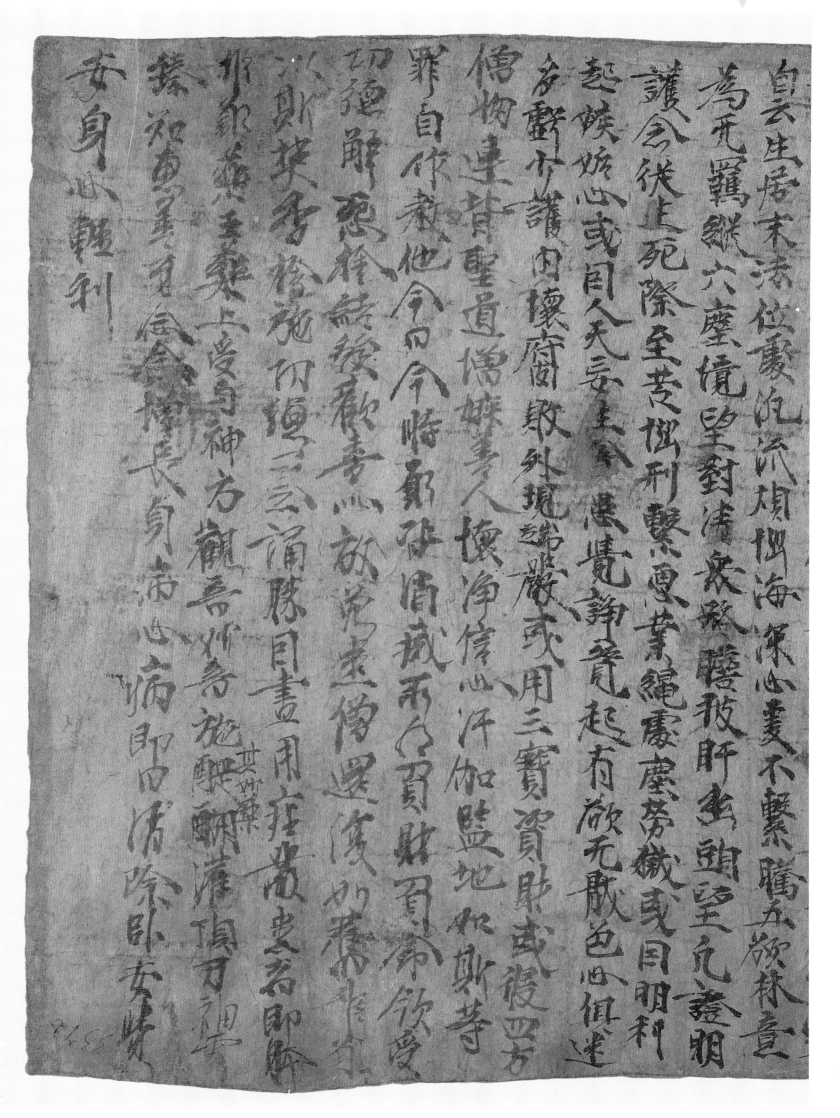

自云生居末法位憂沉流煩惱海深心□義不繫膽五頗祿意

為无罷繼六塵境望對清衆歛瞻被肝曼頭望□達羽

護念伏上苑除至苦惱利繫恩業繩憂塵勞機或目明利

起猴娆心或自人天受主命慈覽諍覺起有欲无猒色心俱達

多野不護因壞齋毀外境荘嚴或用三寶資貼或復四方

僧物連背聖道僧娆美人壞淨信心汗加鹽地如斯等

罪自作教他今且今將郵徒簡藏而已貪財貪齋欲受

功德郵恩拾缺歡喜心故宛达憎選渡如蕃非貪

以郵夬秀捨施阿頭三云涌勝目盡用症患疾石即脉

水郵盚蒸上受與神方觀喜州普施醒鰤灌頂毋禄

臻知藥重美道會令檢長身赤心病即旦清除卧女隆

安身心輕利

Pelliot chinois 3573

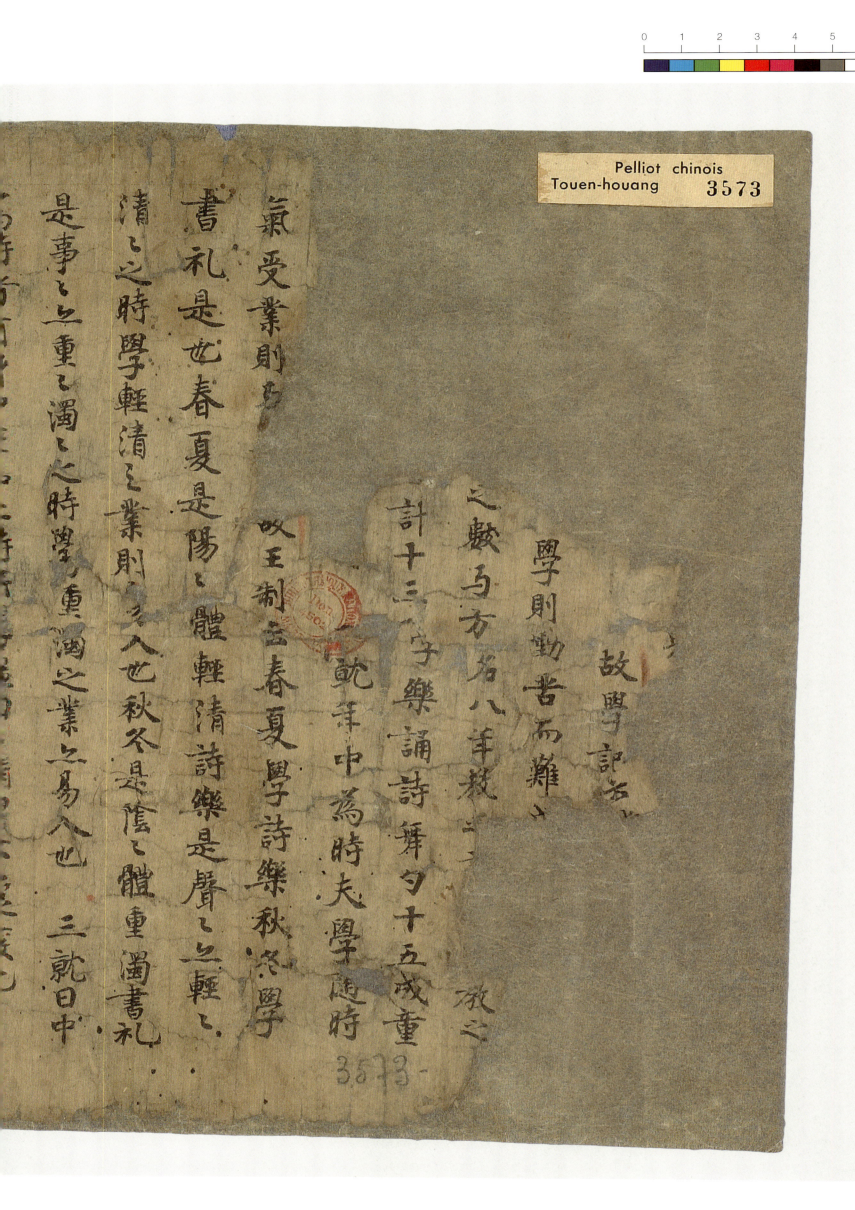

故學記云

學則勤苦而難入

之數馬方名八年教之

計十三字樂誦詩舞勺十五成童

軌年中為時夫學進時

氣受業則

書礼是也春夏是陽之體輕清詩樂是聲之之輕

故王制云春夏學詩樂秋冬學

清之之時學輕清之業則之人也秋冬是陰之體重濁書礼

是事之之重之濁之之時學重濁之業之易入也　三就日中

是中日不忘之時也舉日中不忘則前二事不忘可知亦猶重

地悅者懷抱欣暢之謂言夫學已為可欣又能日之備習

不廢所謂日知其所亡月無忘其所能是也　仰解明友者

同蒙師門曰明同執一志曰友明猶當也共為當類在師門友

有也共執一志綢繆寒溫拊關飢餓相知有也○所云遠

方者　明師德洽被雖遠必集也招明已為可欣遠至弥復

于樂故云之也塈則明踐而友親明至既樂友权忘亡但來

必先同門故舉明耳悅之与樂但是懽欣在心常等而旦

迹有殊悅則心多皂少樂則心旦俱多所以與者　向講習

工花自得於懷抱故心多曰樂　故江熙云君子以明

往復刑章在外以心皂俱多招曰樂　友譬說義味相交德音

友譬習出其言善則千里之外應之遠人俱至况其邇者道

往復刑章君外以心巳俱多智同樂　故江熈云君子以明
友諱習出其言善則千里之外應之遠人俱至況其迩者道
同齊味歡然適顔所以樂　然何以注皆呼人名唯范獨
云氏者　范名咸何家諱注故不云之
人不知而不慍不亦君子乎　慍怒也人　此　明學問巳戌
君之沽也　故學記云九年知類通達　又云能博喻然
後能為師能為師然後能為長能為長然後能為君是
也君子是有道之稱此經慇有二釋一云古之學者為巳今
之學者為人學得先王之道舍章內暎而他人不知而
我不慍怒之此是君子之德巳有德巳為貴天不怒人之
不失敗曰之　一云君子易事而不責備於一人故長
之迩君有鈍根不能知解才君子怒之而不慍之為旦

割方百里者為六分埤六三百里兩邊猶筭方一軍者四

里者三丈方一里者五十六是少方一軍者三百五十八世䎟面

今半斷之各長三百誤特埤前三百里者三百五十八也

分得廣十六里長百里引百里相接則長六百里廣十六里

猶少百之乘之是方百里者一十六分破之則

車百乘方三百里為方百里者九出車九百乘若作千

一乘則一乘之車裏地十里方百里為方十里者皆則百里

言不啻居三百一十六里而以得容千乘者戌方十里

乘之賦其地有千乘開方之法地三百一十六里

者　言司馬法田疇為軍法其中有此兵

法在下敬事而信等是也　司馬法六尺為步是之

亦之國

里者二又方一里者五十六是少方一里者二百五十六也□百

割方百里者為六分埒六三百里兩邊猶飾方一里者四

百令以方一里者二百五十六分埒西南偏猶餘方一里者一百卅

四天說破而埒三百一十六里兩邊則每邊不復得半里故言

十三百十六里有奇　唯公侯之封主過焉　周禮上公方五

百侯方四伯方三百子二百男一百里令乘用地方三百一

十六里有奇　故地不能容唯公侯之封乃雜獸方七

百里而其賦稅亦不過出千乘也故明堂位云膳羞草車千乘

也芭氏曰導治也此夏殷法世夏殷大國百里次七十里小五十

里故方百里國中合出千乘也　　古者苗方里石井此亦為

周同也井為乘此則馬周異也周家十井為通三十為城

之出一乘令此一通使出一乘則成出千乘也　○百里一國區

里者故出千乗也

敬事而信 注為國者舉事云々 節用而

愛人 注節用 明道千乗之國法為人君舉事湏 此 敬慎為人之言如湏誠信人湏節用

不為奢侈而恒愛養之使民當以其時 仰解節用愛人者 必湏敬事者

以曲礼云毋不敬是也 而不可奢侈故云節用雖貴居人上不可驕慢故云愛 雖當有一時

也 使民以時者 使謂𥘵城及道路也以時謂歳不過

三日而不妨奪農務也 問愛人使民有何殊異者

然人是有識之目愛人盖朝廷臣是實間之稱使人則唯指

野𥠖也

子曰弟子入則孝出則弟謹而信汎愛衆而親人

行有餘力則以學文 注者古之明孔子說為人 此弟子入父母閭

皇東七

子曰弟子入則悌孝出則悌謹而信汎愛衆而親人

行有餘力則以學文　文者古之明孔子說爲人　此　弟子入父母閣

門之內則行其悌順唯須汎及而誠信汎愛於衆　此者古之

而就仁若行此已上之行有其餘力則以學文　孝言入

悌言出者　父母閣門之內故云入兄弟比之踈外故云出

謹而信　接好之礼唯謹与信母能如此教可知也

汎愛衆者　君子尊賢而容衆廣憂一切　而就仁者

君子義之与比學文謂先之貴文五徑六藉也

此云行有餘力然後學文後云文行忠伭則文在後何者

論語之辭患是慮揆適會教軍多方隨順而弓不可一慨責

子夏曰賢之易色　子夏弟子此問子夏後九人之

賢者故云賢ゝ易色 ○子夏出此誰者之將勸之辭

仰後擇者　又云上賢字尊重下賢字謂賢人言欲

尊重此賢人則當改易平常之色更起莊敬之容也

子既頂威重又以忠信为心百行之主言凡結交之得不

主忠信無友不如己者　則勿憚改　此

友不如己者若有過失則勿難改也

勝己者为友豈友我乎　通云擇友必忠信者为之

不取忠信不如己者耳率不倫餘丰也　或通云獻

者也蔡謨曰本言同志者为友此章所言謂慕其志而

思己之同不謂自然同也夫上同乎勝己所以進也下同

孚不如己〔己〕所以退也陶玄四賢上慕文王故曰友是四賢上同

或問曰若人皆慕

思己之同不謂自然同也夫上同乎勝己所以進也不同
乎不如己所以退也陶友四賢上慕文王趙曰友是四賢上同
於天之下同四賢然則求變之道固當見賢思育同
志於勝己所以進德俯業成天下之曾之也今言歆則
為友此直自倫才同德等而相親友耳非夫子勸教之
本旨也若如所云則直諒多聞之言侯僻善柔之減
奚所施乎　過則勿憚改者　後釋云若結友過誤不
得善人則改易之莫難也　　故李充云若友夫其
人改之為貴鄭意則言當親於忠信之人也
曾子曰慎終追遠人德歸厚矣　慎終者喪盡其
此明曾子說為人君上能慎終盡其衰感追宅之能

子禽問於子貢曰夫子至於是邦必聞其政求之與柳馬

日歸於厚也

如風之靡草居上能行慎終追遠之事則人下之德

遠而祭極故是追遠也　人德歸厚矣者　上之化下

追遠謂三年後為之宗廟祭盡其秋三年去歡轉

追遠官為人子之終人子宜窮其衰感是慎終也

慎終如初則鮮有敗事平生慎不忘則久人故之慎終

云欣新忽舊近情之常累信近遠義士之所弃是以

終宣慎也久遠之事錄而不忘是追遠也　故能慲

之仰釋慎終追遠二事者　詩云靡不有初鮮克有

曰歸於厚也

子禽問於子貢曰夫子至於是邦必聞其政求之與抑

法國國家圖書館藏敦煌文獻

子禽弟子陳亢
之與 子貢第卅二

子貢曰夫子溫良恭儉讓以得之

夫子求之也其諸異乎人之求之與 德而乞乞云乞 此子

言夫子行此五 明

禽問於子貢姓孔子每至之國必先達聞其國之政為是乾其

國之求而得之與柳人君自呼孔子而與之與子貢荅子禽曰

言夫子所以得達知之行其溫良恭儉讓五德行以得之夫

子之求之也其之與於他人之求之與也

夫子定栢何以良者

子即孔子也 礼之身經為大夫者則梅為夫子孔子為魯大

夫子即孔子也 五德者 殷桑閏澤謂之溫 行不犯

夫政弟子呼之為夫子

物謂之良 知後不達謂之恭 去奢從約謂之儉 推人後己謂之

襄

帥自鏡也○又通云孔子入人境觀其民之五德則知其君所行之
政也○故衆裏云夫子而至之國入其境觀察風俗以知其政教
其民區良則其君政教之溫良其民恭儉讓則政教亦恭儉讓也
孔子但見人則知其君政之得失也○何知之人求之異者　頋歡
云夫子求乎己而諸人訪之於聞故曰異　梁襄又云凡人求聞
見乃知夫子觀化以知之耳人異也○明人君自馬之者
此之人君自馬之邗謂目呼乎之自馬之也　至於是他邦空是
藏故夫子知之是人君而行自馬之也　是人君而行見於己下不可隱
何邗者　此邗謂每邦邗一國也
子曰父在觀其志父沒觀其行三年無改於父之道可
謂孝矣　孝子在宦此　明孔子說人子之行言父在則已不
得專行則觀其行子在父官三年之內無改於父生存之道可

子曰父在觀其志父沒觀其行三年無改於父之道可

謂孝矣　此　明孔子說人子之行言父在則已不

得專行則觀其行子在父官三年之內毛改故觀其志父若沒則子

謂孝矣　父在觀志之謂在志未行故诗序云在心為志是也志

若好善聞善事便悅志若好惡聞善事別不悅也　父在

何以觀志父沒即言觀行者　言人子父在則己不得專行

應有惡但志之在心而外必有趣向意氣故可觀志父若

沒則子得專為之毛憚故沒則觀此子所行之行也言不改

其父風政此則　其義有二也　一則哀昳豈復識

政之是非故君薨世子德冢宰三年　二則三年之內哀慕

事亡如事存則所不忍政　或問日若父政之善別不改為

可若政惡之交傷人寧不可改乎　答曰此本不論父政之善

有子曰信近於義言可復也 恭近於礼遠耻

辱 此 明有子說 不欺之信若近於合宜

合宜其言不已覆驗言若避從近於其礼則遠於耻辱 或

問曰不合宜之信云何 昔尾生与女子期於梁下每期會後

一曰忽暴水長尾生先至而女子不来而尾生守信不去遂被

溺死此信是不合宜不已可覆驗 遜順不合礼者何 猶如

遜在林下不及不應拜而拜之屬 恭不合礼至故曰近礼 此注

示不依向通正言恭不合礼非礼而交得遠於耻辱故曰近礼即危

行言迎得遠辱 矣

曰不失其親亦可宗也 曰親也言所親不失其親此明有子言

何親不失其欶則此人之重德可宗敬 不失其親室柏何親者

曰不失其親亦可宗也

可親不失其歉則此人之重德可宗敬

若近而言之則柏於九族旦相和輕若廣而言之則是況愛眾而

親仁及義之与此此是親不失其親

也能親得所親則是重為可宗　言曰親者　喪那傳云与曰

毋同是言從毋与親毋同故孔亦謂此目為敦也

子貢曰貧而無諂富而無驕何如子曰可也

貧而樂富而好礼者　子貢曰侍云如切如磋

如瑳如磨其斯之謂與　子曰賜也始可与言

詩巳矣告偖往而知来者　此

能好礼者也子貢聞孔子言貧樂富好礼並是曰切磋之義故

引詩以澄之言貧樂富礼如初磋如琢磨其此之謂與以澄

孔子故孔子美之賜也始可與言詩已矣言我往告之以貧樂

富礼往事而子貢知引侍来答以切磋琢磨之義也　　阿賀

謂富賜何同何別者　乏財曰貧那分橫来曰謟積蓄財帛曰富

陵上慢下曰驕　　心不云富而樂貧而好礼者　迹各栢事也

貧好不樂故以樂為勝　又貧無財以行礼故不云礼也

富既饒是本自有樂　又有財可行礼故言好礼　言未之多者

范寗云孔子以為不驕不謟於道郷可未及戚也　未若貧而樂者

故狂倬云頻氏之子一箪一瓢人不堪憂回也不改其樂也　子貢

引詩宣澄何事者　澄貧而樂富而好礼並是曰自切磋

之義故引詩以澄之　尔雅云治骨曰切治象曰磋治玉曰琢

引詩言道何事者　　證貧而樂富而好礼益是回自切磋

之義故引詩以證之

小雅云治骨曰切治象曰磋治玉曰琢

治石曰磨四物須切磋乃得成器如孔子所說貧樂富礼自处

初磋成器之義其此之謂乎以誘孔　吉注注而知来者

江遡云古者賦詩見志子貢意解故曰可与言詩夫子

所貴悟之者既得其言又得其意告注事而知將来謂聞

夷齊之憤可以知不著衛君不欲直言其悟故舉其類耳

云子貢知引詩者　　范甯曰子貢欲影行二者故請問切

磋琢磨所以成器訓諸學徒義同乎茲子貢富而猶悋

仲尼欲裁之礼中子貢知以屬已故引詩為喻也

子曰為政以德譬如北辰居其所而眾星共之　注云德

明孔子說人君為政之法言人君為政當以其德人皆尊

以此奉譬如北辰之星居其所而眾星皆共尊仰之　者無為

法國國家圖書館藏敦煌文獻

·78·

也眾星謂五星及共宿以下之星也北辰鎮居一地而不移

動故眾星宗之以為主譬人君若無為而御人以德則人

共尊奉之而不違背猶如眾星共尊北辰　故郭象云

得其性則歸之失其性則違無為謂不躁動也

子曰導之以政齊之以刑民免耻導之以德齊之以

礼有耻且格　此　明孔子就此證為政以德所勝歸言

人用其法教齊魁下人則用其刑罰為政若法制道人以刑罰

齊人則人皆巧辟免罪而不避耻故云無耻更舉其勝言人

君誘引之以道德之事齊魁之以礼既尊德齊礼故人那從

而有愧耻皆歸於正也　○人免而無耻者　故郭象云刑制

有常則可禱法避興之則可之避則遠情而苟免可矯即去情

而有愧恥皆歸於正也　人免而無恥者　故郭象云刑制

有常則可禍法避興之則可之避則遠情而苟免可禍即去情

而從之制之母正而心内未那人懷苟免則之恥於化也不之薄乎

故曰人免而之恥也　　問有恥且格者　郭象云情有所恥而

性有所本得其性情則本至躰其情則知之恥之則之刑而自脅

本至則無制而自正是以導之以德齊之以礼有恥且格　沈居

云夫立政以制物之則禍以從之用刑以齊物之則乃以避之禍則通

從惡不化乃則苟免而情不恥由失其自逃之情也導之德

使物各得其性則皆用心不犢其真各躰其情則皆智恥而自正也

子曰吾十有五而志乎學卅而立卌而不惑五十而知天

命六十而耳順七十而從心所欲不踰矩

矩法也緘心所　敬無所不陷也　此　明丸　子隱

廣博而聞不達於事故言耳順耳至七十習弓性成而放從意

不踰越於法度也 必須年十五學者 十五是成童之歲識

應堅明故始此年而志學也 必須至卅成立者 古人三年

明一經說十至卅達有十五年故通五經之業而以成立

而不惑者 故孫綽云卅濟而仕業通十年經明行備德茂於

身訓洽家邦足以蒞政可以毛嶷惑

天氣而生得此窮通皆由天所命也 天布無言而云天所命

者假言之耳也 必於五十言知天命者 年至五十始襄則自

審己分之可否 故王弼云天命廢興有期知道終不行也

孫綽云大易之數五十天地萬物之理究実以知天命之年画錢

命之道窮學書數可以得之不必皆之而知之此兔學之至也

能悝豆既知人事之成敗逆推天命之期運不可以否以繫其始

不以窮通為其志也 行始即是瓜限理而在

言耳順者

能裡云既別人事之成敗遂椎天命之期運不可以否以繫其始

不以窮通易其志也　行始即是瓜限理而在　　言可順者

李充云聽先王之法言則知夫至之德行順帝之事則莫違於

心之有可相從曰曰可順　不言八十九十者　　孔子雖壽七十三

說此語當孔年災者　當死七十後也　李充云聖人歲於妙言

通深不可識所以接代軌物者昌官不誘之以刑器乎點獨化之迹

同盃虞之資宄夫童蒙而志學之十五載乃可立愛自學

遠于縱心善始令終貴不踰法安之易行而行之以礼為教之例在其

莰乎　凡任無姓者　皆是何平叔語也

孟懿子問孝　注云孟懿　此問孔子爲孝之法　仰檡仲孫
子魯云之　明魯之大夫孟懿子
問孔子爲孝之法

名字者　仲孫是其民何忌是其名懿者是諡之明行之迹而爲
猶以經緯天地曰文撥定禍乱曰武之屬
而爲名梅猶以經緯天地曰文撥定禍乱曰武之屬
得生時有百行不同死後定葬隨其生時德行之迹
諡曰懿子

大礼故特舉之

故壽雍云三家僣伈皆不以礼故以礼荅之

或問曰孔子何不即苦孟於遠吉英違者　荅曰欲厲於孟

孫言其不足委曲即示也　所以欟吉違者　舊說云英違為

孟孫狎必卧之　一云孟孫問時英違在側孔子知孟孫不賢必

問英違故吉違也

子游問孝子曰今之孝者是謂能養至於犬馬皆

能有養不敬何以別乎

子荅之言令之行孝者是謂能養於父母而不能敬至於犬馬亦

皆能有養若人但知養而不敬則無以別於犬馬也　此舉能養

無敬邪孝之例也　　犬為人守御馬能為人負重戴人皆是能

養而不能行敬故云至於犬馬也　　後解者言人所養乃至養

於犬馬若養犬馬則不頂敬若養親而不敬則与犬馬不殊

養而不能行敬故云重於犬馬也　後辭者言人所養乃至養

於犬馬若養犬馬則不須敬若養敢而不敢則与犬馬不殊

引孟子澄何事者　引孟子澄後道也言人言養珎禽奇獸亦愛重不荟

養食之而不愛重也　又言人言養

敬也　○令之孝者　謂當孔子之時

子夏問孝子曰色難有事弟子服其勞有酒食先

生饌曾是以為孝乎　注云　此明子夏問孔子行孝之法孔子

答云言為孝之道必頂

承奉父母顏色此事為難若家中促使之事而弟子執持不憚於

勞若有酒食必以供奉飲食於父兄故云先生饌言為子弟先勞

苦後食此乃是人子弟之常誰謂此為孝乎言非孝也　經云

色難其意如何者　故顏延之云夫氣色和則情志通善養之志

者必先和其顏色故曰色難　羍礼唯呼师為先生謂資為弟

常也言為人子弟先勞苦後食此乃是人子弟之常事耳

故曰迎云稱孟武子曰勞倦居前酒食饌後人之常事未足稱孝

與四人問孝是同而夫子答異者

子武伯皆由其人有失故隨其失而答之才梓子夏是寄以弘教也

故王弼云問同而答異者或改其短或攝其夫或成其志或說

其行　入侃嵇云夫懃教紛紜常條仍引經營流世每存念

疾萬途難以周對舉一事以訓來之問之訓從橫異轍則

孝道之廣可以明美也

子曰視其所以觀其所由察其所安人焉廋哉

之廋　廋匿也言此人之行當先視而其曰所行用之見

明孔子欲觀知於云法言若欲知彼

事又次觀彼從來所經歷之故事有察其人之所去意之氣逐向言

用上三法以觀檢彼人無得藏遠其情故

情不可隱也　故曰迎云言人誠難知故以三者取令近可藏乎

顧直視也即曰所用易

用上三法以觀檢彼人安得藏違其情哉

情不可隱也 ○故江熙云言人誠難知故以三者取能近可藏乎

然用言視由言觀安言察者 各有以也視直視世即曰所用易

見故言視觀廣瞻也而從來由從此即曰為難故云觀察

況吟思忖度之情性而安察為隱隱故云察也

子曰人而信無不知其可大車無軏小車無軏其何

行之哉 大車牛車 軏者云 此 明孔子說人不可失信言人若是若是
信雖者仁十異彼不知其可也若是若是

信則不孚亘猶如大小三車之軏勖其車何以行之哉其餘僧之
他牛伕也 ○大車牛車者 牛能引重故曰大車 軏者軏端者

端頭也古作牛車二軏不異即時但軏頭安軏與今異也今時車軏

用曲木駕於牛頸紉縛軏兩頭著兩軏古時則先取一橫木縛著

兩軏頭又別取曲木為杬以縛著橫木以駕牛頸即時一馬車車

枙猶如此 小車駟馬車者 馬所戴輕故曰小車駟馬共牽

軏也 所以頂鈎此橫木者 一軏駕四馬故先橫木於軏頭而

縛栀著此﹅橫木﹅既為四馬所牽恐其不里故持置曲鈎軏

裹使辈﹅不脫猶即時龍軝轅端為龍置橫在龍頭上曲家

鄭玄云軏穿轅端著﹅軏曰轅端節﹅也 可知人頂信猶車

待軏軏者 故江迎云辞彦亦曰車待軏軏而行人頂信義﹅甚

子張問十世可知子曰殷因於夏礼所損益可知其

或継周者雖百世可知 物類相 此明子張見五帝三王

故阿孔子從今已後方來﹅事假設十代﹅礼法相 质憂改世代不同

子舉前三代礼法相因言殷代而曰用夏礼及所損益﹅事可得

而知周代因於殷礼及有所損益者 可得知既因憂有常

故従令以後假令有継周而王者雖至百世亦可達知也 三綱五常

故三綱夫帰父子君臣也 三事為人﹅繩頸故云三綱

而知周代因於殷礼及有所損益者之可得知既因變有常

故說令以後假令有継周而王者雖至百世亦可逵知也○三綱五常

者　三綱夫婦父子君臣也　三事為人之綱領故云三綱

五常謂仁義礼知信也就五行而論則木為仁火為礼金為義

水為信土為智人稟此五之氣而生則備有仁義礼智信之性也

木有博愛之德潤之仁金有嚴断之德為義火有明辨尊

早敬讓之德為礼水有昭了之德為信土有信不虗忘之德

為智此五者是人性之恒不可暫捨故謂之常雖復時移代

易事應今古而三綱五常之道不可變革故世相因百代行

襲也○所損益謂質文之統者　夫質文再而復正翔三而

改○再復者　若一代之君以質為教者則次代之君必以文

為教也以文之後君則復質後復文循環至窮者故有損

益○正翔三而改者　尚書大傳云王者始起正翔易服

色夫正翔有三本天有三統明王者受命各一正也

半為翔　白虎通云王者受命必改正朔者明易姓示不

相襲　明受之於天不受之於人所以變易人心草其耳目以

明化　故禮記五帝殊時不相沿樂三王異代不相習禮也

又云天道左旋　改正右行者　那改天道但改日月日月

右行故改正右行　日尊於月不言正日而言正月者

積日成月物隨月而變擾物為正　天貿地之周反天統

何　貿之每改正朔易貿之不相習故正朔不隨貿逐

熙舊問云夏用建寅為正初出色異故尚黑今就草未初

生皆青而云黑何　舊通云物初出乃青遠望則黑人

功貴於廣遠故也　又一家云自恣有書藉而有三正

故頂愛草相未也　又三正而通有二家一云在三代之時堯

伏羲為人統　神農為地統　黃帝為天統　少昊猶天統

三正兩通有二家一云在三代之時堯

功貴於廣遠故也

故頂蒙草相示也　又一家云自認有書藉而有三正

伏羲為人統　神農為地統　黃帝為天統　大昊猶天統

言是黄帝之子故不改統也　顓頊為人統　帝嚳為地統

帝堯是帝嚳之子之為地統　帝舜為天統　言夏為人統

殷為地統　周為天統　此三正相承欏若連環也　令依後擇

所說人為始者　三王頊人為民是故說人為始　而礼象選夏

為始者　夏是三王之始故舉之也　又不用建卯辰為正者

于時萬物不齊莫遍而統也　其或継周而言或者

猶花不敢指斥後代故云其成　楊頪相召者　謂三經五常各　尒時周

次後有勢數如大昊木德神農火德黃帝土德少昊金德　僧文質三統及五行相

頊頊水德周而後始其勢運相襲主　其襲有常故可稼

云勢數相主者

一頪相召而不變者也

孔子謂季氏八佾儛於庭是可忍也孰不可忍也

注謐誰也云之

三家者以雍徹 者云之

子曰相維辟公天

子穆々奚取於三家之堂 此 季氏豪強僭

注云辟 明孔子評論

下文謂冊有日姒不能救與對面而言 待言季氏者 魯有

鑑之事故云謂季氏 夫論評有遙有對面此是遙相評論

三郷並豪強僭濫季氏僭濫之端故特舉之 天子八佾以象八

風八分八卦風西北曰不周北曰廣莫東北曰條風東曰明廣風東

南曰清明風南曰景風西南曰涼風西曰閶闔風是 諸侯六佾降

然以兩則大夫四士二 杜注春秋及公羊傳皆云六者卅六人四者

十六人二者二々四人 注八人爲列者 舉天子之八佾人數

云魯以周公故受王者礼樂 周公輔相成王有列礼樂比

法國國家圖書館藏敦煌文獻

十六人二者二之四人〇法八人為列者　舉天子之八俏人數

〇云魯以周公故受王者礼樂　以周公輔相成王六年制礼樂七

年致政還成王之賜之礼樂是受王者礼樂有八俏之舞

桓子三家之強起於文子悼子平子至桓子五代故下譏孔子

曰政逮於大夫四代矣　今孔子所譏之其五代〇閔譏桓子者　于時

諸侯六放六律大夫四放四特士二放劓桑又云放陰陽之氣

孔子正乌桓子相值攻舉值者言之　三家並僭故併言之

三家謂仲孫叔孫季孫者　三家同是桓公之後桓公過子孠

公為君其庶子有公子慶父公子牙公子季交也仲是慶

父之後為是叔牙之後季氏季交之後皆以其先仲叔

季為氏故有此三是並是桓公子孫故俱稱孫亦曰三桓之子

孫也至仲孫蔑更改其氏曰孟氏孟者庶長之稱言已是

庶不敢与庄為伯仲之次庶既次庄故曰仲孫〇仰明離詩者

·92·

二天之後而天子威儀又自稷之是也　孔子稱雍詩之曲以

誠三家　⊙何知稷之天子之容者礼記天子稷之諸侯皇之大

夫濟之士鍀之庶人進之故言稷之天子之容者　令三家之祭

但有家之臣之謂家相邑宰之屬也　⊙閟魯祭亦之皂二天後

郷之歌此曲耶　答既用天子樂故歌天子詩　或通云既

用天子礼當祭時則之備設此官　或云魯不歌此雍詩

季氏自僭天子礼非僭魯也　辟訓君之故是諸侯　二天後誨

公之故是二天之後也

▲林放問礼之本子曰大哉問礼与其奢寧儉喪

与其易也寧戚也　注易和　明林放問孔子知求礼之本
　　　　　　　　　易云之　孔子重林放能問礼之本
　　　　　　　此

故羙其問而稱之曰大哉言礼与其奢寧說其儉喪与其易
寧說之喪哉　⊙或問曰何不答之曰四夫何　通云難其

寧送之喪哉

馬其易也寧戚也

故美其間而掃之曰大教言礼馬其奢寧設其儉喪与其易

寧設衰戚 ○ 或問曰何不荅以礼本而言四失何　通云舉其

四失則礼本可知旦時世多失故因舉失中之戚以誡當世

■子曰夷狄之有君不如諸夏之亡　諸夏中國　此明孔子

膪蠱夷言夷狄之有君生而不如中國之無君故云不如諸夏之

亡　故孫綽云諸夏有時暫無君道迪不都喪夷狄強者為師理

同禽獸 ○ 釋慧琳云有君之礼不如有礼無君言季氏有

君無礼 ○ 謂彦諸夏者　中國礼大故謂為夏也　諸之語助之意

季氏旅於泰山子謂冊有曰世不能救與

此明孔子誡季氏旅祭於泰山孔子問冊有曰世既

事彼寧那不能諫正其臨礼乎 ○ 注云旅祭名者

臣者　陪重也魯是天子臣而李氏是魯臣於天子為重也

臣之而為天子俱祭名山故為非礼

詩云泰山巖巖魯邦所瞻　何知林放魯人者　泰山既是魯

山則知林放是魯人

子曰君子無所爭必也射乎揖讓而升下而飲

其爭也君子　此　明孔子説射之可重言君子恒讓

甲無所鬬爭必也於射而始有爭

言射儀之礼初主人揖賓而進之交讓而升堂及射竟勝

負已下堂猶揖讓不如者而飲罰爵爵言君子之射進退合

礼更相避讓挹授不乖君子之容故云其爭也君子　問必頂

有射者古者生男必設桑弧蓬矢立於門左三日使人負之出

門而射夫此子方當有事於天地四方故生年長以射進士

問於射有爭者　礼王者將祭必擇士助祭故四方諸侯孟貢士

門而射示此子方當有事於天地四方故臣年長以射進士

問於射有爭者　礼王者將祭必擇士助祭故四方諸侯並貢士

於王之試之於射宮若形容合礼節奏比樂而中少者則不得預祭

之祭之者進其君爵士若射不合礼樂而中少者則不得預

墅其君爵士此射事既重以惟自辱乃仰墨以君子敬於射

而後必有爭○而飲者　謂射不如者而飲胃爵也勝者當酌

跪飲不必者云敘養○而以邌者　君子敬謙不以己勝為不

以彼負為吾言彼射所以不中者以能中正由其有

疾故也酒能養病故酌酒飲彼將獻養彼之病也昨以礼云

君使士射士不能則辭似有疾孤之義也　若餘人讀射云

揖讓而已屬上句又云下而飲　屬下句遯此瀆不及之意也

子夏曰問巧唉舊兮美目盻兮素以為絢兮何謂

此子曰○繪事後素　子夏引衛風

子曰○礼後乎　孔子也朋

法國國家圖書館藏敦煌文獻

·96·

言□□孔子□□

於則自美而皇那之芳而好言用素白以分五采使成文章

莊雖有容而有礼約束子夏讀詩不達此語故云何謂

也以問孔子　此是衛風碩人閔莊姜之詩美莊有礼衛使不

好德而不荅故衛人閔之以嘆夊美目即見在衛風碩人之二

章　○其下一句送者　素以為絢之一句以散送則衛風碩而無

也○上篇云　被美子貢云告諸註而知來者此宣言起予者

何○被非但解孔子盲更廣理以荅故云告諸註而知來者此

孔子繪事後素本盲云以素喻礼子夏荅云礼後乎但解夫

子語耳理無所廣故云起予而不知來　註云繪畫欠者

繪刺成文則謂之編畫以皮文則謂為繪也

「子曰夏礼吾能言之杞不足徵殷礼吾能言之

宋不足徵　註云徵成也　明夏殷之後失礼也　夏礼謂禹

此　時礼即孔子註杞所聞夏時之

子曰夏礼吾能言之杞不足徵殷礼吾能言之

宋不足徵 注云徵成也 此 明夏殷之後失礼也 夏礼謂夏
時礼即孔子 夏礼謂夏

書也 殷礼是殷湯之礼也即孔子注宋得以乾之書言不足□
宋得以乾之書言不足□

共□謂成其代之礼 ○何知宋殷之後者 宋殷之後封失國

周封微子於宋殷承夏後封登婁公於杞也

子曰禘自既灌而往者吾不欲觀之矣 或阿禘之說

子曰不知也 注云答 此明孔子說魯祭失礼言未灌以前
昭視次弟猶有可觀既灌以後昭

禘翻離而莲祀之故孔子云我不欲觀之矣
又四時之丹五年之中别作二大祭禘袷
周礼四時春祠
夏礿秋嘗冬蒸

而先儒論之不同今不具說且依注中概而談諸為禘者
禘者謂也謂審禘昭視禘者庸也函薔必巨之順庸尺之灌

地以求神禘礼必以歆廣之主陳於太祖之廬末歆之主之外

堂列它昭穆備戈挚礼時鲁家遵礼及主观次不當礼若

有滥時未列昭穆猶可观既滥以後遷列以它故孔子云不欲

观之　▲不言祫而言禘者　随尔時而見也　○云禘祫之礼為

序昭穆者　列诸主於太祖之廟堂太祖之主於西壁下東

奥太祖之子為昭死太祖之東而南向太祖之孙為穆對太祖之

子而北向以欧弟陳壮北者曰昭死南者曰穆所謂父昭子穆也

昭者明也父尊南向故曰明穆者敬也子宣敬父也　注畎唇之主

及群皆之主皆合食於太祖者　孔及先儒義云禘祫礼同

皆取畎唇及未畎唇之主並卅列昭穆壮太祖堂也　注滥者

酌斟酱者　斟酱責斟金之草取計釀里稚柔一释　夫儒説滥法

二米者酒之成則氣芬芳調暢故呼為酱　▲夫儒説滥法

不同依疏明顯者　但先儒舊論滥法不同一云太祖室裏合龍

谕東向以弟置也上四時滥等五使百味参入利泉以弦

二米者酒之戌則氣芬芳調暢故呼為鬯　夫儒說灌法

不同依疏明顯者　但先儒舊論灌法不同一云太祖室裏今龍

前東向以弟置地上而持瓚酒灌苧上使酒味淶入淵泉以求

神　而鄭康父不此的道灌地或云灌神武云灌尺　故郊特

杜云周人尚臭灌用瓚瓚合瓚鬯陰達於淵泉灌以瓚

瓚用玉之氣也既灌然後迎牲致陰氣也　鄭云灌謂之主

瓚酌暢始獻神　又祭統云君執圭瓚灌尸大宗執璋瓚

亞灌　鄭云天子諸侯之祭礼先有灌尺之事乃後迎牲

孝鄭二注咸灌地之神故解為武云灌神是灌尸

是灌人之礼而鄭注尚書大傳則云灌是獻尺獻乃祭酒

以灌地　問而魯達祀躋僖公者　僖公閔公俱是莊公之子

僖庶而長閔適而小莊公薨而立閔為君僖為臣一事閔

子文公曰吾見新鬼大叔鬼小故卅傷公於閗上而違礼亂

昭穆故不欲觀之也　然或人問孔子禘礼之事孔子荅以不

知何以更言以說者　若遂更不說則千載之後長言禘祫

之礼為聖所不知此事永絕故更為或人陳其方便言耿

知禘礼之說甚自不難於天下之三人無不知矣人之皆如求

相示以掌中之物無不知也其如示諸斯手　此記者所言以

擇孔子語也孔子既云易知而更申掌又一字自栢所申之

掌以示或人云其如示諸是孔子自栢掌也

王孫賈問曰与其媚於奧寧媚於竈何謂也子曰

不然獲罪於天無所禱也　注天以喻　明王孫賈引代俗　君云

言人馬其逆向於奧寧趣向於竈何謂也　○云奧內者　尔雅云室

不然獲罪於天無所禱也　注天以喻明王孫賈引代俗

言人与其媚向於奧寧媚向於竈何謂也　此之言問於孔子曰　君云之

中西南隅曰奧東南開戶西南安隱之內為隱奧無事令尊者所居　云奧內者　尔雅云室

之奧也　竈謂人家為飲食竈也　賈仕於衛時孔子注術賈誦　閭孔子云

此舊語以感切孔子欲令孔子求媚於己如人媚竈也　閭孔子云

何謂使孔子以悟之也　康肇云奧尊而無事竈卑而有求時

周室衰微權在諸侯賈自周出仕術故託代俗之言以自解於孔

不足云媚也　王孫賈周需云之子孫名賈也　人廟下更云入太

廟者　對戈人之時下錄平常行之礼故兩出之也

子曰射不主皮　注云射有五　此　明孔子見周襄之曰礼壊

子曰射不主皮　善為云之　樂尚其有射者无復盛

祭擇士之大射張布為棚而用獸皮怕其中央射之取中故謂之

主皮　注射有五善寫者　引周礼卿大夫射五物之法以證

之也　注云一曰和志謂將射必先正志之和則身體和韻故云和也

二則使行步舉動和柔所以有容儀也　注三曰主皮能中質

先和志有容儀後乃取中質之棚　注四曰和頌合雅頌

射時有歌樂言雖能中質而放捨節奏必合乎雅頌之聲

相和合也　注音興儔弓儔同　卅雉聲合雅頌而已乃使射

容弓樂聲儔趁向相會進退弓儔同也　歟此注弓鄉射五物

小異　秦鄉大夫射　曰和此云和至　二曰容此云和容

容此云和頌　彼云和容　杜子春秋曰和容作頌其條後不乙

同大意不異乙　仰明天子已下用何物為節者　天子已以騶

虞為節諸侯以狸首為節大夫以采蘋為節士以采蘩為節

同大意不異乙

仰明天子已下用何物為節者　天子已以驕

虞為節諸侯以狸首為節大夫以采蘋為節士以采蘩為節

故孔子云何以射何以聽言弓射樂聲合如一

云天子三侯乙

即射棚　謂為侯者　天子中之以威那諸侯中之則得為

諸侯　常書云侯以明之是也

必取三獸者　三獸雄狐今取

之亦能服猛　問天子已下各射何物者　天子射席諸侯射

天子射虎諸侯射
注以能虎

熊夫大射豹　此豹先能者　隨便言之無義例也

或謂天子之侯

豹皮為之者　三獸之皮各為一侯故有三侯

從廣一丈八尺三分一以為沼上者今所謂為朱也

難射故以為名
前虎皮方

六尺以怡棚上名之為鵠之水鳥捷點也

子貢欲去告朔之餼羊

注云柱　明子貢見曾家昏亂
牲古乙　此告朔之礼久廢而空進

其羊故欲去其告朔之餼羊也

天子諸侯告朔之礼者

乱自文公而不復告　以至子貢之時也　君雖不告朔而舊官

猶進於告朔之羊　子貢以見告朔之礼久廢而空退其羊

故欲去其羊　鄭云柱生曰儔者　鄭注詩云牛羊豕曰牲繋

養曰牢熟曰饔腥曰餼　生曰牢字而今云柱生曰餼者　當

腥曰生饔之画名也　若猶生養

則子貢何以愛乎正是腥而餼送之故賜愛之

必是腥何以知然者　告朔天子

諸侯各用何生者　天子用牛諸侯用羊

子礼告朔廢用牛而今用羊　天子告朔帝事大叔用牛

魯不告時帝故依諸侯用羊　魯自文公始不視者　文公是

僖公之子起文公為始而不視朔也　始文公凡後次君者

徑宣成襄昭定至哀公時凡徑六君子貢當於定末哀時

迩者月旦告朔者　朔者藏也生也言前月已死此月須生也

任宣氏襄昭定至哀公時凡經六君子貢當於定末哀時

○然者月旦者朔者　朔者蘁也生也言前月已死此月復生也

哀公問社於宰我　對曰夏后氏以松殷人以栢周

人以栗曰使人戰栗 任云凡畫 此 明哀公見三代社樹不　那云之 同故問宰我見哀　我之曰夏

后氏以松樹為社殷人以栢樹為社周人以栗樹為社宰我見哀

公民不畏那言周人所以戰栗者謂欲使戰栗故也　○問夏栢

后嚴周稱人者　白席通云夏撝讓授禪為君故褒美之

稱后之君也又重其代故以條之　殷周以干戈取天下以賊稱人

白席通云夏德授禪是君乃之故稱君殷周送人心而取之

是由人士故曰人也　○訓曰為謂者　猶曰未仁及不曰如之

何類　○各以其主所冝之木者　出周礼也　○然社樹必以其

旦相周居豊々鎬之旦粟　宰我不安其意者　安意在

隨主所旦而宰我妄說其義是不安意也　注云便云

使人戰栗依注意則不得如先儒言　　日使人戰栗是

宰我語也

子聞之日戌事不說遂事不諫既注不各　注事以
往云々

此　明孔子誅宰我言種栗是隨主所旦此事之戌著于三代

快今妄說日使人戰栗壞於正礼攻云戌事不說遂事不諫

此指宰我為惡已久而人不戰栗其事已遂此豈世可諫已

既注不各　此斥言宰我也不安樹意妄為他說若餘人

為此則可各責令世好為深失事既注之不可退各是責之

保猶於予誅之類也　又一云三日語誅宰我也　李充云戌

事不說衰甞戌矣遂事不陳衰深遂矣既注不各而衰

深猶於予誅之類也　又一云三曰語寧我也　李充云戌

事不況衰疊成矣蓋事不陳衰遂逼矣既注不各而衰

政注矣此已上併說孔子之言斯談寧我

子曰關雎樂而不淫衰而不傷 注樂不□ 此 明孔子見 時人不知

關雎之義而橫生邪敗或言其淫或言其傷叔孔解之言

關雎樂得淑女以配君子迲者風政之美而不淫關雎之

待自是衰窈窕思賢才而無傷善之心　　坟江興云樂

得淑女疑於善色可樂者得故有樂而無淫　衰而不

傷　李克云衰窈窕思賢才無傷善之心是衰而不傷也

鄭玄云樂得淑女以為君子之妃仇不淫其色也窈窕思之

衰世夫婦之道不得此人不為咸傷其憂也

子曰瘠中之君八代曰瘠中余

人見孔子小之言管仲儉乎孔子荅或人不儉之事言管
仲取三國之女而立官各有人不頂蔑攝既婦多官廣焉
得儉也　○管仲者　諸夷吾也齊謂之仲父叔呼其官仲
三歸者　管仲取三國女也婦人謂嫁曰歸　礼諸侯一取
三國九女以一大國女為匹夫之兄弟女一人又夫人之妹人
為之姪娣隨夫人來為妾又二小國女來為媵之各有姪
媵隨自每國三人三國九人也大夫婚不逾境但取三女
以大女為正妻　又滿侯國大事多故言管仲是齊大夫
而取九女故有三歸　又滿侯國大事多故言立官各主
其職每人報為一官若大夫剛不得官之置人但每人
轉橋傾敛事官仲是大夫立官各有人不頂蔑橋故云
官事不翺也

即三云之

嚴量小我或

其職每人輒為一官若大夫則不得官之置人但每一人

轉橢傾敧事管仲是大夫立官各有人不薑橢故云

官事不橢也 ⊙器量小者　言一姓者相傳皆云此恐誤

大夫稱家大夫之臣曰家之臣且并事今云不橢是不并事焉得儉

⊙曰邦君樹塞門管氏之有樹塞門邦君為

兩君之好有反坫管氏之有反坫 此明孔子荅

或人管是不知礼言國君合立屏以鄣塞於門管氏之有立

屏兩塞於門國君為兩君之好有反坫之礼管氏之儉焉之故

云之有反坫也 ⊙柑屏以蔽之 天子諸侯門屏谷施何所者

莭君之屏而起敬迎 礼天子諸侯皆有之也臣來

天子尊远故好屏於路門之外者之諸侯尊近故内屏於

立異　○又礼诸侯与隣國相見共於堂飲蒞有反坫

礼坫者　築土為之形如土堆坐於兩楹之間飲酒行

獻酬之礼飲酬畢則各其酒爵於坫上故謂此堆為坫

爵謂杯也　○兩楹之間者　　古者屋當棟下隔之棟後謂

之室棟前謂之堂假三間堂而中央之間堂為東西壁

其桁楹之而立故謂桁為楹東桁為東楹西楹之

之東之楹之西即謂此地為兩楹之間也　　注人君別內好

於門者　　今黄閤用板為障古者未必用板或用土令太

堂中門內作屋屏障之也　○更酌之礼者　　初主人酌酒与

賓曰獻賓飲獻畢而又酌興主人曰酢之人曰飲酢畢又

酌与賓曰酬　○而云更酌者　　古者賓主谷杯故云更

酌　○云皆潛為之者　　甲者監用尊者之物曰潛也

酌与賓曰酬　而云更酬者　古者賓主各杯敬云更

酌　◎云皆偕為之者　早者監用尊者之物曰偕也

李光云齊桓公隆霸主之業管仲成一匡之功先主於左

祖豈小也哉　◎由非周才則才有偏失好内樅奢桓公之魔也

管主方怖大動弘振義風遺近節於當年之期遠濟手千

載寧分傍以安治不禀己以求名行謂君子行道忘其身

身者也届論細行合人之曹惟大德乃堪之季末奢漢慮

遺礼則聖人眀徑常之訓塞奢侈之源故不得不敗為

小人其實非小人也　◎孔子梅管仲為仁不用兵車而令

謂小者　管仲中人寧得貞己故雖有匡弼之功猶不免此失也

儀封請見者　任儀蓋　此見於孔子也此人掌儀封折之

明封人掌衔邑封壃之人也請

天将以夫子為木鐸　注木鐸　此　明封人識孔子聖道云不之失之曰言

天下有道将興攺用孔子為木鐸也　問文教武教各用何

物為舌者　鐸用銅鐵為舌若行武教則以銅鐵為舌

若行文教則以木鐸為舌将号令則攺僮振奮之使鳴而

言所教之事　故壇弓云夫軋木鐸以命於官曰舍故而

肆新　又月令奮鐸以〇北人曰雷将发聲是其事也

「子謂韶盡美矣又盡善也」謂武盡美矣未盡

善也　注云武之王此名者明虞周二代楽之勝否也　〇韶舜楽

韶也天下之人楽舜揩攘紹尭德故舜有天下学名韶

美者皆合當時之語　善者理事不悪之名夫理事不

悪之未必會之合之當之時下之不为合於理事不悪攺美

惡者各合當時之俗　善者強事不惡之名夫強事不

惡之未必會之合之當之時之二不如合於理事不惡故美

善有殊也

韶樂所以盡美有盡善　天下万物樂

舜傞堯而舜從人是會合當時之心故曰美揖讓而於理

事無失故曰善

異者也　謂武盡美美不言盡善者

不釋盡善而擇盡美者　天下百姓樂武

互謗臣代討足會合當時之心故曰盡美而臣代君於理事　善者擇

不善故未善也　匡之擇其異也

子曰里仁為美擇不家仁焉得智也　此 明孔子 說人處

必宅擇有仁者之里是善美也言若求居而不擇仁里

而豪之安得多智也　周家去王城百里為之遠之郊之

內有六卿之中五家為比五比為閭四閭為族五族為黨五

君道三百里好至千審五百里內並同六遂之制也

仁者博施濟衆言人居宅必選有仁者之里所以為美耳

仁既美則闇仁之之美可知也 〇任言美注云善者

善故鄭深明於仁之里必是善也 〇求居而不豪仁不

得有智者　況居士云言所居之里尚以於仁地為美　夫美未必

說擇身所豪而不豪仁道安得智也

子曰事父母幾諫見志不說又敬而不違勞而 **不怨**　志云

不怨　志云　此有過失　明孔子說人子事父母義之茶沒若當須微諫進納善言不使

額之若見父母心不從己諫又起孝敬不違父母之志

若諫不從或至于曰則已不敢辭勞以怨於親也

微諫之意愚何父者　礼記云父母有過下氣怡色柔

第一一九册　伯三五六七至伯三五九九

P.3573　　論語疏卷一至卷二　　（29—27）

·115·

徵諫之意愿何久者　礼記云父母有過下氣怡色柔

聲以諫之君不入起敬起孝說則復諫是也

悉者　故礼記云植之流沺不敢疾悉是也

云事敦有隱亡犯事君有犯亡隱親之失不諫君之失

不隱君過為可幾　奮通云君敦並諫同見孝經

徵直善言俱諫記傳故云事父母幾諫而曲礼云為人

臣者不顯諫　鄭云令笑微諫之是知並旦微諫

又君親有過太甚則之不得犯於親頯　故孝經云

父有爭子君有爭臣　又内則云子事親也三諫而

不從則起泣而隨之　又云臣之事君三諫不從而

之以乾經記並是極犯也　而壇弓所言故将其実

父為子隱直在其中矣故云隱也

天性若言君之過於政有益則不得不言如齊晏子　而君義合有殊

与晉叶向言共言齊晉二君之過是也唯有益乃

言之不恒為口實若言二君益則有隱也　如孔

子荅陳思敗云昭公知礼是也

有益之不得言也　我聞曰春秋傳晉魏成告於　假使為他言父過

闕設世宽言父之過此豈不言乎　荅曰春秋

之書邪復常惟苟取權宜不得格於正理　又父子

天性義之茶敬所言無犯是其本也君臣有犯之義也

檀弓云無犯無隱者

師常居明鏡無失可隱故

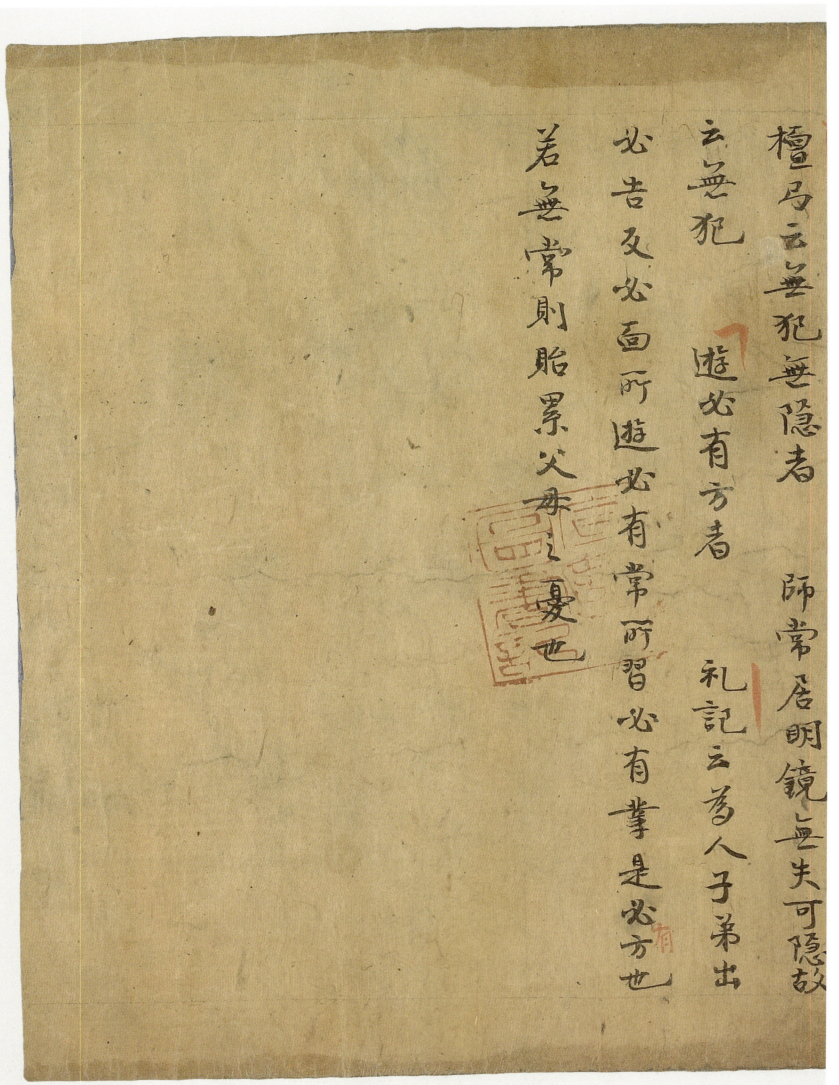

檀弓云無犯無隱者　師常居明鏡無失可隱故

云無犯

遊必有方者　礼記云為人子弟出

必吉又必畫所遊必有常所習必有業是必方也

若無常則貽累父母之憂也

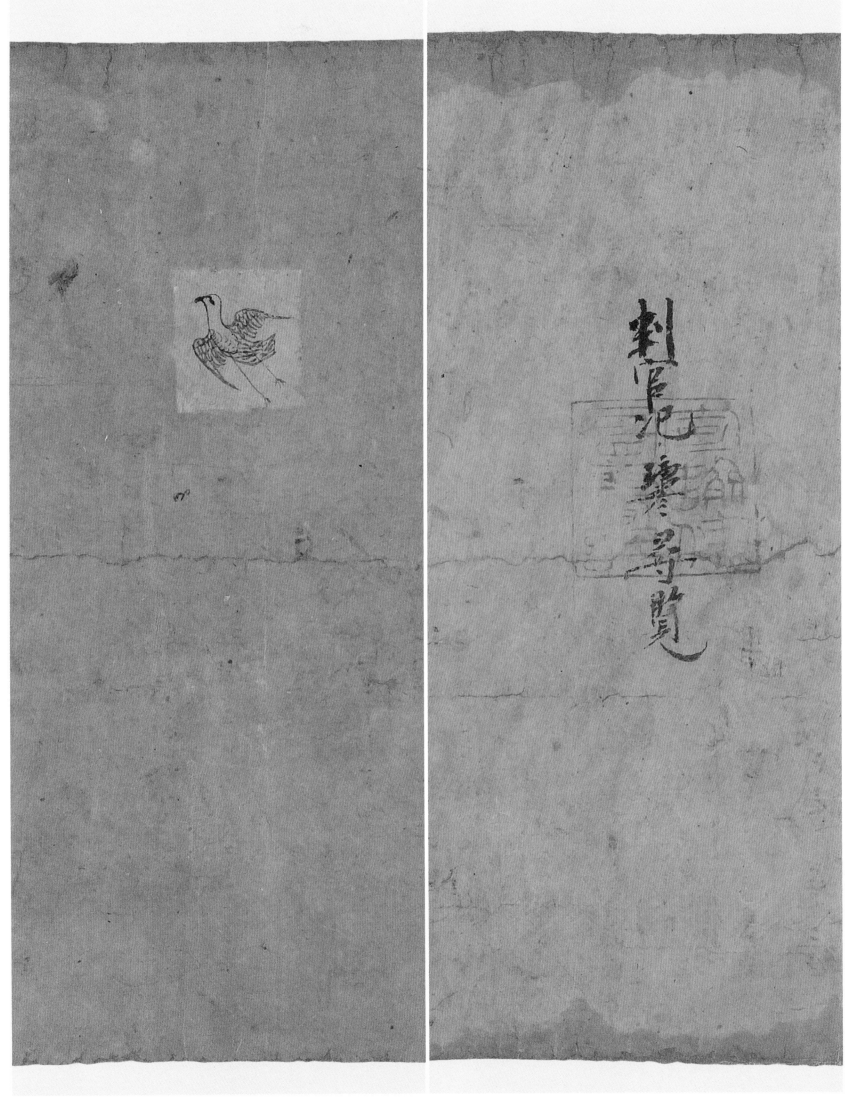

P.3573v　　2. 白畫飛鶴　　（2—2）

P.3573v　　1. 論語疏卷一至卷二題記　　宣諭使圖書記印
　　　　　　（2—1）

P.3573 pièce 1　　後梁貞明九年（923）閏四月索留住賣奴僕契

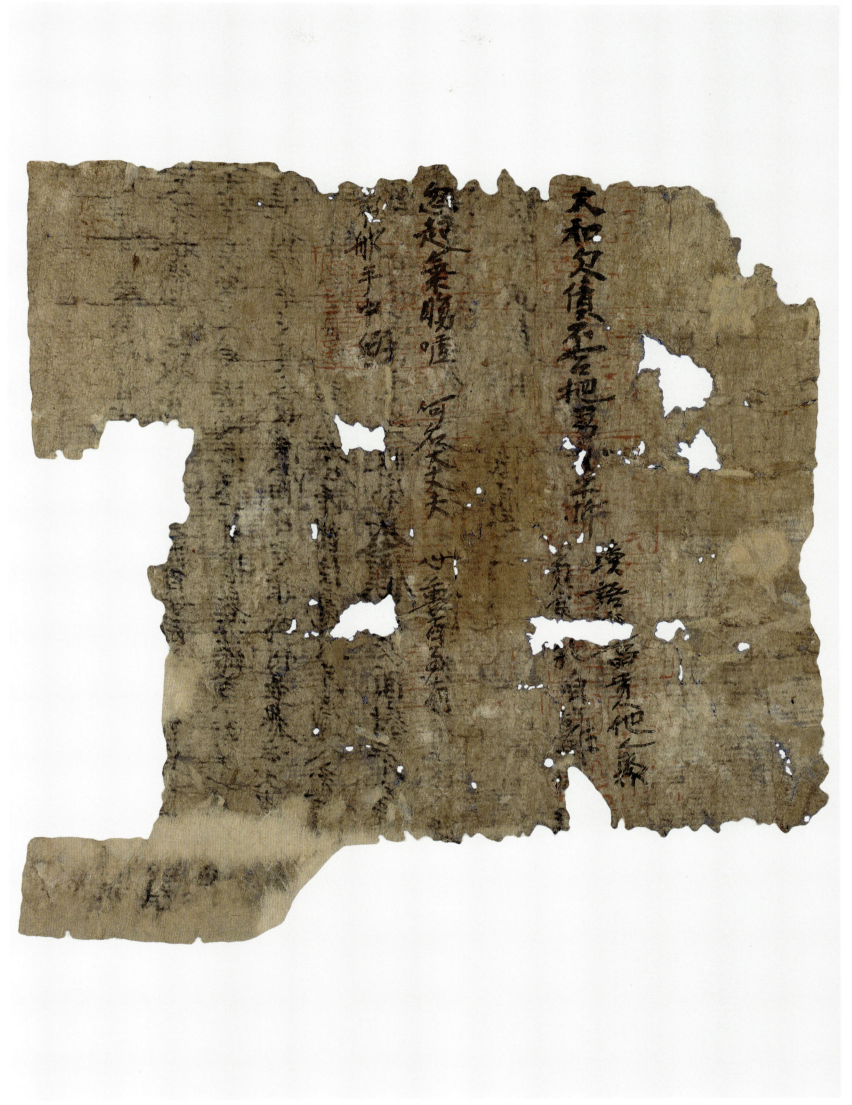

P.3573 pièce 1v　　1. 大和欠債條記　　2. 五言闕題詩（忽起氣腸噓）　　宣諭使圖書記印

P.3573 pièce 2　　（誤編號）

P.3573 pièce 3　　文書殘片

P.3573 pièce 5　　唐儀鳳三年（678）十月廿七日題記　　　P.3573 pièce 4　　殘文

Pelliot chinois 3574

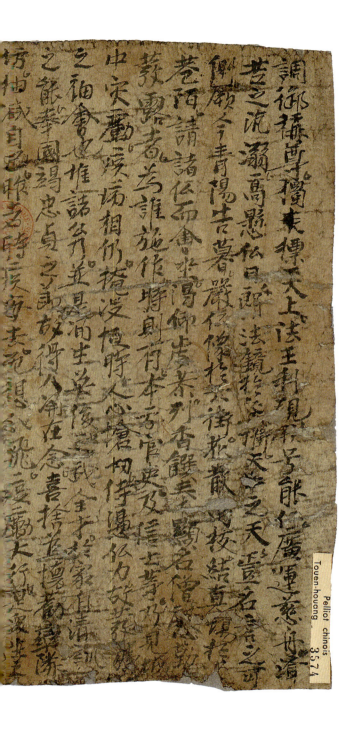

靜難慈悲理物不害於民蒼生而安泰惟
斯方吾元彊腠回死用垂嚴格拯這龍天部彼鄒盛兒
感神方昌鎮浚渡安護法界鑄向草滴里無畏棄殘
之灾不烹嚴覺單之業宋峨墮消除含境感歡
評樣蕭禄四王讓世憧實作權鷹大聖觀音慈悲郎仰
牧濟慈愍家慎王捨結舍生行病諸王欄沁爾奴国王保吉
汉彭祖而同年卑郡就民比姤石波蓬行香寧友梼利義
汉回僧供愿懿慈渣普默灰風溫盡火從大義
夏順抹調信儲滿九年之寞摩河鵬君

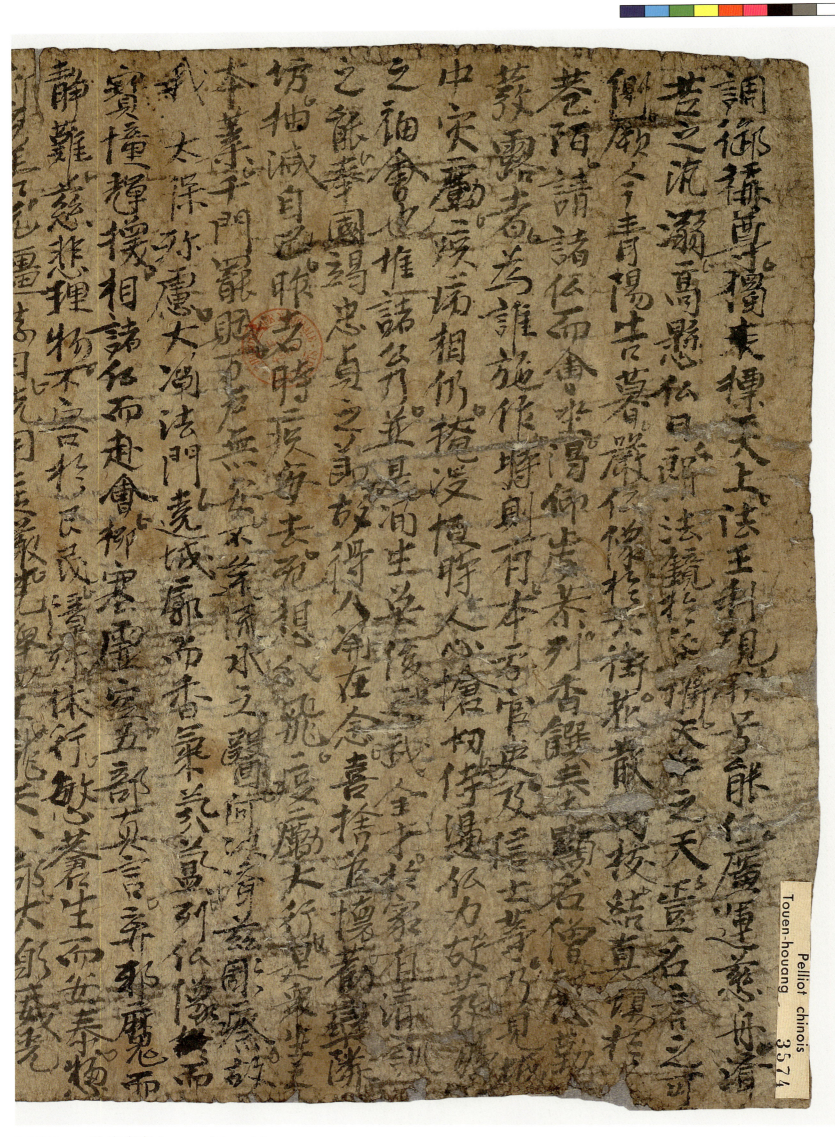

P.3574　除癘疫齋文　（2—1）

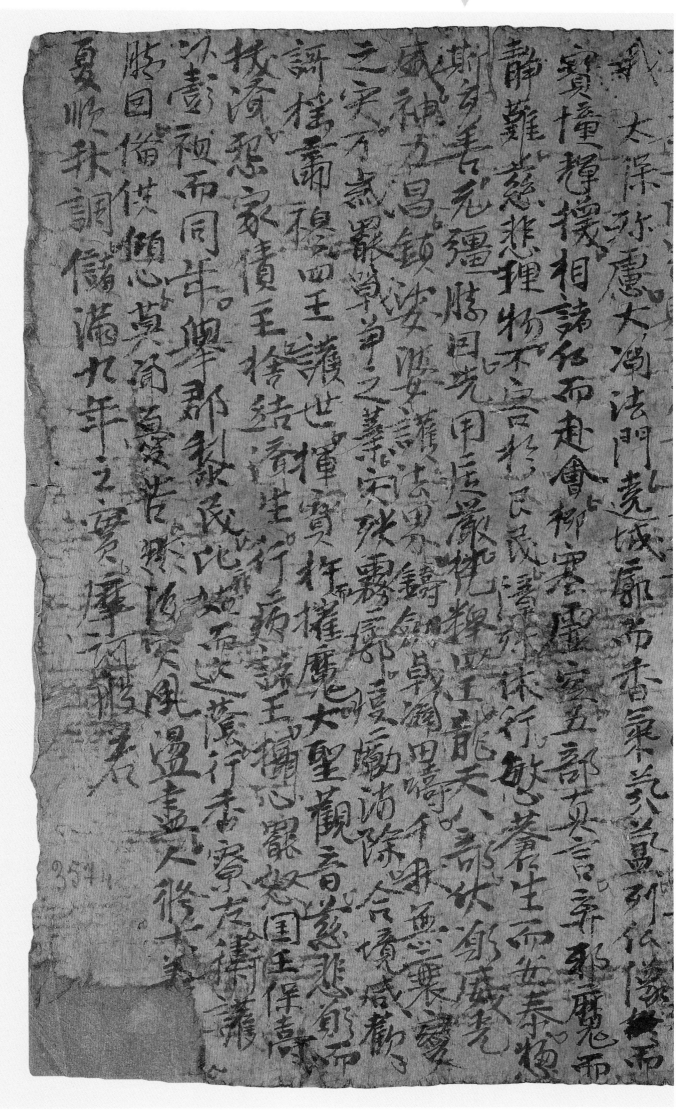

P.3574　除癘疫齋文　（2—2）

Bibliothèque nationale de France

Pelliot chinois 3575

近矢△七微臨至業華以人輪倫義重花菁情誅九泉嘆一吉
之悲長范起千秋之處呼嗟賢哲庵室連枝夜室芳幽泉
澄詎剛彼荊資助惟福是憑敬於此晨嚴翕薦殂路功績言
建淵惟公孝灰永家謙茶虔倏者禕閑雅清信證明後
能馳被岸投吳化城悟逃劫之不堅知浮生之軌有荊
以生前造善全取七悟之約切没後崇齋惟露一分之福益是
以堅四紅之舊報精五力以度誠建此建循千年其七切節言
之際惠心丙旺檀會外魏名趙束世之日即日種後身之福
故能額甲善路掃灑天堂拙減淨貯炎於七去厥齋然有
悟其理而向歸心者廠有隨圭公之公後代德英明迤
良泊孝居身天知礼樂常以信結為念慶誠輝一舍君
子之風懷悲智量此度快香蒽者輳家平安之所崇也公乃家
傳心信教重福田託三寶而作歸依章一心而崇乏所以年常
敦彰每歲敬僧保護家門元讚求障於是銘讚所居清嚴

珊瑚天盞馬淄四王持劍新研瓷軍八部賓嘉蕩除魑魅人增壽

命保長年切德言鍾文鍾辨法峽一呪遍於三千故使外道迴心郡郎

前朱後玄雜合陰陽之道推敬入宅已後金龍遠宅玉鳳銜珠地踊

於巨海入宅其宅乃陰陽合會此相吠八非吉祥五行道利男

平四六表湛居爲故多南北之寶夏多利西之室左青右白妙採乾坤

設齋則餘粮景報施食則長命日切德蕚於恒沙福頻同

礼仏則三障雲消誦呪則六報清淨即仏則造像則罪山落日轉經則苦海停酸

不勝戴荷敬樹良目切德言除身心憂怕

旣從天仏咸契飯醞醯之味生方甘露療惠苦頓

病損頒爲攝養乖耳和流之疾然念大覺日保休寧爲郡

清醞爲淨水化酒以作香湌其富免屠割之狹人帶儹瑩之冬

戌禮妼欲傷生聚賓切非儀者命永婚憲招後假遂竟

主之長君散三塗之苦惠年後二八桃李爭輝咸過蔭陽返

夫娘仙霞永古禮席堆幻璀君磁界每鼓勝心慕情

新名高女史之針誉滿瑤蘭之訓兒郎第姓鶹立戌班姉妹

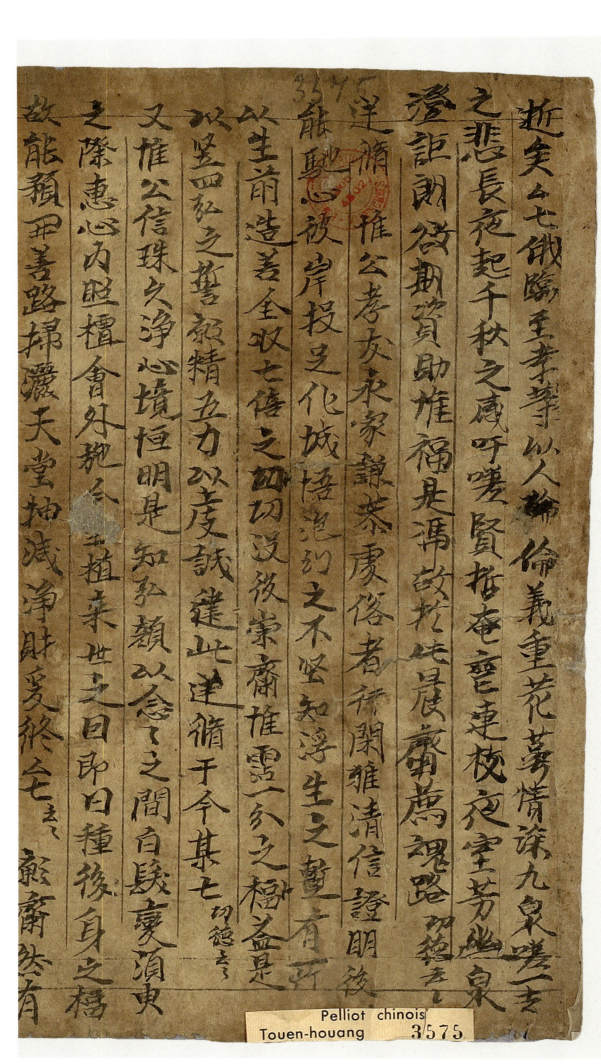

逝矣△七俄臨王孝業以人倫　倫義重花蕚情深九泉嗟一云

之悲長夜起千秋之處吁嗟賢指庵童連校夜室芳必泉

澄詎朗彼勸資助惟福是憑故於此展藏爾薦魂路△△云

連循惟公孝灰永家謙茶慶傛者袮闕雅清信證明後

能馳被岸投足化城悟泡幻之不堅知浮生之蓮有所

以生前造善全收七倍之切迎後崇齋惟靈一分之福益是

以堅四弘之誓報精五力以度誡進此連循于今其七切德云

又惟公信珠之淨心境恒明是知弘額以念之間百髮憂須更

之隙惠心內照檀會外魏令拋棄世之日即日種後身之福

故能頹甲善路掃蕩天堂抽滅淨財爰終△七云敬齋然有

P.3575　雜齋儀　（4—1）

以堅四私之誓願精五力以度誠遠此達循于今其七切德云云

又惟公信珠之淨心境恒明是知弘類以念之之間自啟壞須更

之際惠心內照檀會外貌令□撘棄世之曰即日種後身之橋

故能頹田善路掃灑天堂抽減淨肚爰終亡云亡厥齋然有

悟其理而向歸心者嚴有齋主之公惟公後代後德英明悲

良治孝居身天知礼樂常以信捨爲念虔誠輝□壽君

亡之風懷悲智量此限爽香意者輒厥平安之所崇也公乃家

傳正信教重福田託三寶而作歸依章一心而崇方善所以年常

鼓彰每歲嚴僧保護家□元諸爽障扵是姤辦所居清嚴

蓬瑜繕妙饍爐焚賣香替空界之聖凡延祇園之法紹榮

恥斯廣果報難量先用莊嚴齋主即躬惟彰諸仏家偏

龍天護持爽障不假刀德圓滿夫人壽遜命長遠惠悟清

新名高女史之針誉滿瓊蘭之訓兒郎弟姪鶴□成斑姊妹

夫娘仙霞永古　禮席　惟公雖君欲界每菝勝心慕清

P.3575　　雜齋儀　　（4—2）

耻斯廣果報難量先用莊嚴齋主所躰惟　彰諸佛家緣

龍天護持定障不復功德圓滿夫人壽逸命長遠惠悟清

新名高女史之針譽滿珪蘭之訓兒郎弟姪鸞亭成斑姊妹

夫娘仙霞永古　禮席　惟乙雖居欲界每菽勝心慕清

主之長君歌三塗之苦患年儀二八桃李爭輝咸過蔭陽遠

成禮妙欲傷生聚妻怨切非儀害命求婚應招後報遂妻

清酌蒿淨水化魯茵以作香冷六畜免屠割之狹人犂償等之各

病捐頌爲播蓄養乖耳　和流疾然念大覺用保休寧善郭

既従天仏咸契飲醒酬之味　口求甘露之凉惠苦頓除身渜悅

不勝蟲荷敬樹良日　造像則罪山落刃轉班則苦海停酸

礼仏則三障雲消誦呪則六報清淨印仏則

設齋即餘粮果報施食即長命日　功德等扵恒沙福頻同

扵巨海　入宅其宅乃蔭陽合會　此相哄八非吉祥五行通利四方

平正八表懨居爲故乡南北之貿　西之室方青右白妙採乾坤

帝朱後　雜谷金陽之道淮　雲一後金龍遠宅玉鳳行朱

礼仏即三障雲消誦呪則六根清浄印仏即

設斋即餘粮果報施食即長命曰　切德莘於恒沙福類同

於巨海　入宅其宅乃陰陽合會　此相咲八卦吉祥五行通利罗

平正八表堪居嘉故亥南北之富貴夏光列　西之室右青右白妙採乾坤

前朱後玄雅合陰陽之道推親入宅巳後金龍遠宅玉鳳銜珠地踊

珊瑚天盂馬滋四王持劍斬研魔軍八部宜嘉蕩除魍魅人増壽

命保長年切德寺　鍾文　鍾攝法竣一呪遍於三千故使外道迴心郡耶

本
領因大風不適如
亦乃為正

Pelliot chinois 3576

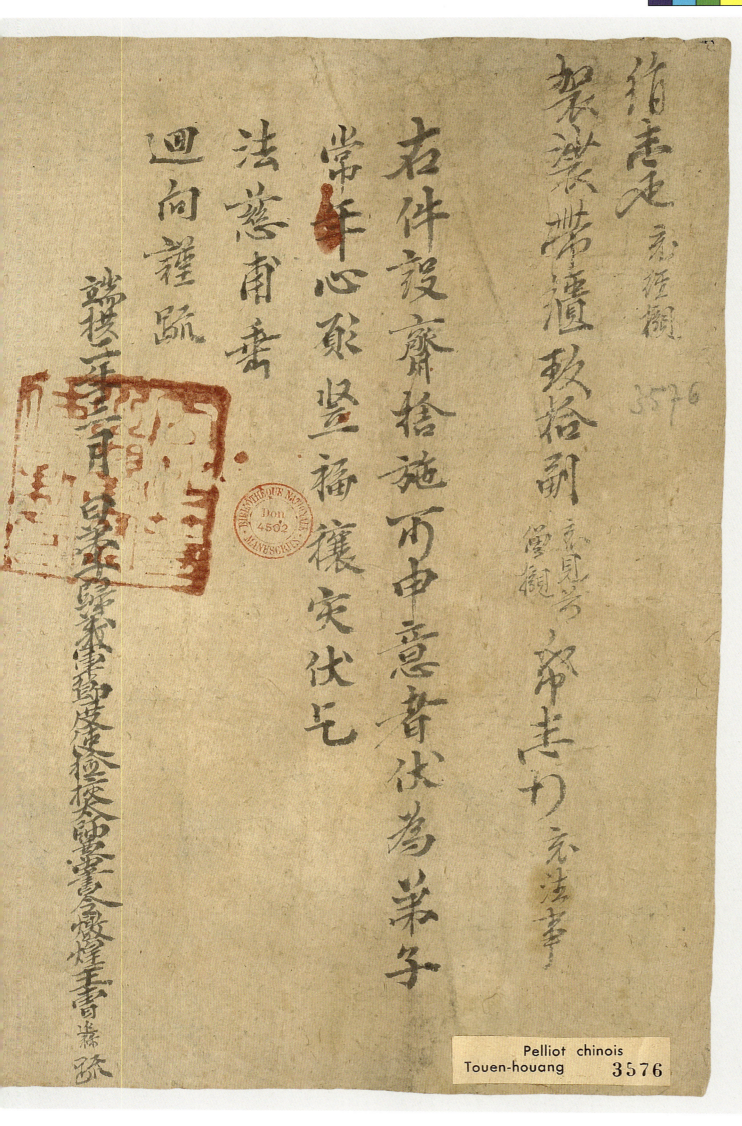

裂漢帶櫃玖拾副　已經檢

　　　　　　　　　　靈櫃

　　　　　　　　　郡志功元法事

右件毁齋捨施所申意者伏為弟子

常年心敬豎福禳災伏乞

法慈甫垂

迴向禮跪

端拱□年三月日弟子歸義軍節度使檢校師□□□敦煌書嗣跪

法國國家圖書館藏敦煌文獻

P.3576　　　宋端拱二年（989）三月歸義軍節度使曹延禄設齋捨施迴向疏

Pelliot chinois 3577

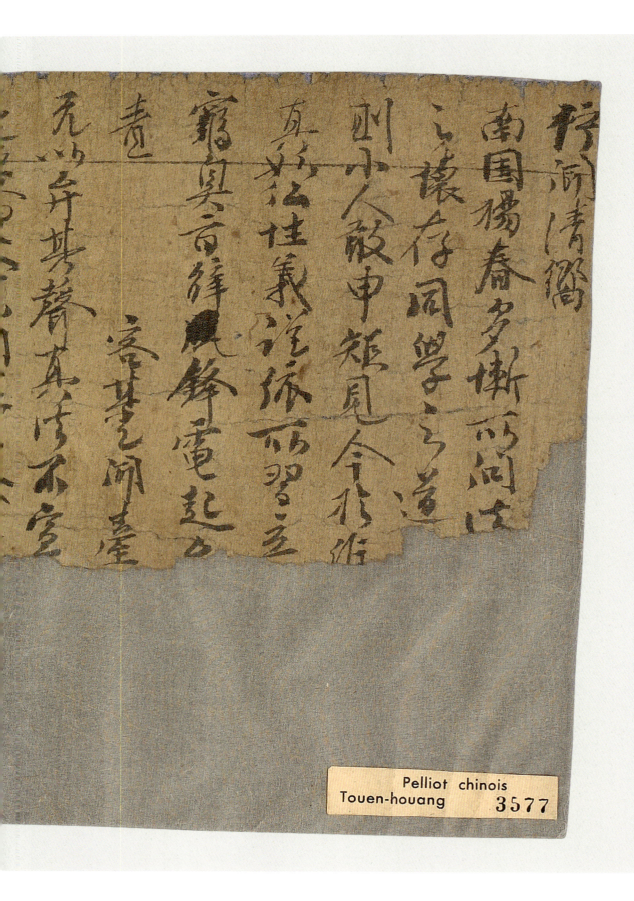

法國國家圖書館藏敦煌文獻

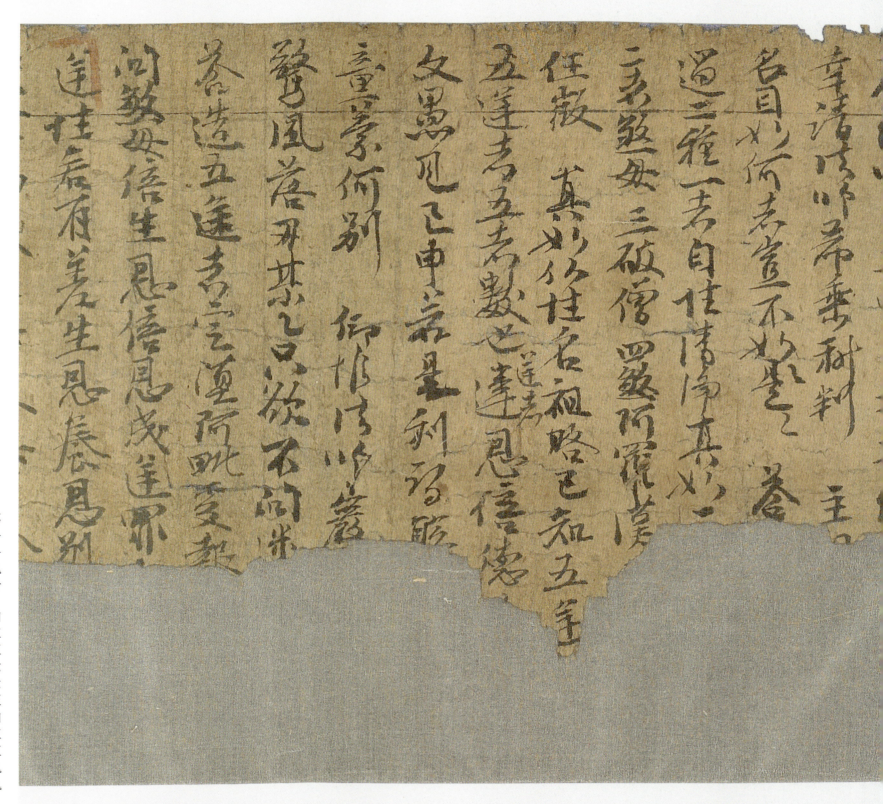

P.3577　　講經法會齋儀　　（2—1）

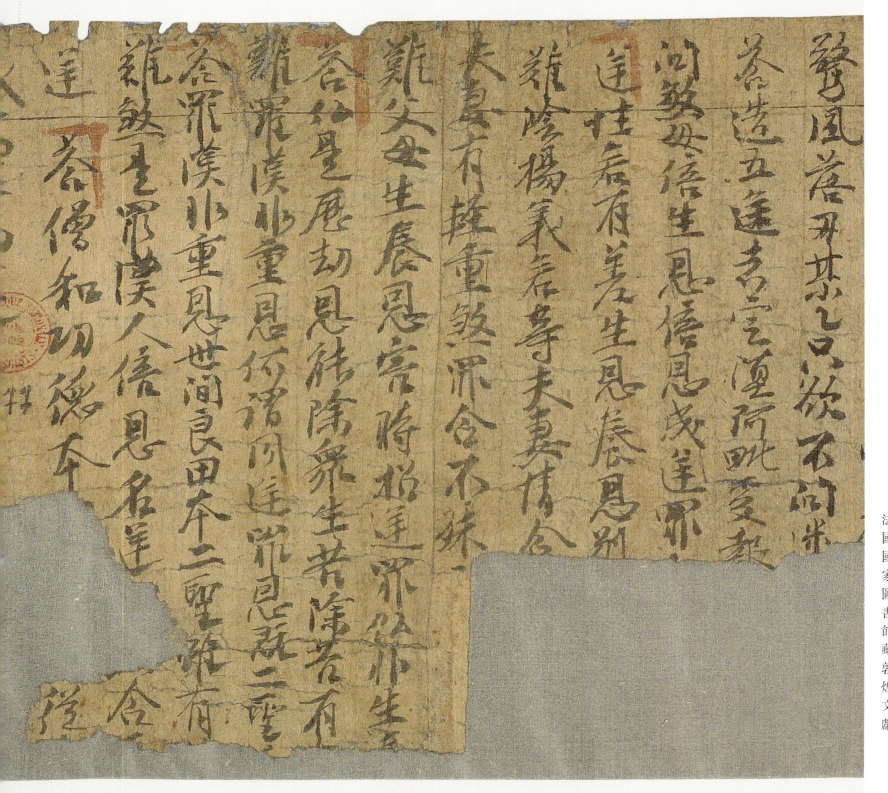

P.3577　　講經法會齋儀　　（2—2）

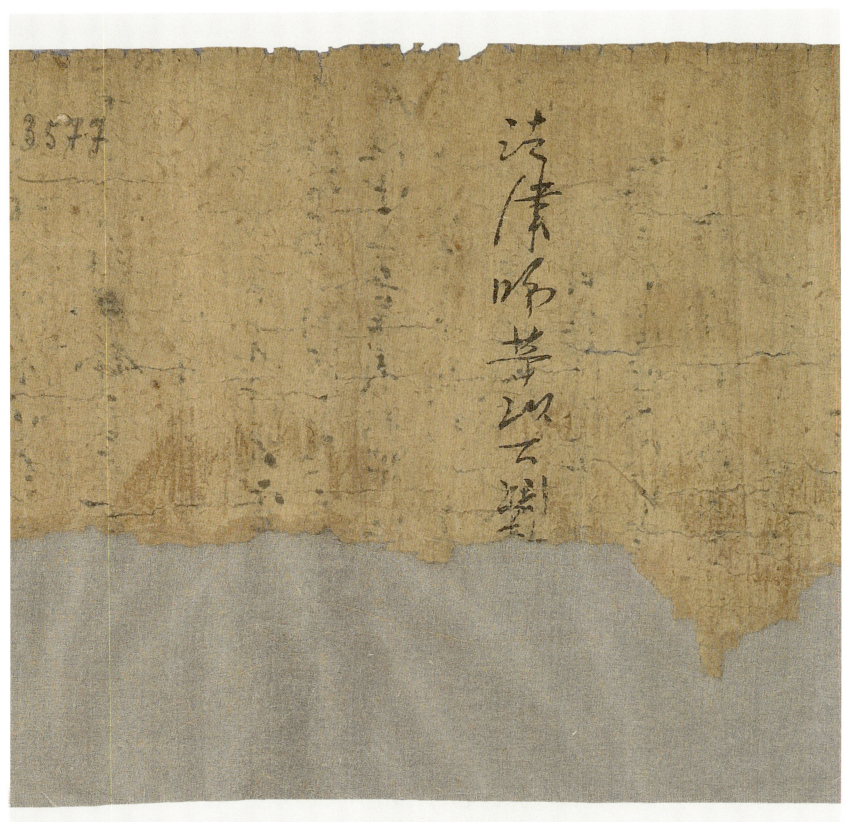

P.3577v 講經法會齋儀補記

Pelliot chinois 3578

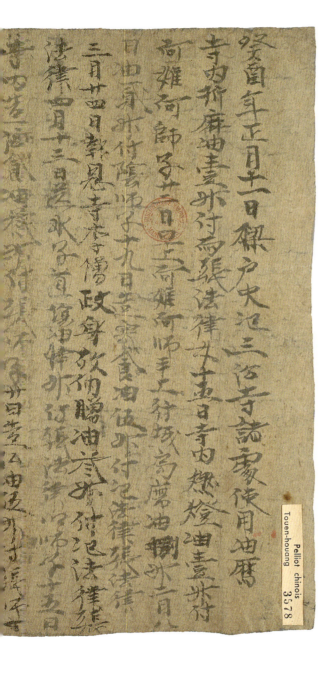

法
國
國
家
圖
書
館
藏
敦
煌
文
獻

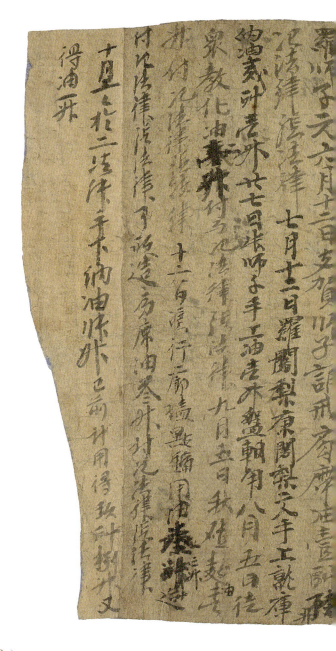

P.3578　　　宋癸酉年（973）正月至十月梁户史氾三沿寺諸處使用油曆（總圖）

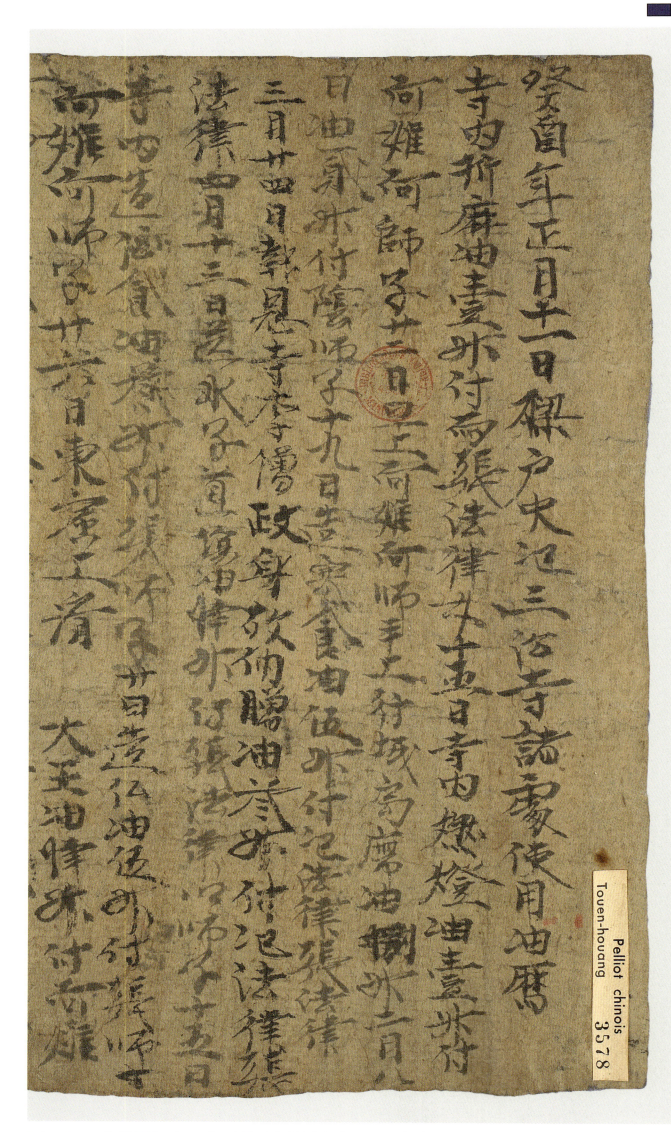

P.3578　　宋癸酉年（973）正月至十月梁户史氾三沿寺諸處使用油曆　　（2—1）

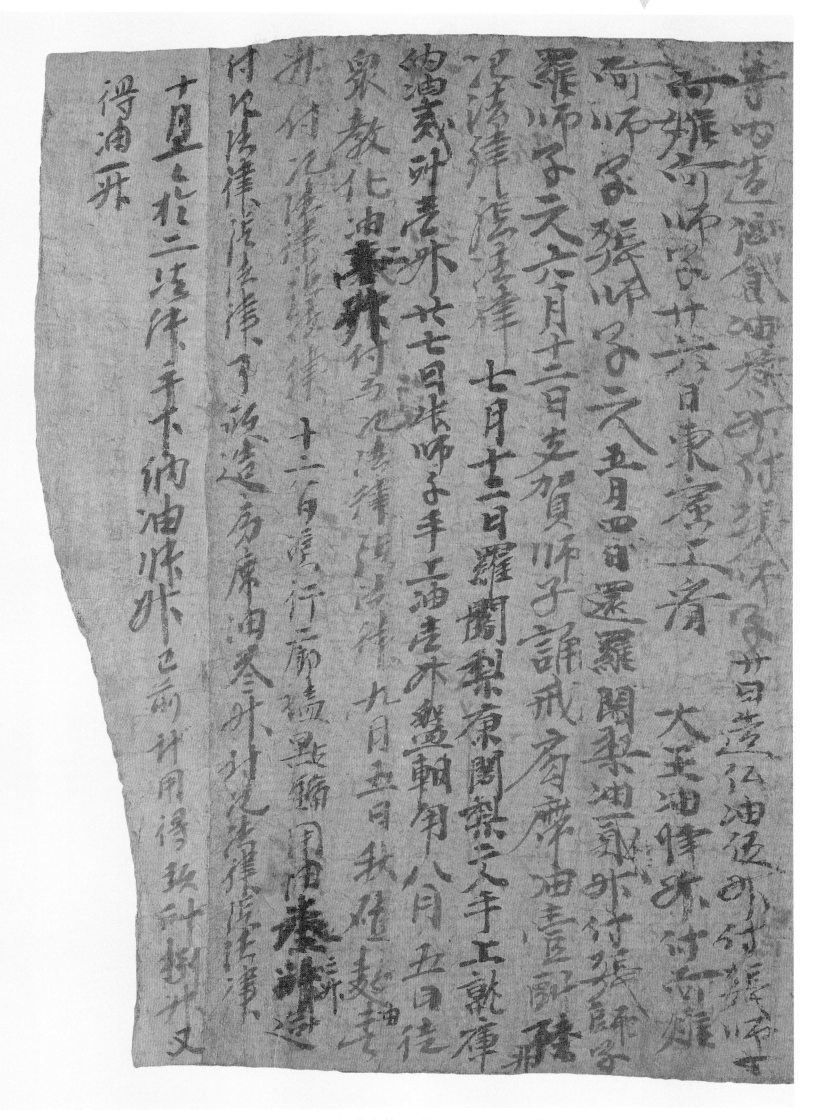

P.3578　　宋癸酉年（973）正月至十月梁戶史氾三沿寺諸處使用油曆　　（2—2）

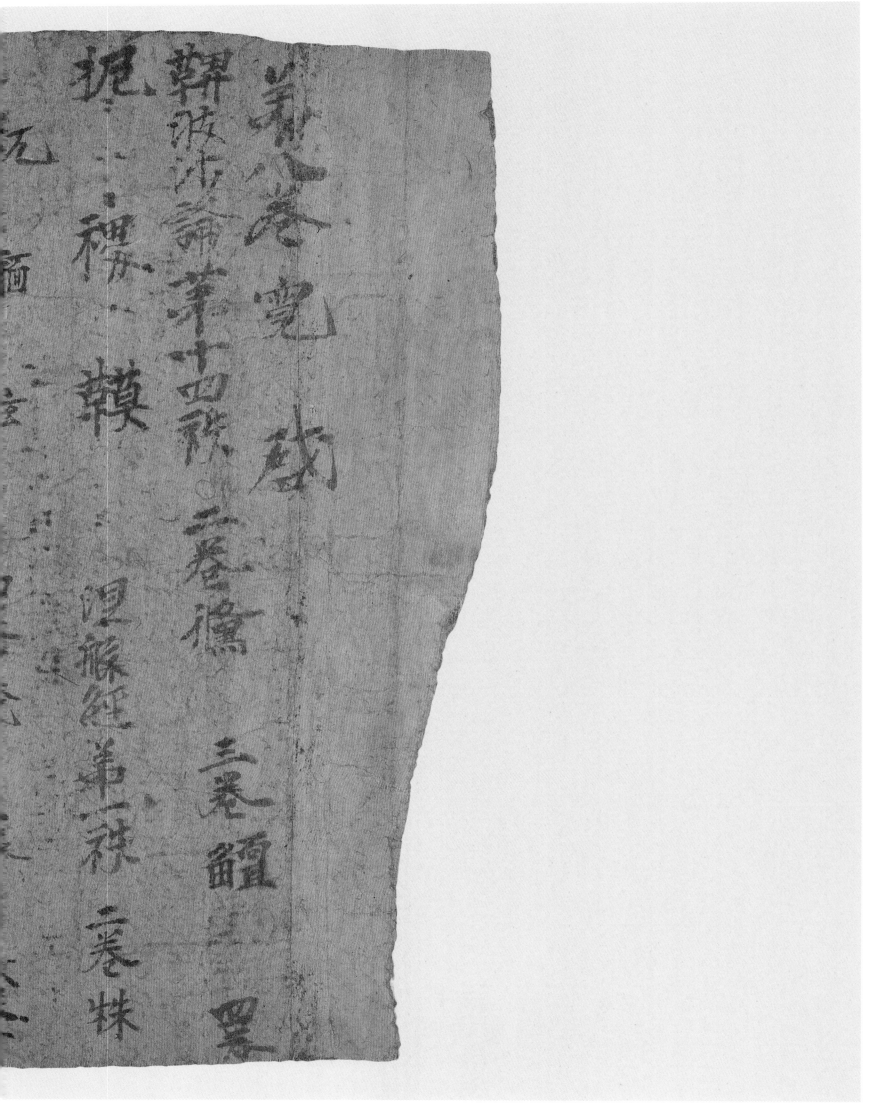

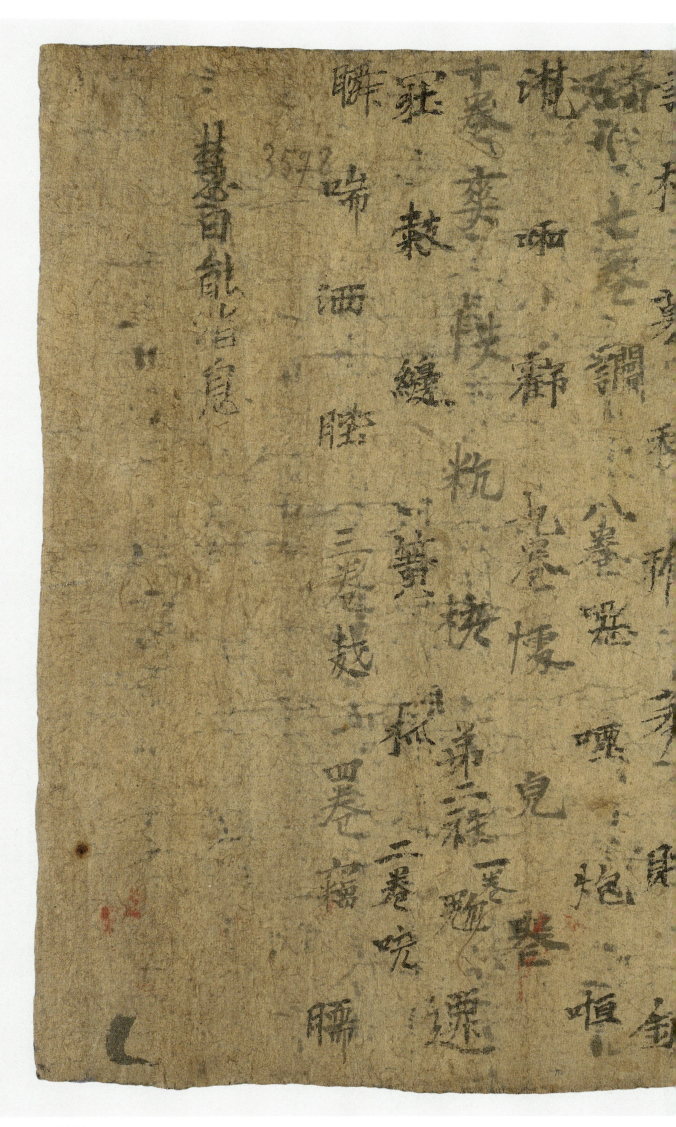

P.3578v　　鞞婆沙論及大般涅槃經等難字

Pelliot chinois 3579

法
國
國
家
圖
書
館
藏
敦
煌
文
獻

P.3579　　宋雍熙五年（988）十一月神沙鄉百姓吳保住狀

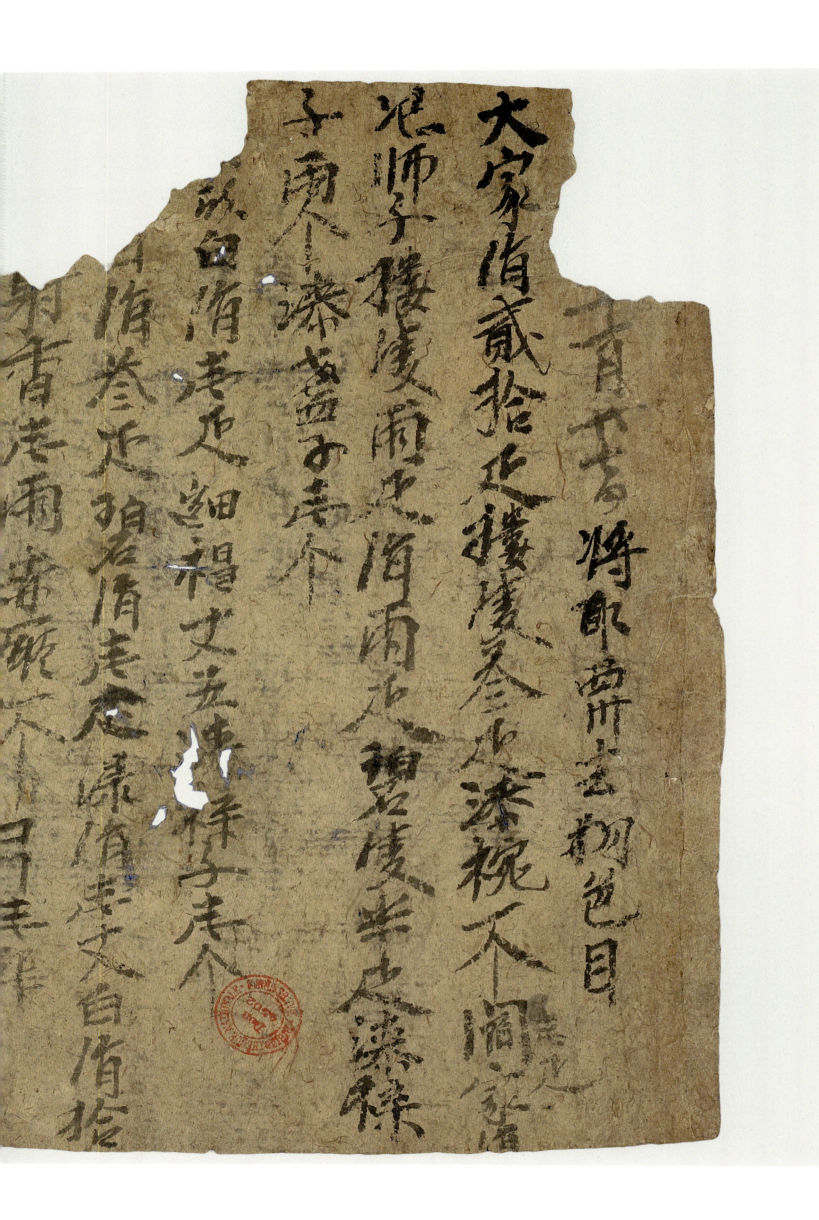

法國國家圖書館藏敦煌文獻

P.3579v　　　宋雍熙五年（989）十一月廿七日將取西州去物色目

Pelliot chinois 3580

般若波羅蜜多心經

觀自在菩薩行深般若波羅蜜多時照見五蘊

皆空度一切苦厄舍利子色不異空空不異色色即是

空空即是色受想行識亦復如是舍利子是諸法空相

不生不滅不垢不淨不增不減是故空中无色无受

想行識无眼耳鼻舌身意无色聲香味觸法

无眼界乃至无意識界无无明亦无无明盡乃至

老死亦无老死盡无苦集滅道无智亦无得以无

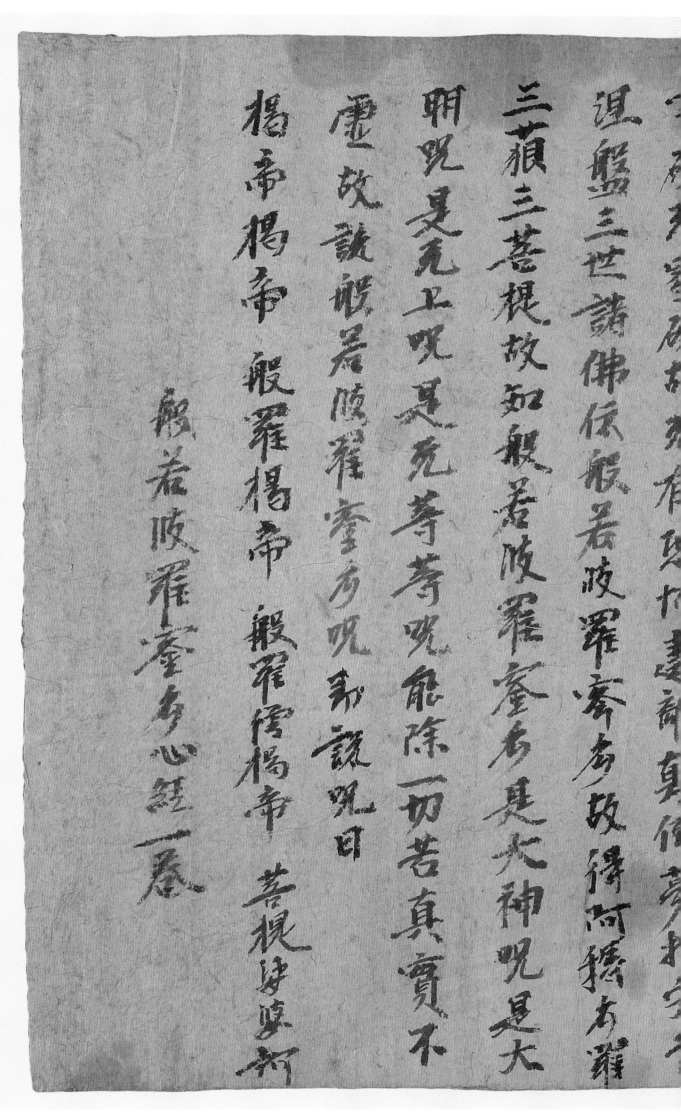

...般三世諸佛依般若波羅蜜多故得阿耨多羅

三藐三菩提故知般若波羅蜜多是大

明呪是無上呪是無等等呪能除一切苦真實不

虛故說般若波羅蜜多呪即說呪曰

揭帝揭帝　般羅揭帝　般羅僧揭帝　菩提莎婆訶

般若波羅蜜多心經一卷

P.3580　　般若波羅蜜多心經

Bibliothèque nationale de France

Pelliot chinois 3581

~

Pelliot chinois 3586

Bibliothèque nationale de France

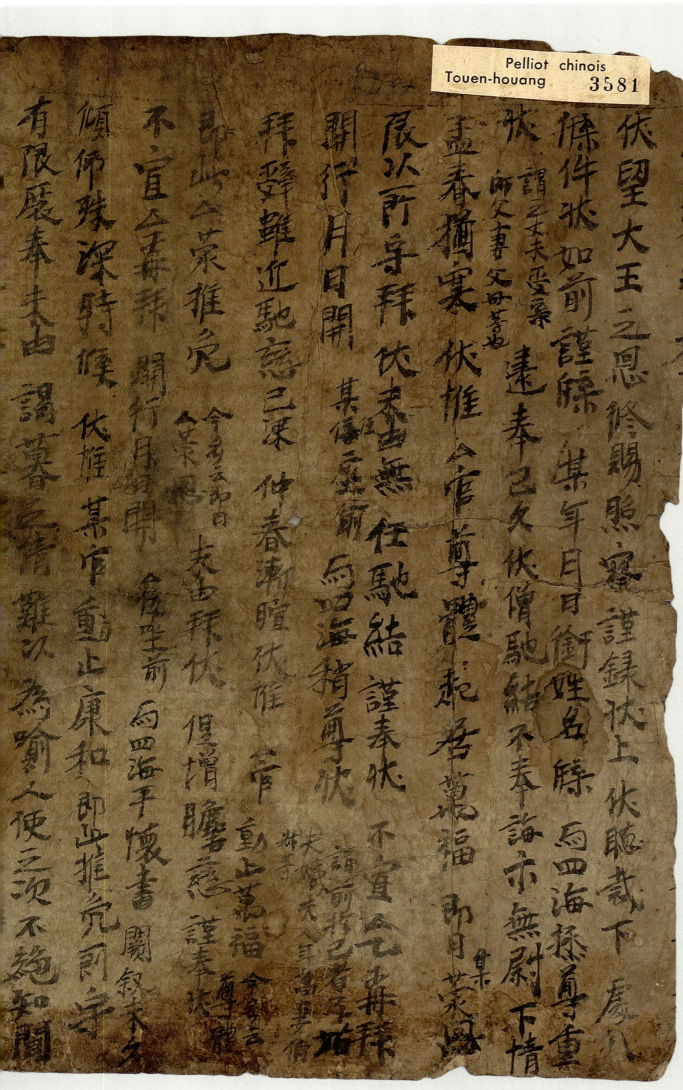

伏望大王之恩終賜照察謹錄狀上伏聽裁下處分

條件狀如前謹牒　牒年月日衙姓名牒（謂正文未受案）

狀（師父書父母書也）

盡春猶寒伏惟　某官尊體動止萬福　即日蒙恩

遠奉已久伏傷馳結不奉誨示無闕下情

限以所守拜跪末由　任馳結謹奉伏

闕行月日開　其優　而四海稍無尊狀

拜跪難近馳戀三深　仲春漸暄伏惟

不宜　　闕行月日開　末由拜伏

郎此令蒙推免　　蒙恩　　　而四海平懷書　關敘末由

傾仰殊深特候　伏惟某官動止康和郎此推免前守

有限展奉末由　謂簫春之情難以為喻人使三須不絕知聞

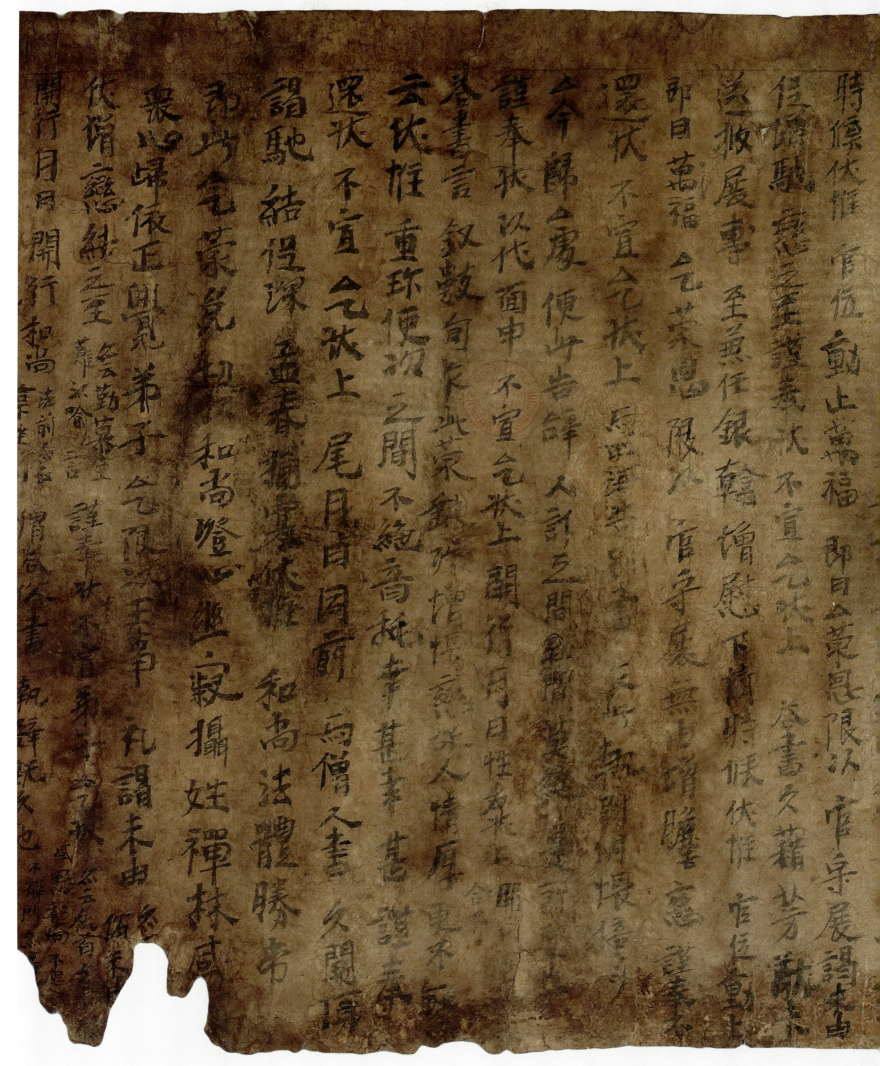

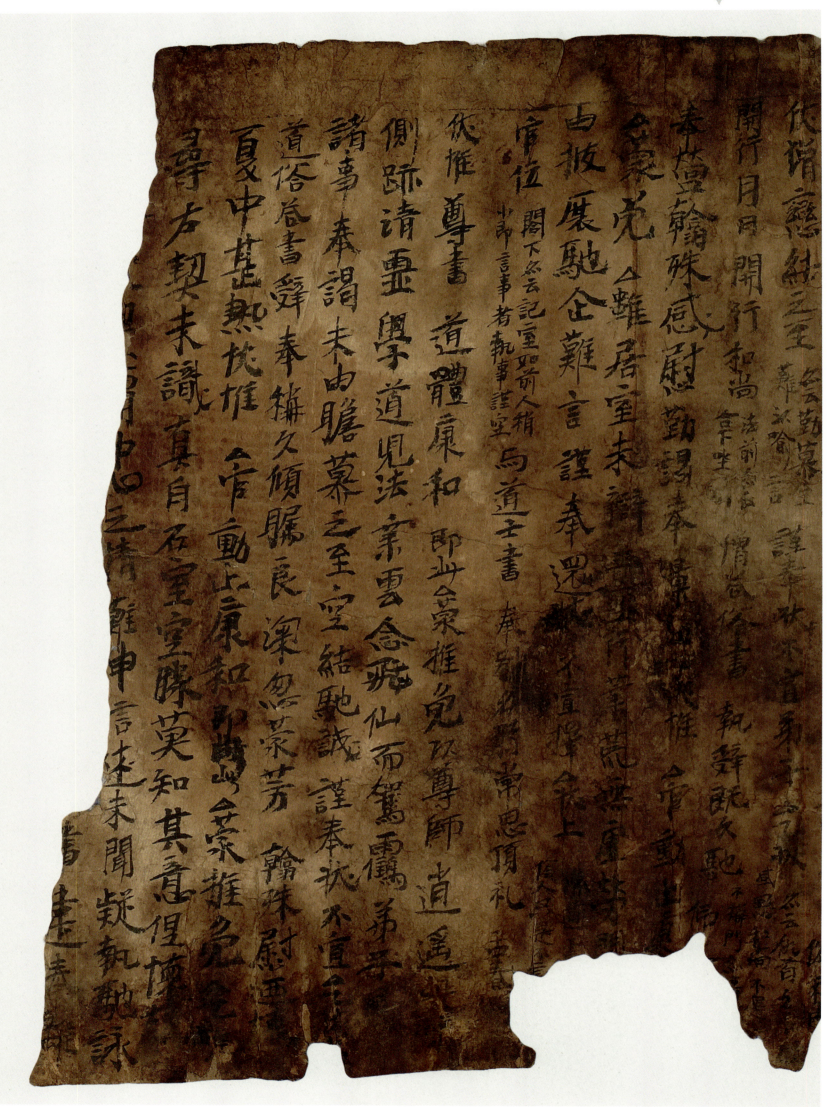

法國國家圖書館藏敦煌文獻

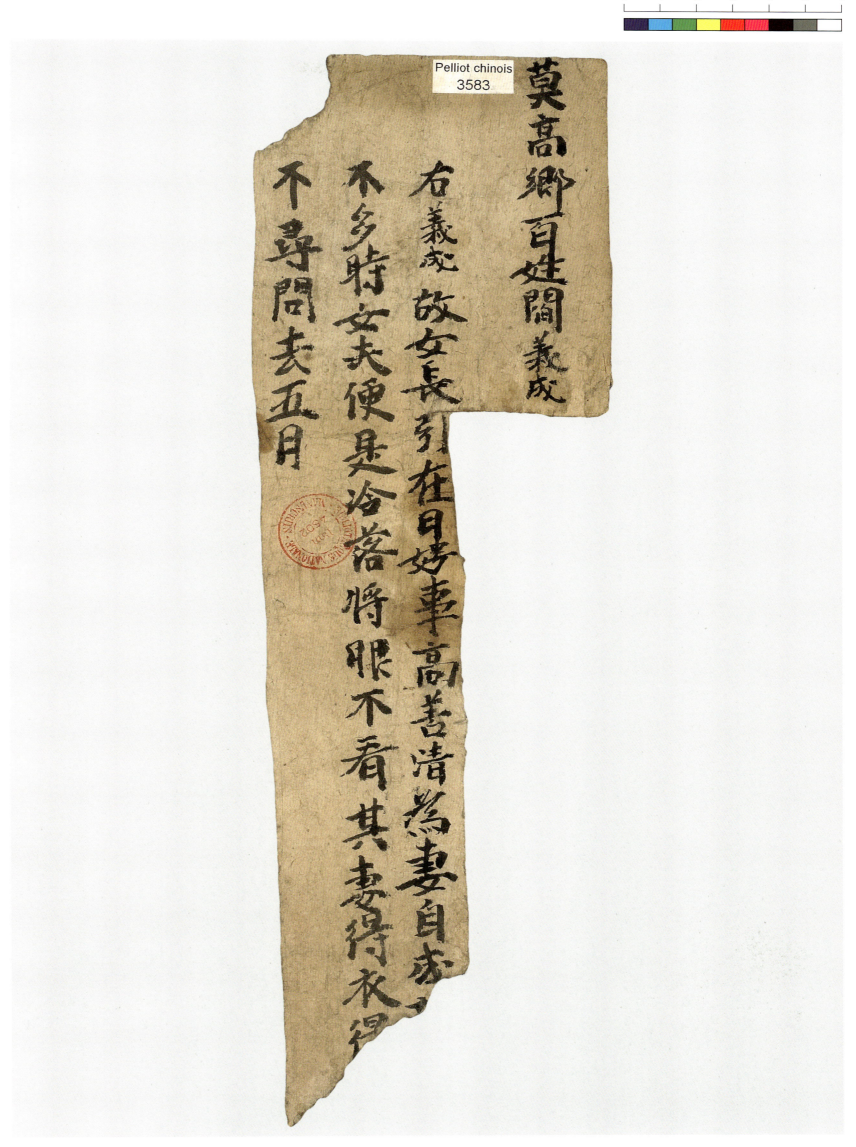

莫高鄉百姓閻義成

右義成　故女長弱在日婠車高善清爲妻自求

不多時女夫便是冷落將眼不看其妻得衣得

不尋問去五日

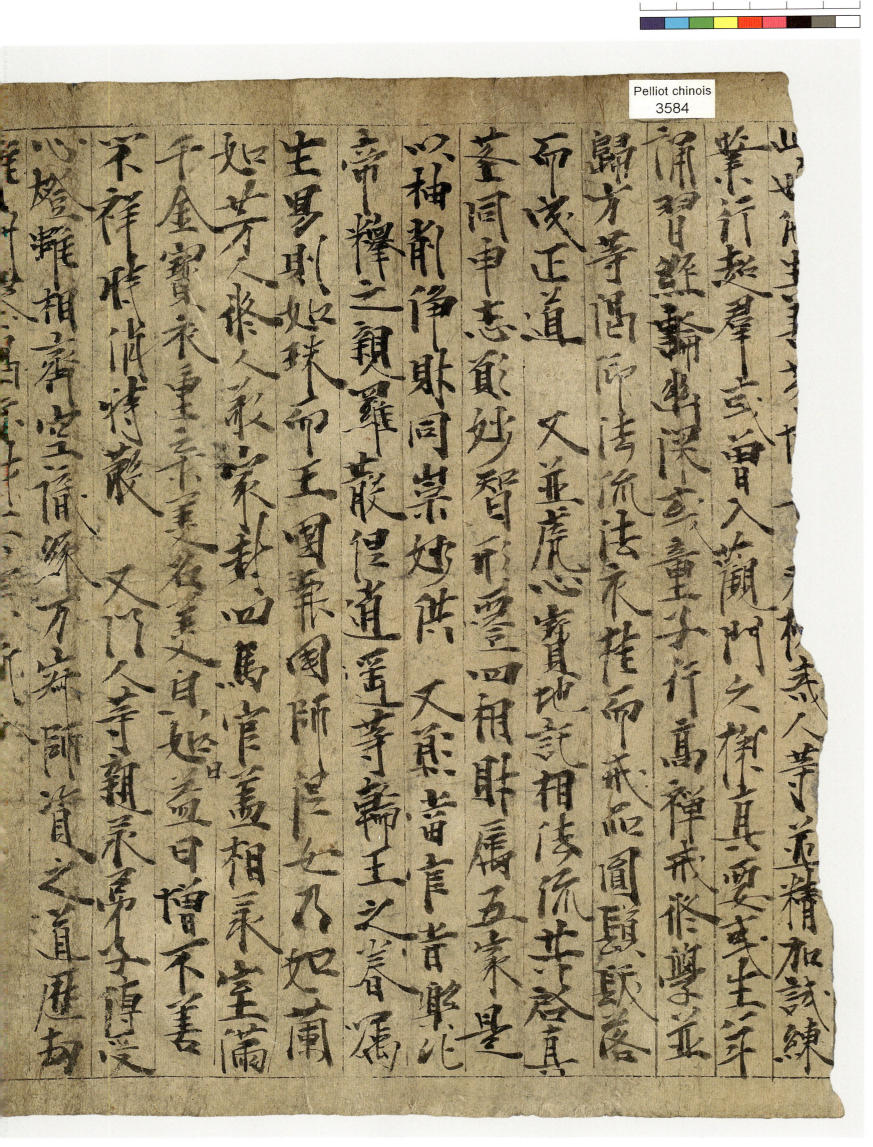

業行超羣一或曾入蘭門之傑其要在生平
誦習經師清流法永堪而戒印圓顯諏居
歸方等遇師玄童子行高禪戒從學並
而戊正道　文並虎心實地託相法并居真
董同申志貢妙智所盛四用肝屬五常是
以柚龍俤斯同棠妙洪　人能蓄宦昔單北
帝釋二頗羅嚴但道遇寺輪玉之譽屬
亡思州妙珠而王里幕圍所也乃如南
處芳菟飛人殺家教四馬官盡相承堂滿
千金寶永重不義客是耳迎迎日僧不善
不祥枝帆湏空三信緣　又何人寺親承弟子傳受
心燈輪相章空二信緣二万叙師湏貪之道遍由

P.3584　　1. 講經法會齋儀　　2. 僧伏進書狀

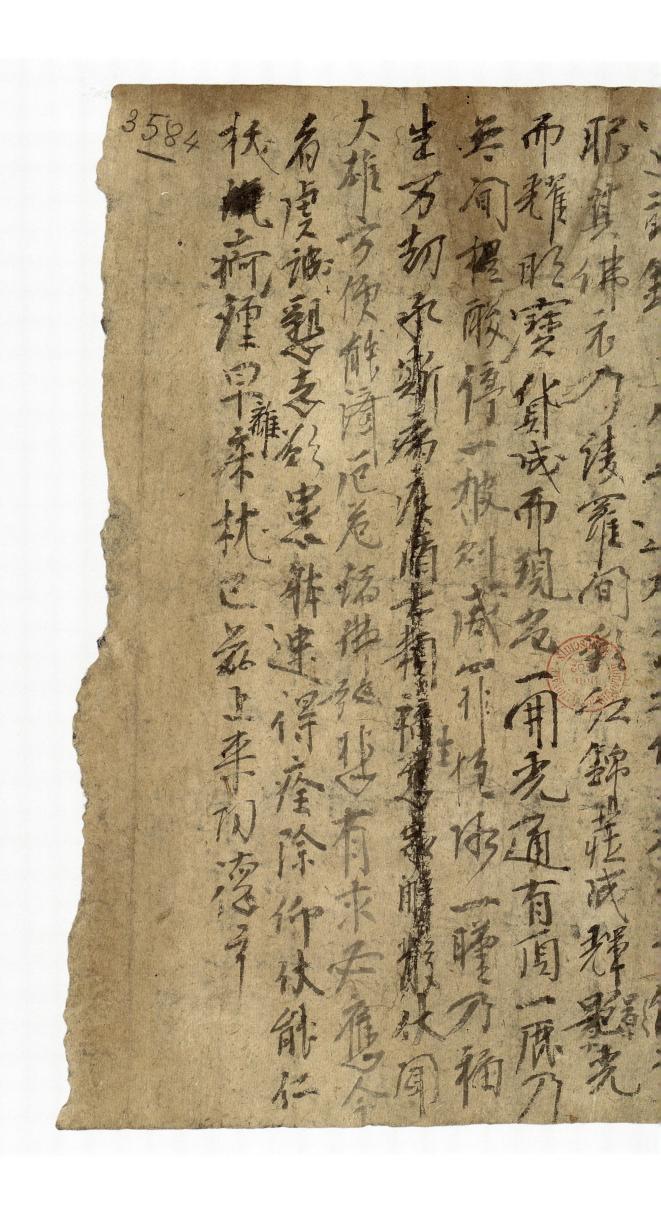

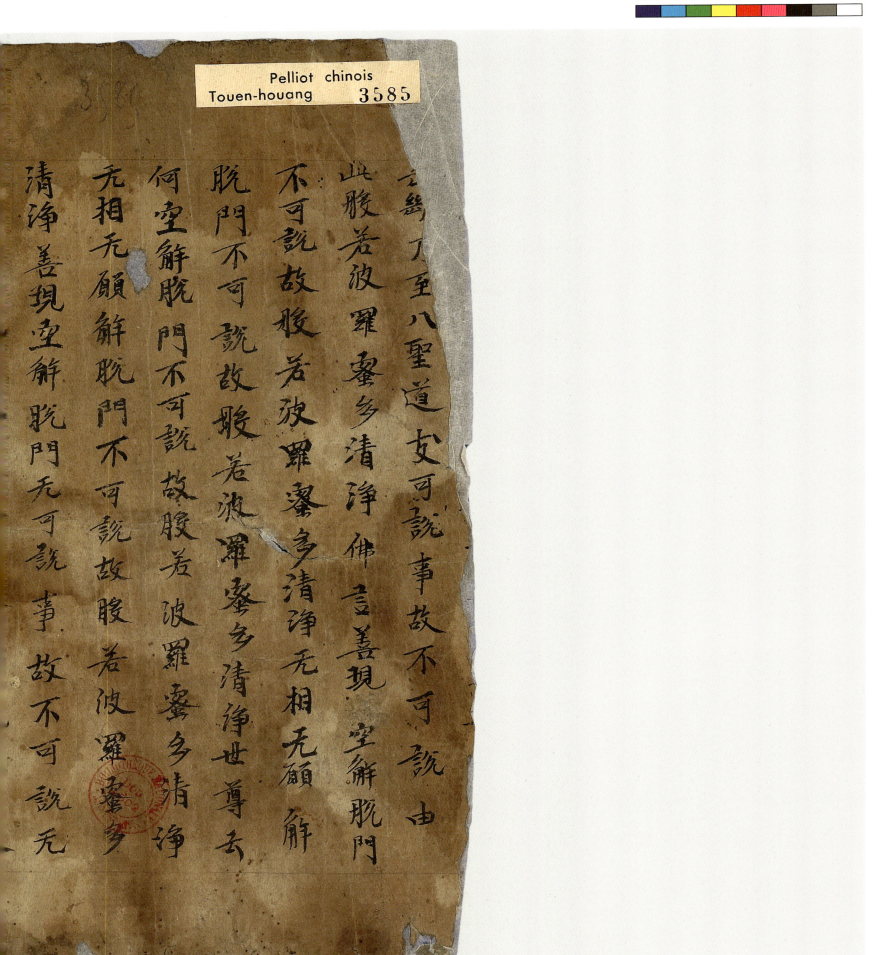

云乃至八聖道支可說事故不可說由

此般若波羅蜜多清淨佛言善現空解脫門

不可說故般若波羅蜜多清淨无相无願解

脫門不可說故般若波羅蜜多清淨世尊无

何空解脫門不可說故般若波羅蜜多清淨

无相无願解脫門不可說故般若波羅蜜多

清淨善現空解脫門无可說事故不可說无

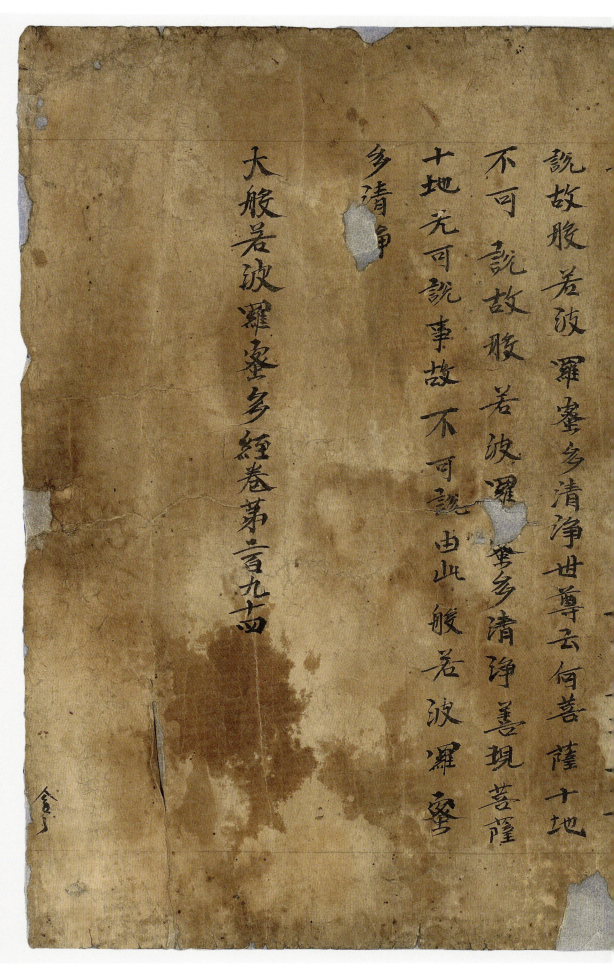

說故般若波羅蜜多清淨世尊云何菩薩十地
不可說故般若波羅蜜多清淨善現菩薩
十地无可說事故不可說由此般若波羅蜜
多清淨

大般若波羅蜜多經卷第二百九十四

P.3585　　　大般若波羅蜜多經卷二九四

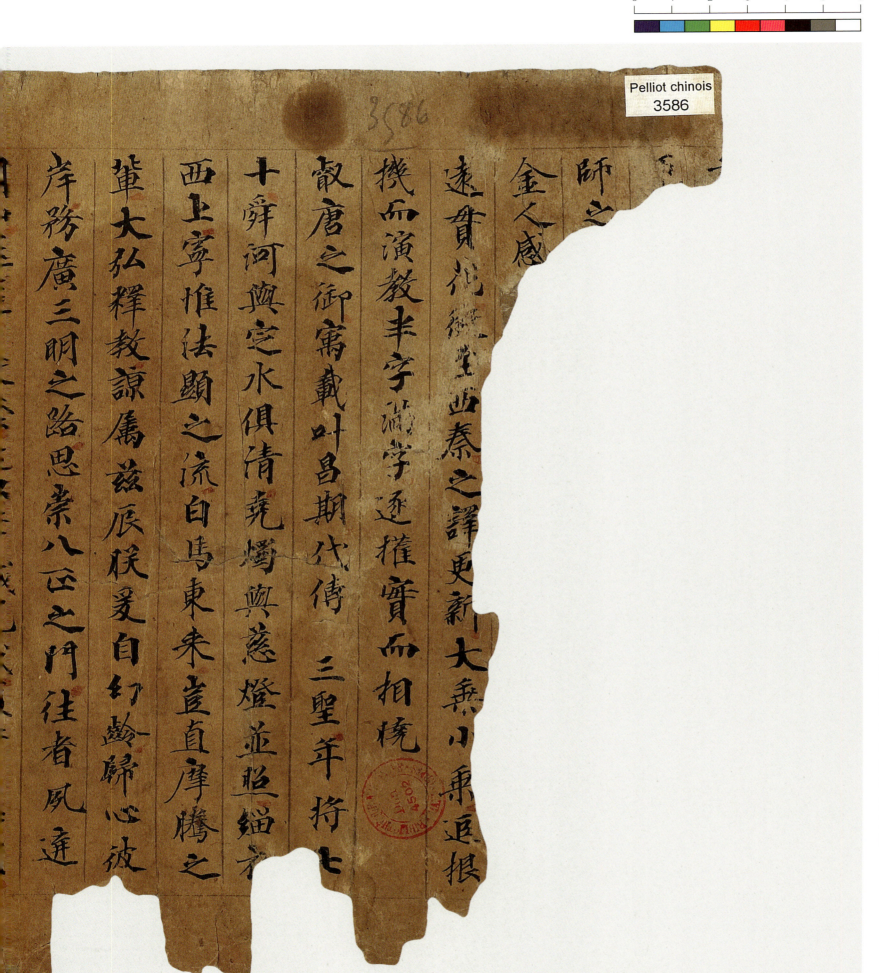

岸務廣三明之路思崇八正之門往者風邁

輦大弘釋教諒屬慈辰爰自幻齡歸心彼

西上寧惟法顯之流白馬東來宣直摩騰之

十舜河與定水俱清堯燭與慈燈並照緇

叡唐之御寓載叶昌期代傳　三聖年將七

機而演教丰字滿字逐權實而相境

遠貫花綵豐此秦之譯更新大無小乘遅根

金人感

師之

法國國家圖書館藏敦煌文獻

所蓋用兩京之所舊居莫不懲錄招提之字
成充无盡之藏仍集京城大德凡有十人共
中天笠國三藏法師於西太原寺同譯廷論
法師等並業隆初地道架弥天為佛法之
棟梁乃慧海之舟楫前後翻譯凡有十部以
垂拱元年歲次大梁月旅夷則汗青方就
裝縹畢功甘露之音飲淙大雲之喻方遠承
垂沙劫廣濟塵區傳火之義自明寫瓶之
辯逾潤朕以虛抹欽承　顧記常頤紹隆三
寶安大寶之鴻基發揮八聖回　先聖之
不業所以四句徵言極提河之淥致一音妙義

P.3586　　　大唐新譯三藏聖教序

Pelliot chinois 3587

畫長掬尺濶伍尺　經傣貳　燈樹壹并木伀堂子　竹

籠壹　大珠同鈴壹　銅香盖子壹　畫木起壹

木梡全　大花氈全領四壹破　大黃花氈壹長文貳

青花氈貳　壹在善廳　又青花氈篠破

稱子壹　破箱壹合　圓陸隻

樂　聖僧仏帳一　柒香遼盖一　食櫃一　經幡

細堂具一　叁尾彡銅半子一　果未豐子玖叁

封傘貳拾帒窠化象布履　兩面咬子具足

破幡兩放子　大布幡兩口　諸家畫拾　文與及賀道

論礎文書一角　螺唄一　金剛杵同鈴全　小芊幡

貳拾口　又大絹幡口　仏聖醫貳　主絹大傘一　小伀傘

法國國家圖書館藏敦煌文獻

又叁尺小幡悋一 青裙 銀渾經巾子一青絹履

畫木香盒一 大銅鈴一 紙稍半畫合 畫布

經巾貳 朱雁椀子一 黑木椀子貳 又黑木椀子

伍枚 黑木墨子貳拾畫 朱雁萘墨子畫一 黑

木墨子畫拾伍枚內欠帳菌在厄寺主 大破勍洛

一大方毡茱領 慈臺銅墨子一 又小木貳拾

五尺花牙盤一 諫導經巾長半尺 畫木香盒一

仏殿角上銅鈴一 生鑀叁斤 賀汏小經椂一

柄香爐一 又小經椂莊汏渧 大絹幡一 嗤竟穉悒

公幡悋一長文剙 开內釦賢 大白木幽一菁盍 新坦

臺領地依一 又伍尺花牙盤一 光口在南庫

P.3587　吐蕃時期沙州龍興寺常住什物交割點檢曆（總圖）

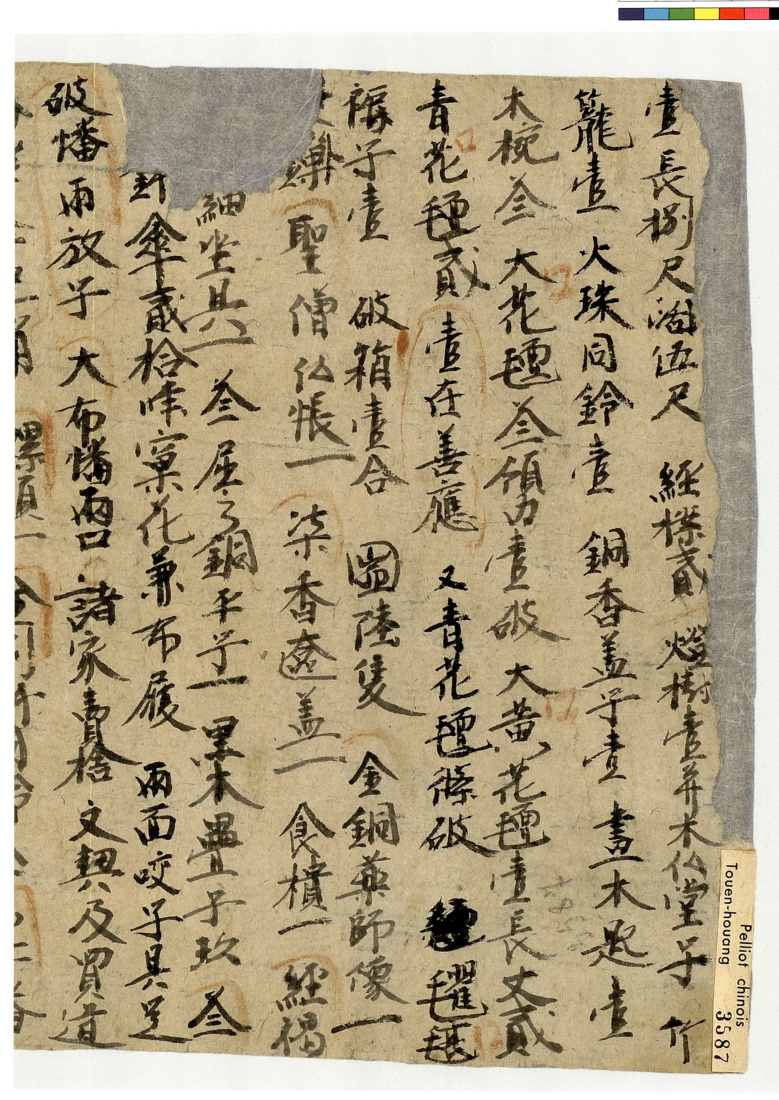

P.3587　　吐蕃時期沙州龍興寺常住什物交割點檢曆　　（3—1）

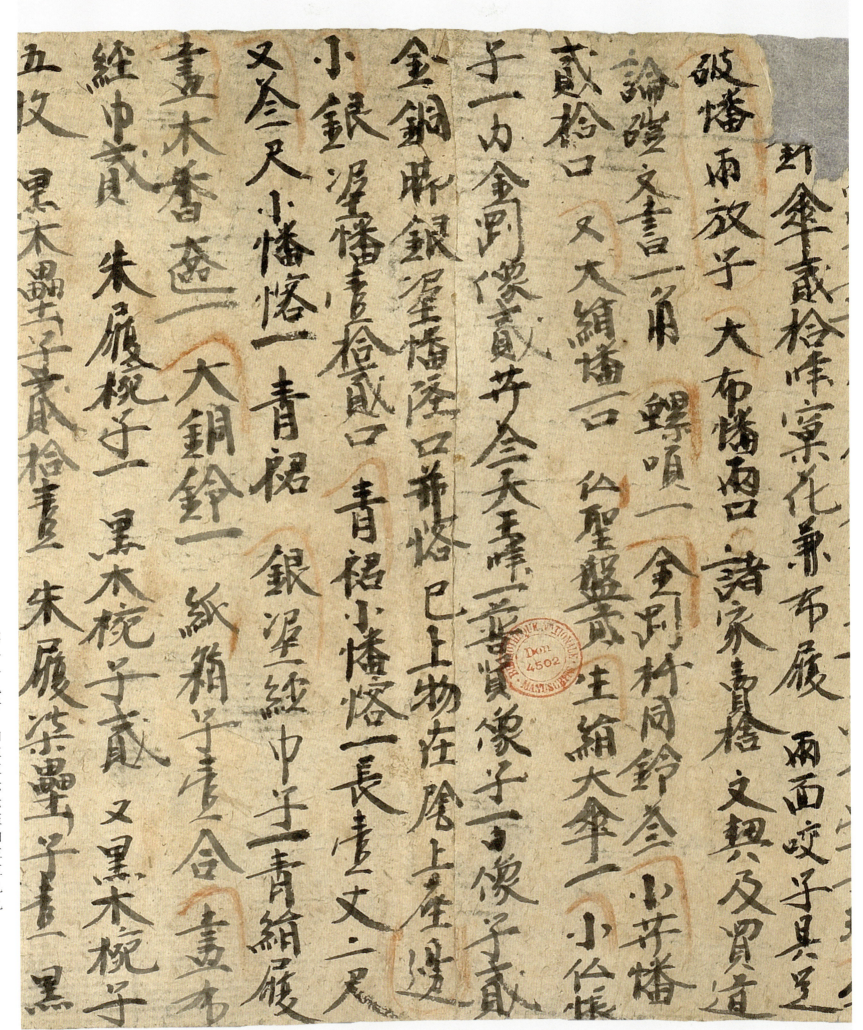

破幡雨放子 大布幡卌口 諸家賣橋文契及買道

論碘文書一角 螺頒一 金剛杵同鈴叁 小荮幡

貳拾口 又大絹幡口 仏聖盤貳 主絹大傘一 小仏傘

子一內金剛傑貳芥叁天王幢一並順傑子像子貳

小銀渥幡畫叁拾貳口 青裙小幡恪一長畫丈二尺

金銅郴銀渥幡隆口並恪 巳上物在膺上座邊

又叁尺小幡恪一 青裙 銀渥絹巾子一青絹履

畫末香盂一 大銅鈴一 紙箱子壹合 畫布

絁巾子壹 朱履梡子一 黑木梡子貳 又黑木梡子

五収 黑木曇子貳拾壹畫 朱履染曇子壹畫一黑

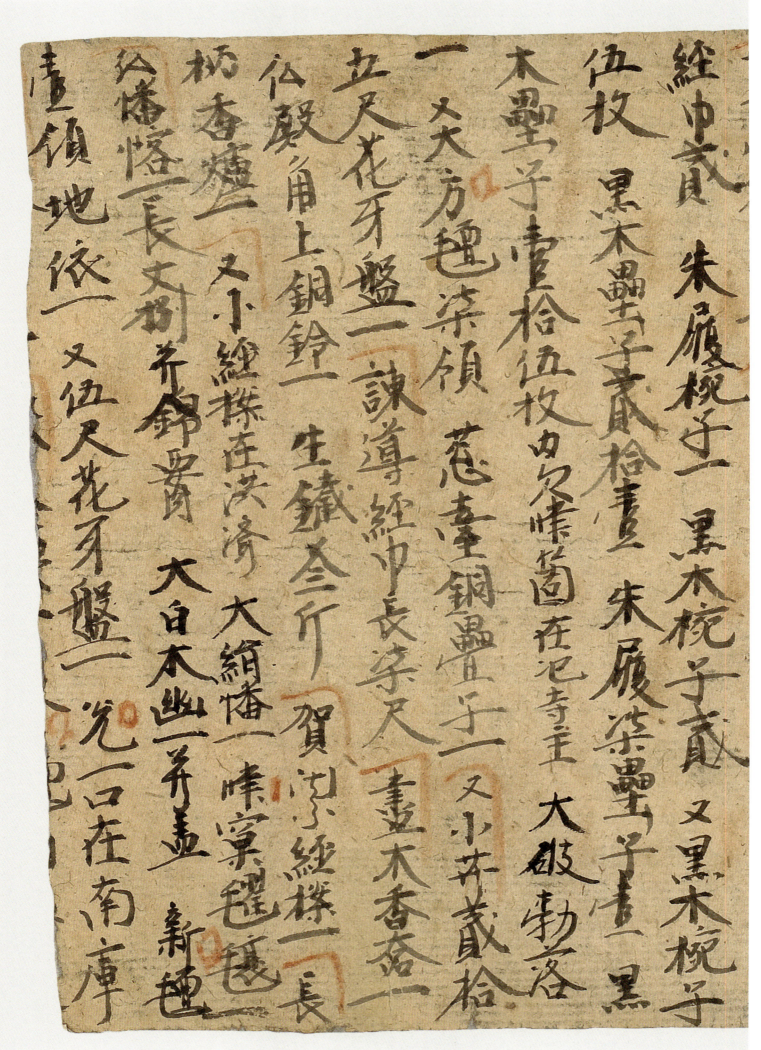

經中貳員　朱雁椀子一　黑木椀子貳　又黑木椀子

伍枚　黑木墨子貳拾壹　朱雁柒墨子壹　黑

木墨子畫拾伍枚　慈臺銅墨子壹　又小卉貳拾

一大方氈染領　朱雁柒墨子壹　大破勒落

立尺花牙盤二　諫導經中長柒尺　畫木香盒一

仏殿角上銅鈴一　生鑱叁斤　賀涼經株二長

又小經株延洪濟　大絹幡一味堂氈氈二長

杅香爐一　大白木幽一羊盞　新氈

公幡怪一長文刺　芥鉢要賢

盧領地衣一　又伍尺花牙盤一　光一口在南庫

P.3587　　吐蕃時期沙州龍興寺常住什物交割點檢曆　　（3—3）

Pelliot chinois 3588

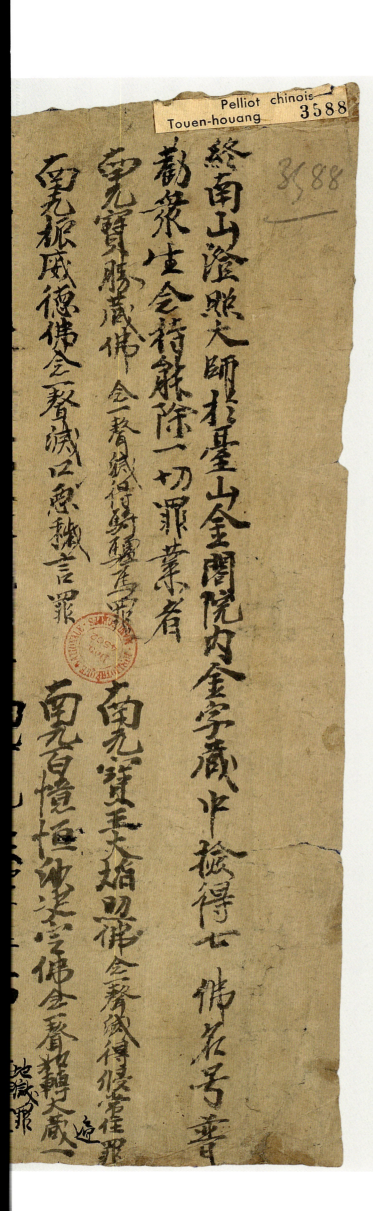

終南山澄照大師於臺山金閤院內金字藏中撿得也　佛花尊童

勸眾生念持除一切罪業者

軍元寶勝藏佛　念一聲滅行路難壽危等罪

軍元振威德佛念一聲滅口惡穢言罪

南元寶无天墻田佛　念一聲滅得信當住罪

軍百懞恒沙佛金尊粒轉大藏
地藏罪

二都弘福寺玄奘大師禮面天來進上　太宗皇帝十二月礼　佛文

正月一日平旦時向南方礼佛罪　滅罪...劫

二月九日鶏鳴時向東方礼佛罪　滅罪一千劫

三月七日入定時向南方礼佛罪　滅罪一百劫

閏八月夜半時向南方礼佛罪　滅罪一百劫

五月六日黄昏時向東方礼佛罪　滅罪二千劫

六月七日午時向東方礼佛罪　滅罪八百劫

七月六日黄昏時向東方礼佛四拜　滅罪二千劫

八月八日午時向南方礼佛九拜　滅罪三百劫

九月九日午時向南方礼佛四拜　滅罪三

十月一日午時向東方礼佛九拜　滅罪一千劫

十一月二日黄昏時向西方礼佛九拜　滅罪四

十二月三日黄昏時向西方礼佛四拜　滅罪一千

右件十二月礼佛日並是諸天行賢劫集會日勸諸衆生於
此日礼佛不得失時三五間所求皆得若寫本流傳与人
一切功德高校須臾漂於江海極於大地
滅罪恒河沙数　得河沙波羅三藐三菩提果各於所抄本永無灾障
普勸衆生於此教法受持大權利益善為做累

Pelliot chinois 3589

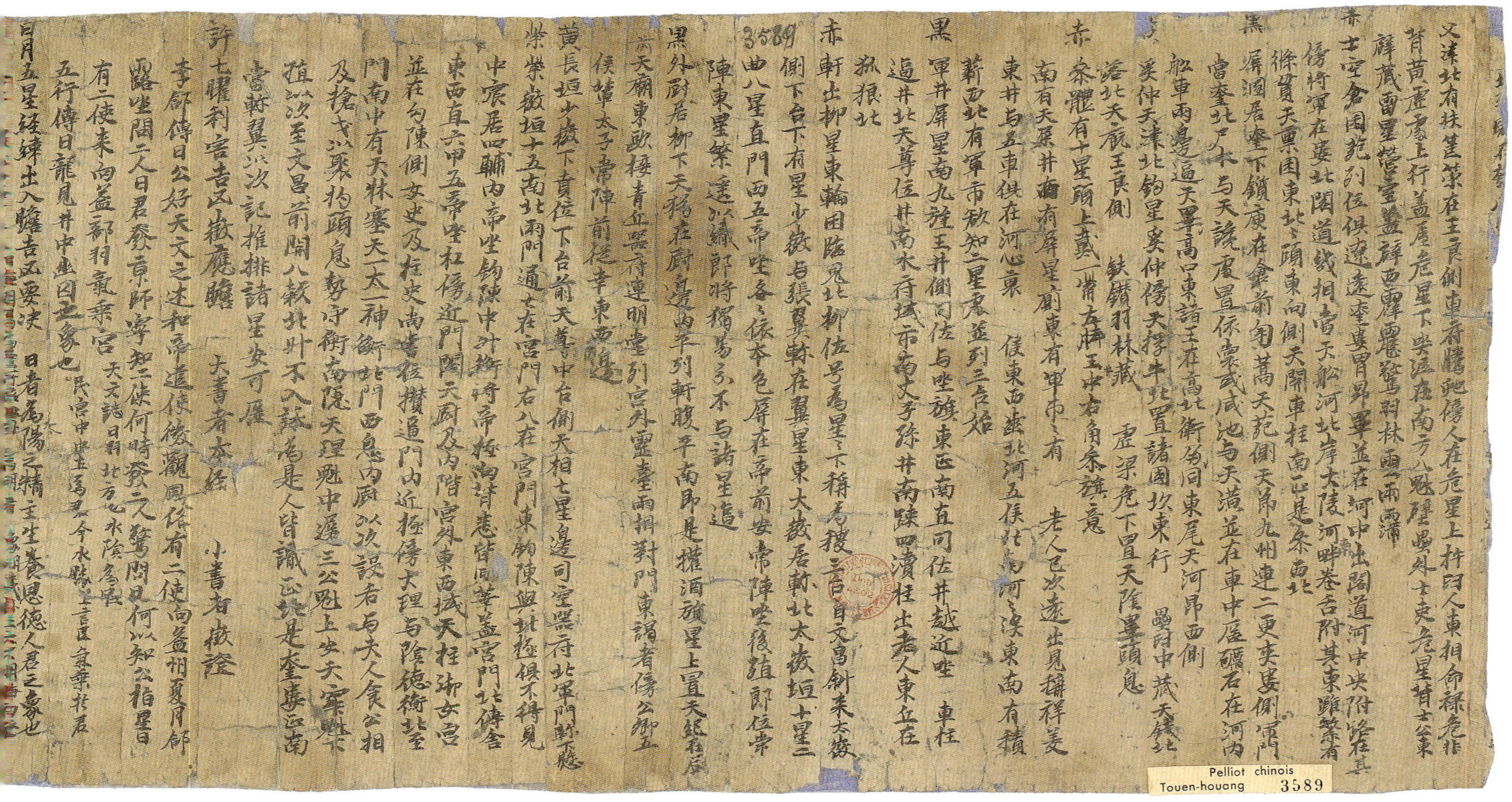
Pelliot chinois
Touen-houang
3589

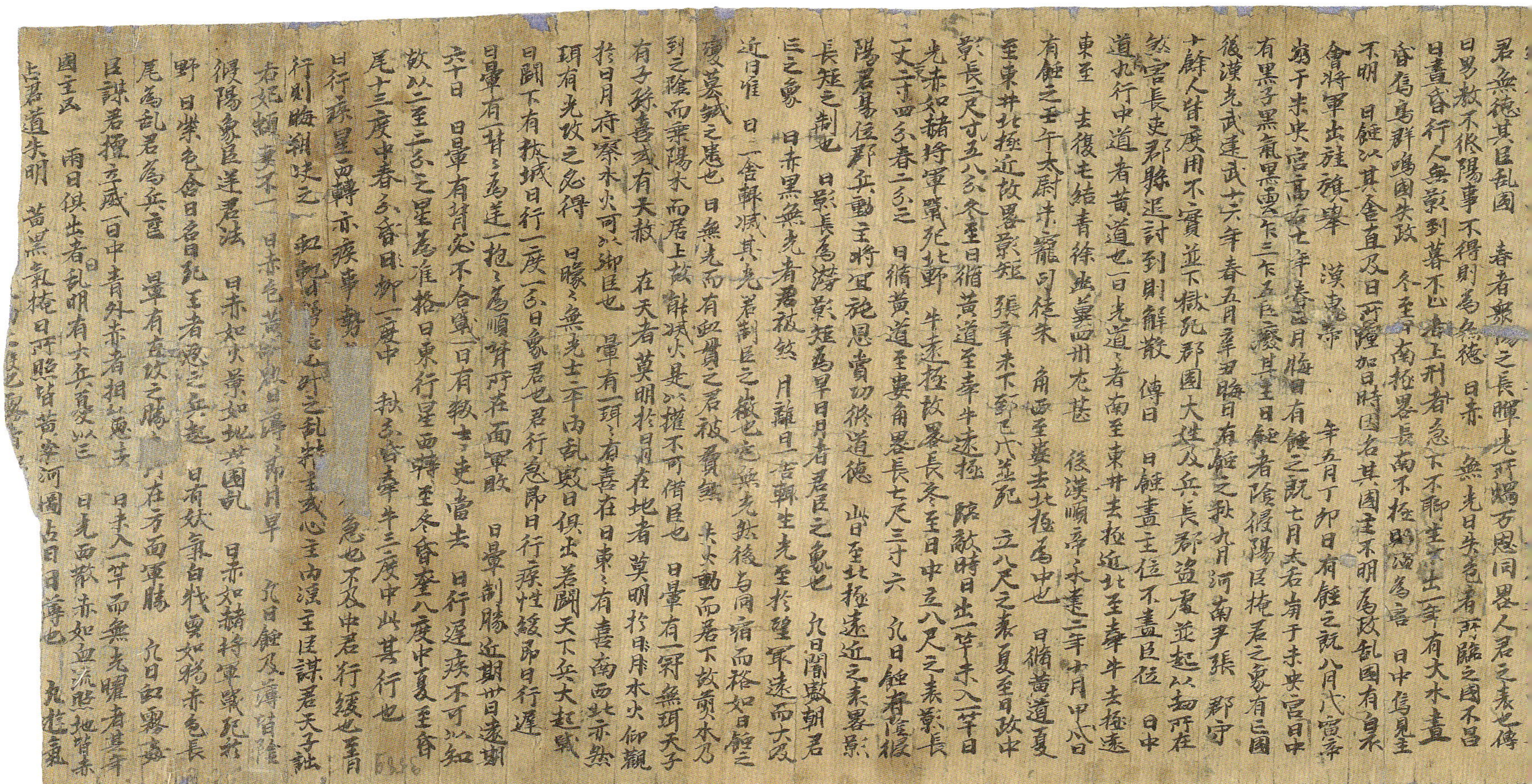

P.3589　玄象詩等（總圖）

父漢北有扶筐策在王良側車府騰蛇傍人在危星上杵臼人東栢命祿非
背黃虛處上行盖屋危星下尖溫羅南方八魁陸墳外土吏危星背士公東
薜藏雷電螢室壘辟靂驚羽林雨兩瀟
傍將軍在婁北閣道岐相當天舡河北岸大陵河畔卷舌附其東雖繁紊有
徐貫天稟園東北頭東向側天關車柱南正是㫄西北
焦屏溷居婁下鎖庚在舍前匈蒭天苑側天㫄九州連二更夾婁側㝎門
當奎北尸水与天溷厩置係棗戊咸池与天潢並在車中㞷礦石在河內
舡車兩邊遍天軍高囗東諸王在高北衡為同東尾天河昴西側
溪仲天津杓星奚仲傍天梓牛北置諸園坎東行
洛北天巟王良側
鈇鑕羽林藏
赤桼體有十星頭上藏一帶左胼王中右角桼雄意
南有天巟井繭有屏星前東有軍市之有
東井与五車俱在河心東
蕲西北有軍市秋知二星處並列三合焰
黑
軍井屏星南九雜玉井側同位与坐雜東匹南直同佐井越近坐一車柱
遍井北天尊位井南水存城市南丈子徐井南疎四瀆柱出老人東丘在
老人巳次遠出見搶祥美
虛梁尢下置天陰墨頭息
愚附中藏天錢北
昴北河五侯北尾河之溪東南有積

遍井北天尊位井南水府域市南文子孫井南陳四瀆柱出去右人東立在
狐狼北

赤軒出柳星東輪困臨冠北柳伍号爲星下稱爲搜　　百文昌斜來太微
倒下台下有星少微与張翼軒在翼星東大微居軒北太微垣十星三
曲八星直門西五帝坐各　依本色屏在帝前安常陳坐後旋郎位常
陳東星繁遠以纖郎將稱易云不与諸星遠
黑外厨居柳下天稱在厨邊內平列軒腹平南即是攤酒領星上置天廚廷居
而天廟東歐樓青丘器符連明堂列宫外靈臺兩拥對門東謁者傍公卿五
侯堇太子常陳前德丰東西遶
黃長垣少微下責位下台前天尊中台傍天相七星邊可靈器符北軍門斬下聽
紫榮微垣十五南北兩門通去在宫門右八在宫門東鈞陳與北極俱不得見
中宸居四輔内帝坐釣陳中外衛侍帝怪尚甘惠皆同華蓋宫門北傳舍
東西直六甲五帝坐私傍近門閣天廚及內階宫外東西戌天柱御女君
並在勾陳側女史及權史尚書位攢道門内近極傍大理与陰德衛垄
門南中有天林塞天一太一神衡北門西息内厨以次誤右与夫人食公相
及搶戈以乘杓頭息勢守衡南隱天理魃中遷三公魁上女天寧魁下
推改故至文昌前開八穀北斗不入躔爲是人皆識正坑是奎妻延南

推次至文昌前開八赦北斗不入誅為是人皆識正地是奎婁正南

當軒翼次次記推排諸星次可歷

許七曜利害吉凶徵應瞻　大書者本經　小書者徵證

李郎傳曰公好天文之述和帝進使微觀興保有二使向益州夏月餘

露坐問二人曰君黎京師寧知二使何時發之驚問曰何以知公相星昌

有二使來向益二郡羽氣乘宮　天文誌日躔北方心水陰為展

五行傳曰龍見井中蛊凶並象身也

太史令陳卓撰

日月五星經緯出入瞻吉凶要決　日者為陽之精主生養恩德人君之象也

善示為故日月行有道之國明光明人君與色百姓安平人君　乘一前登

于天者初為天子言云善聞於天也後入于地者傷賢官人優惡德在朝必蒼

終入於地也　土而政太平則日色　無主日憂色有軍破無軍並疾王其

君無德其臣亂國　春者眾陽之長暉光所爛万思同器人君之表也傳

日月救不很陽事不得則為無德　日赤　無光日头色者所臨之國不昌

日畫昏行人無常到暮不凶　春上刑者急下不卿生十二年有大水晝

昏為為群鳴圍失政　冬至于南極暑長南不極則溫為害　日中為見主

不明　日鏈汉其金直及日所躔加日時因名其圍主不明為政乱國有白衣

香氣為群鳴圍失政　冬至日南極暑長南不極則涵為害　日中烏見主

不明　日鍾以其金直及日所躔加日時因名其圍主不明為政乱國有旦氛

會將軍出旗羣卒　漢惠帝・　年五月丁卯日有鍾之兇八月代冒氛

歲于未央宮高右七年春正月晦日有鍾之兇七月太君甫于未央宮日中

有黑子黑氣黑雲下三下五臣癈其主日鍾者陰得陽居掩君之象有三圍

後漢先武達武十六年春五月辛丑晦日有鍾之秋九月河南尹張　郡守

十辟人皆廢用不實並下獄死郡圍大進及兵長郡盜憂並起以起所在

然宫長史郡縣遲討到則解散　傳日　日鍾盡主侵不盡臣伍　日中

道九行中道者黃道也日光道、者南至東井去極近北至牽牛去極遠

東至　去復屯結青徐丝冀四州屯甚　後漢順帝永遠二年十月甲八日

有鍾之至午太尉赤龍可徒未　角西至婁去北極為中也　日循黃道夏

至東井北極近故暑景短　張羣未下郢巳代並死　立八天之表夏至日政中

羣長三尺寸五八公冬至日循黃道至牽牛遠極　臨獻時日出一竿未入竿日

光赤如赭將軍戰死北野　牛遠極故暑長至日中立八尺之表蒙長

一丈三寸四分春二至三　日循黃道至婁角暑長七天三寸六　九日鍾舟陰候

陽君易侵郡兵動主將逗迤恩貴功從道德　出至北極遠近之素暑景

長延之制也　日影長為游景短為早日月春君臣之象也　九日闌敷朝君

三之象　日赤黑無光者君祓然　月離日一吉輙生光至於璧軍遠而大反

長短之制也　日景長為游景延為旱日月暈君者君臣之象也　山日至此招遠近之素署景

三之象　日赤黑無光者君被然　月離日一吉輅生光至於望耳遠一而六及

近日催　日一舍輅減其光若制臣之徹也定無光熱後与同宿而粘如日輅三

瘦墓娀之患也　日無光而臮貫之君被貫然　夫火動而君下故顏木乃

到之陰而秉陽水而居上故剕峡火是以攉不可借臣也

有子孫喜或有夫赦　在天者莫明於日月在地者莫明於四月木火仰觀

於日月待察水火可以卿臣也　暈有一班有喜在日東有喜南西北亦然　日暈有一冞無玥天子

玥有光攻之必得　日睦之無光士平丙亂馭日俱此若闘天下兵大起戕

日闘下有秋城日行一度一日日象君也君行急昂日行遲

日暈有一背一抱之為連順背所在面軍敗　日暈制膝近期廿日遠期

卅日　日暈有背芯不合氣一日有數十吏當去　日行遲疾不可以知

欲以二至三示之星差淮格日東行星西轉至冬昏奎八度中夏至昏

尾十三度中春永昏日昕一度中　秋宗昏牛三度中此其行也

日行孫星四轉亦疾車勢　急也不及中君行緩也青

行則晦朝唊之一　和飢浄之乱牮主心主內渲主廷謀君天子誑

　春妃蠛妻不一　日赤色黃瀬順日薄邦月早　兄日鹼及薄猶隆

復陽象臣違君法　日赤如火景如地其圍乱　日赤如赭將運蝦死柩

行則晦朔昳之一　　　　　　　　　　　　　　　　　　　　　　

右妃顱夷不一　日赤色黃漸敗出薄之郎月早

得陽象昆逢君法　日赤如火景如地芺圍亂

野日粜色舍日昏乱王者寃之兵起

尾為乱君為兵靈　暈有左攺之屬

臣謀君擅立威一日中青外赤者相出廄夾

國主凶　兩日俱出者乱明有大兵直夏以三

占君道失明　黃黑氣掩日不照皆黃辛河圖占曰日傳也

日赤如火景如地芺圍亂

日赤如赫持軍戰死稌

日有妖氣白牧畫如楊赤色長

日在方面軍腸

日光西散赤如血流惡地皆赤

日夫入一芉而無老曜者甚年

九日鈍及薄皆陰

九日白霧海

九日昍曜者甚年

九日搖氣

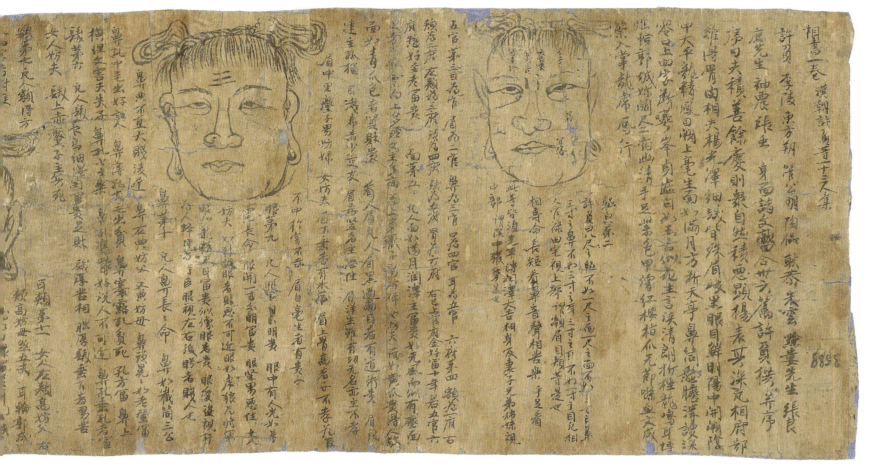

相書一卷　漢朝許負等廿三人集

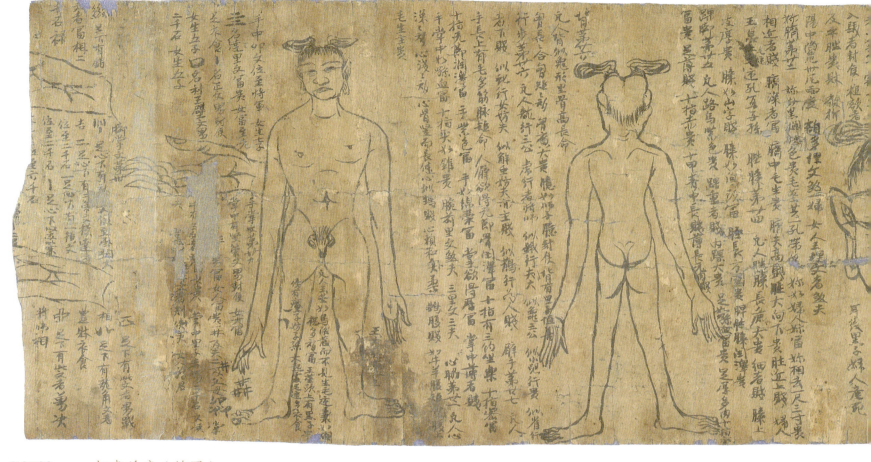

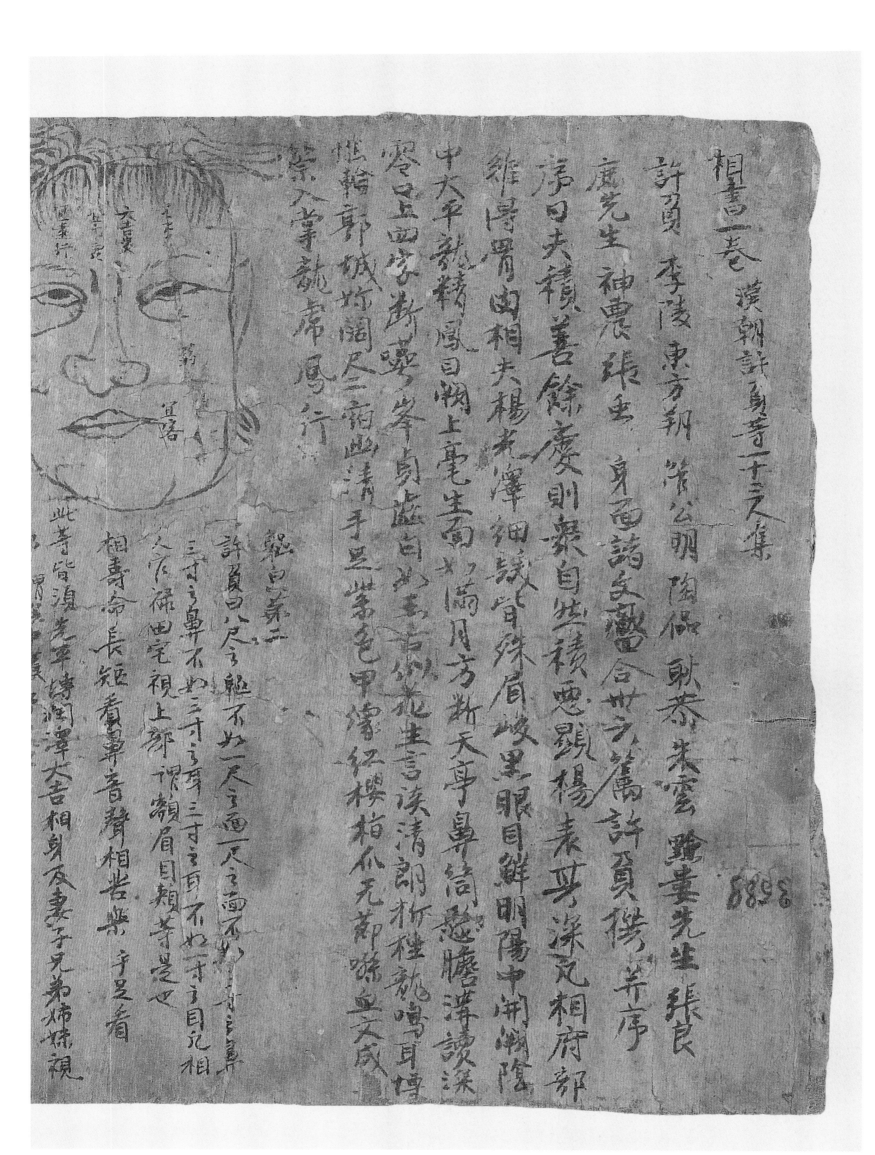

相書一卷　漢朝許負等十三人集

許負　李陵　東方朔　管公明　陶侃　歐希朱雲　艷曼先生張良

虞先生　神農　張壬　身面誥文章　合世六篇　許負樓莖序

序曰夫積善餘慶則寮自然　積惡飄楊表耳　深兒相府郡

維得胃幽相夫穆者澤細絨骨殊眉峻黑眼目鮮明陽中洲瀬隆

中大平就精鳳目䫟上電生面如滿月方折天車鼻結懸膽滹諫深

零曰四安斷巘峯身遊白如畵高䫙北生言㳤清朗椓種就鳴耳博

帳輪郭城燋潤尺二兩幽清手足紫毛甲瑩紅櫻粕不无節嚥血天成

紫入掌龍虎席鳳行

軀白蒼二

許負曰尺二軀不如二尺之畵一尺之畵不如一寸之鼻

三寸之鼻不如一寸之身三寸言面不如一寸之目兄相

父在俾田毛視上郭　謂頷眉目頰苹是也

相壽命長短看事音聲相者藥　于足看

此舉皆湏光革溥潤澤大吉相身及妻子兄弟姊妹視

P.3589v　　　相書并序　　　（7—1）

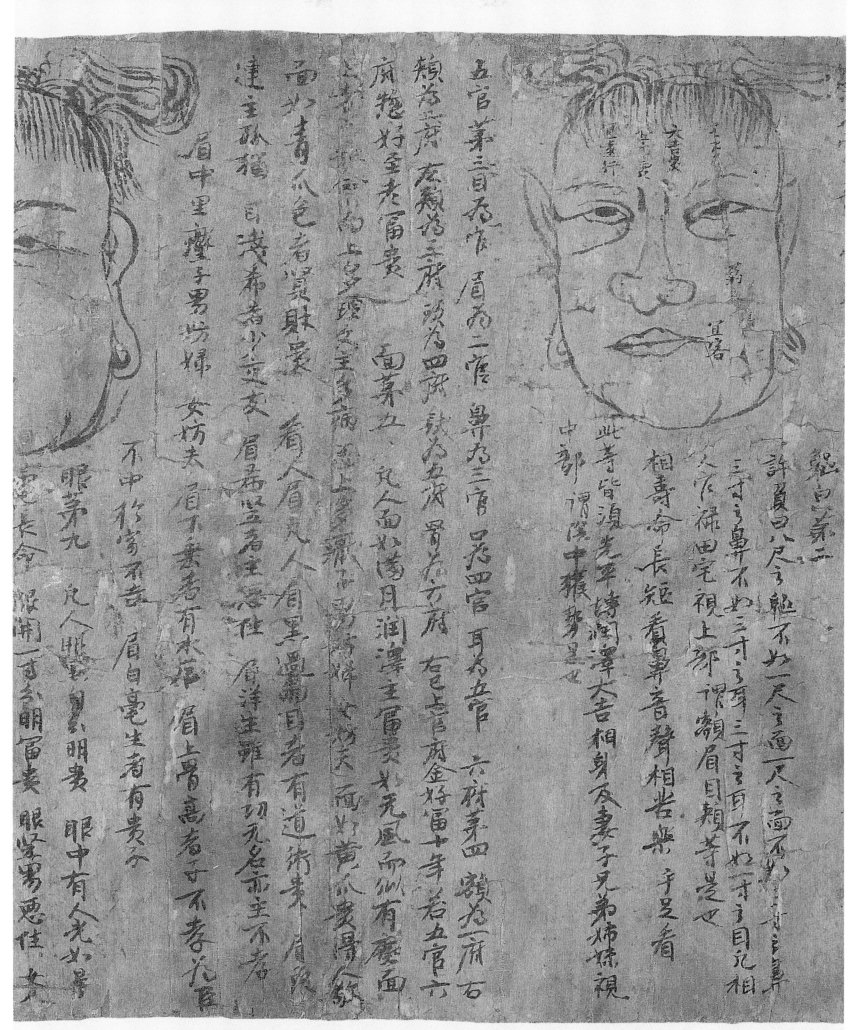

相書并序

頭面第二

許員口八尺之軀不如一尺之面一尺之面不如…三寸之鼻不如三寸之目不如三寸之目…

此諸皆湏先平溥潤澤大吉相身及妻子兄弟姉妹視

父欲碌田宅視上部謂額眉目頰羊是也

相壽命長短看鼻音聲相若樂手足看

中部謂漢中狼勢甚也

五官第三眉為窅眉為二官鼻為三官吳為四官耳為五官

頰為庫左藏為三府頦為四府骨為方府右宫府金好富十年若五官六

府艶好金主富貴

面為九兌人面如滿月潤溥主富貴若无風而自有慶面

看人眉人眉黑潤目若有眉長

眉橫堅為住惡濂侵眉有切无名亦主不孝

面氷青爪色眉橫堅

建主孤稷目淺希為少支

眉中里塵子男勞燥女妨夫眉不要者有水厄眉上骨高者主不孝九官

不中作掌不去眉自毫生者有貴分

眼第九兌人眼黑明貴眼中有人光如拏

眼潤一寸主明富貴眼堅寗惡佳

眼長命

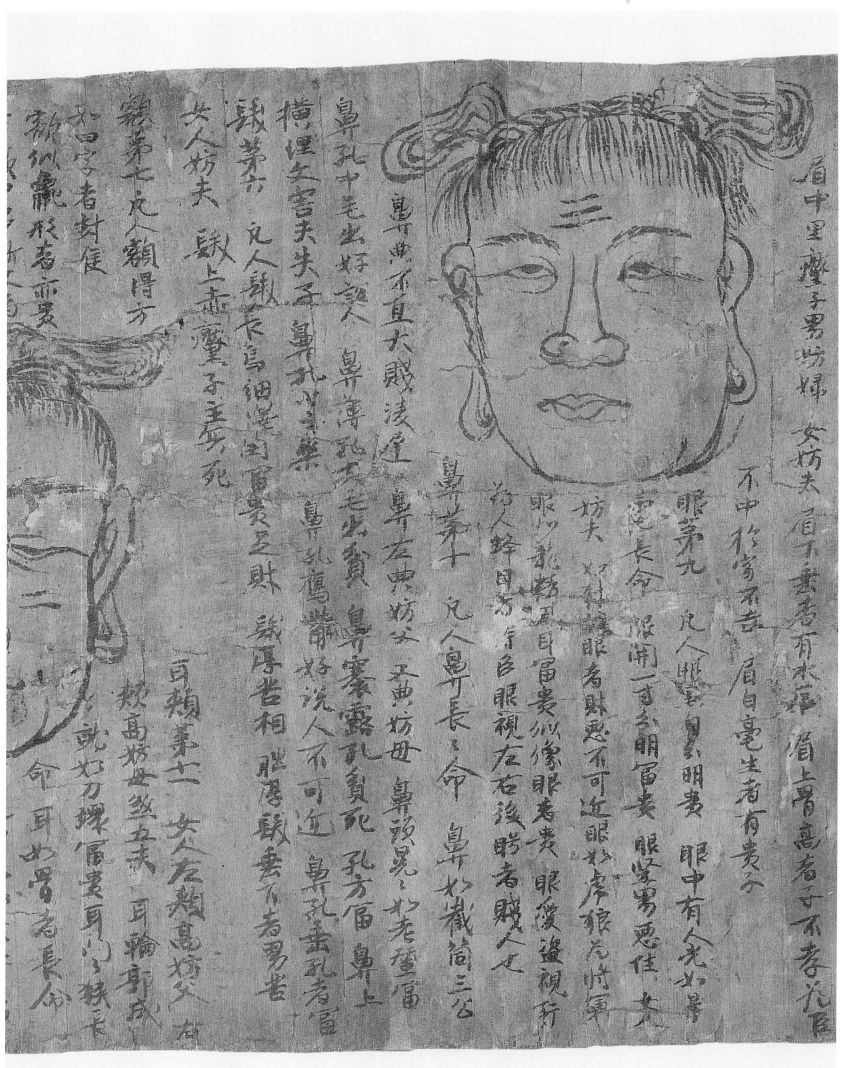

眉中生毫子男妨婦 女妨夫 眉不惡者有水福 眉上骨高者子不孝死官

眉自毫生者有貴分 眉中有令人光如毫

不中作宵不吉

眼第九 凡人眼豊眼明貴 眼中有令人光如毫
眼壁男惡佳

眼如龍鳳毫目富貴 縦像眼者有妻 眼後盜視死
眼者財惡不可近眼 狼火怵軍
妨人蜂目為有色眼視左右後睽者賊人

鼻第十 凡人鼻丁長三命 鼻如截筒三公
鼻孔典不直大賊淺逆 鼻左典妨父不典妨母
鼻孔十毫出好諛人 鼻薄孔大毛必貧 鼻寨露乳貧死
橫理文害天失子 鼻孔必生業 鼻孔鷹鼻好說人不可近
鼻曲孔方富鼻上 鼻孔盡孔者富

齒第七凡人齒得方 凡人齒下烏細凜圉富貴王財
齒厚老相 齒厚齒垂不者男者
女人妨夫 齒上赤瘢子主兵死

頰面妨母欸五夫 耳輪郭成
耳頰第十一 女人左頰高妨父

松田字者封侯 齒如骨者長命

敕縦氣形為亦发 耳如骨者長命

法國國家圖書館藏敦煌文獻

P.3589v 相書并序 （7—3）

·204·

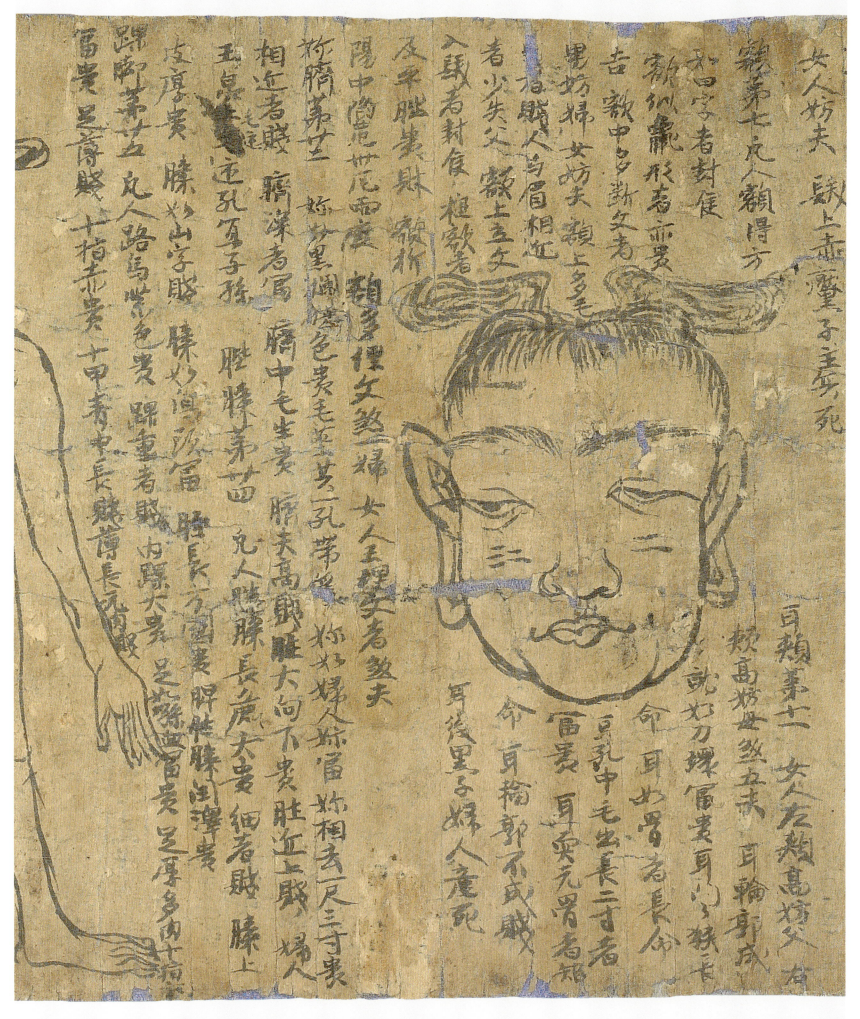

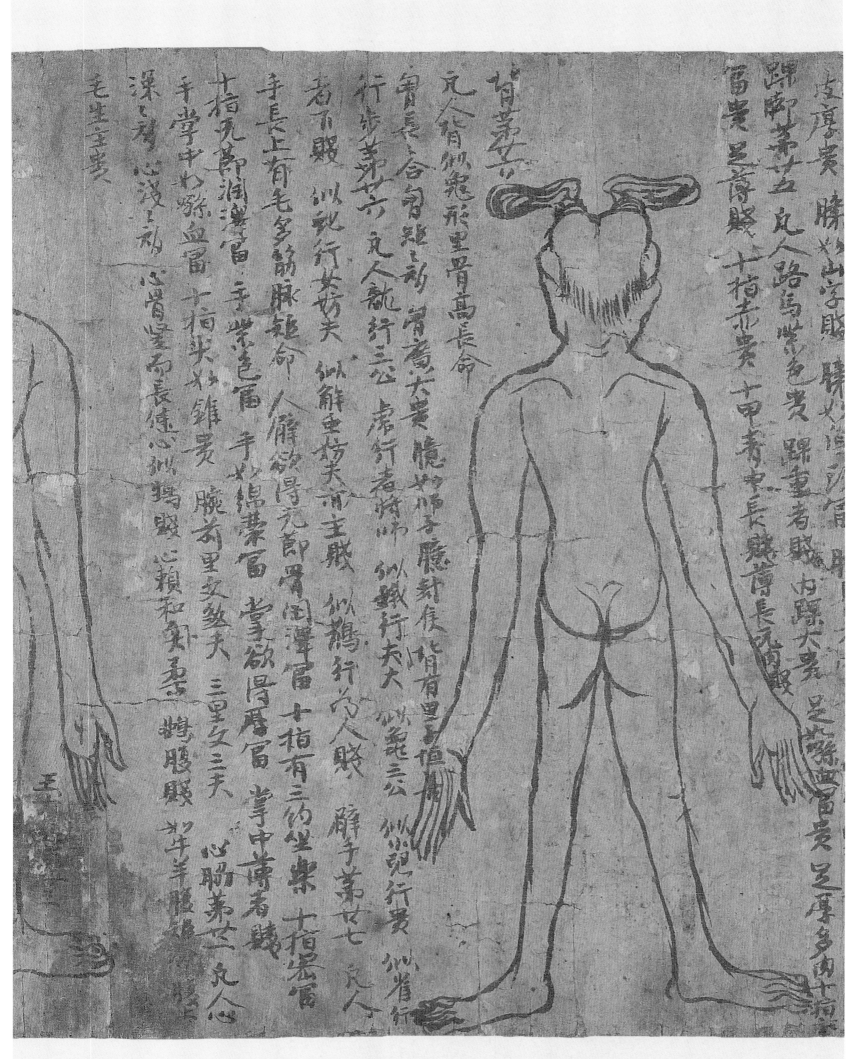

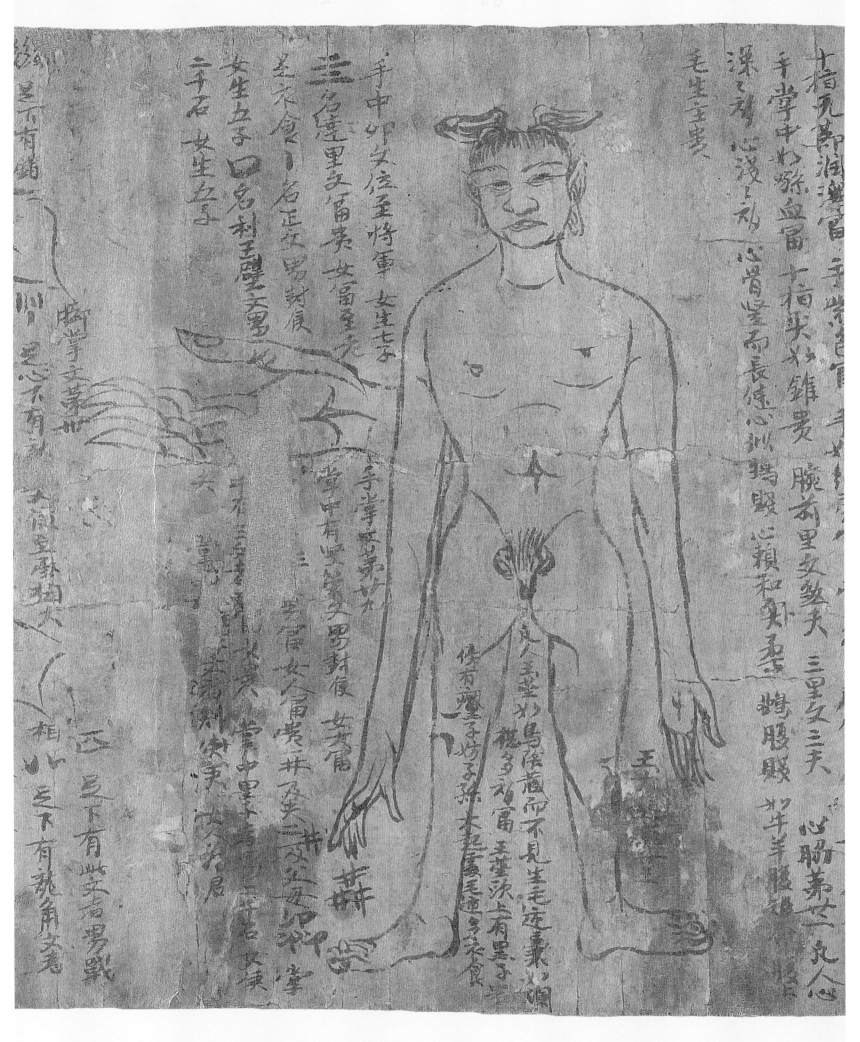

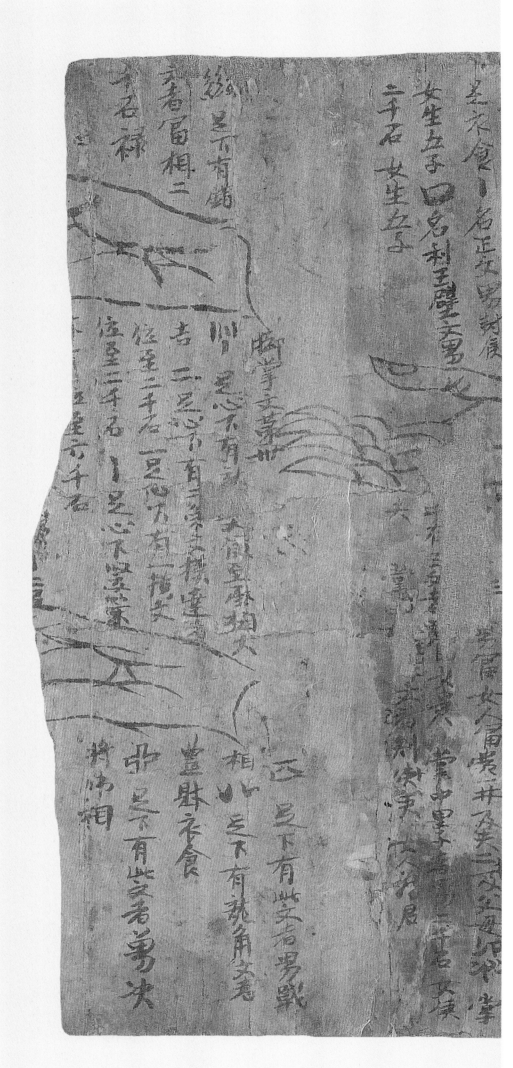

P.3589v　　　相書并序　　　（7—7）

Bibliothèque nationale de France

Pelliot chinois 3590

Bibliothèque nationale de France

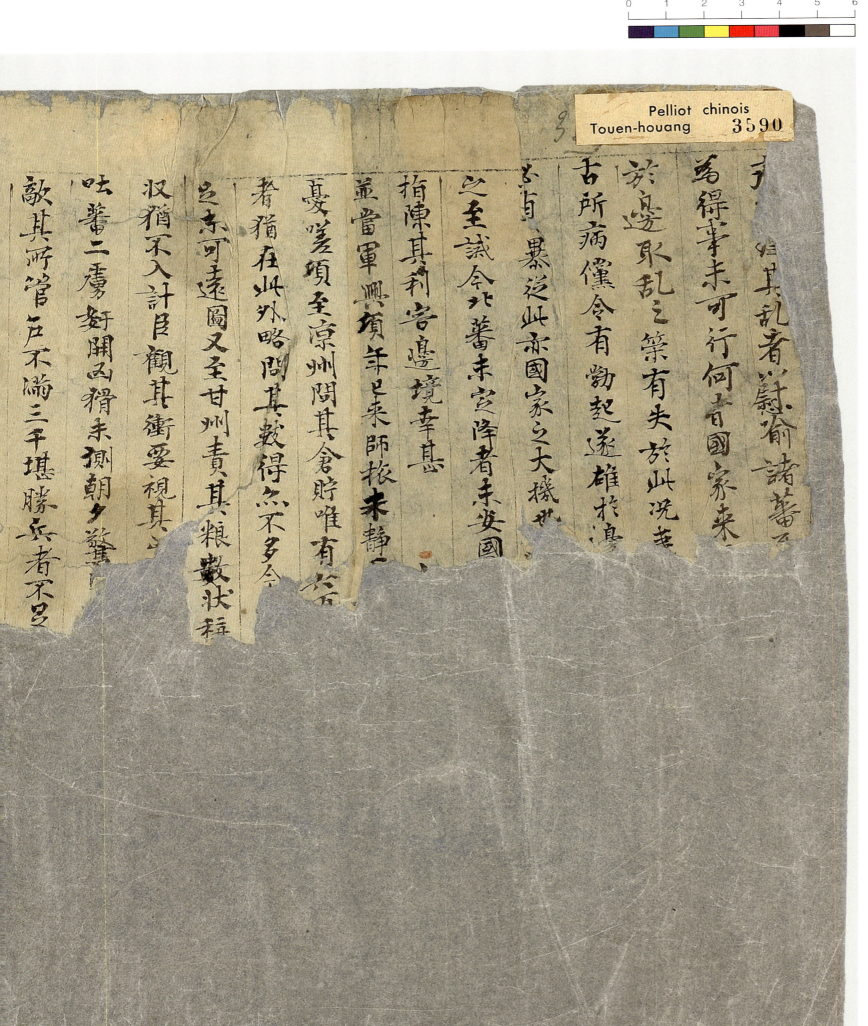

敕其所管戶不滿三千堪勝兵者不足

吐蕃二虜斜開凶猾未損朝夕蓄□

收猶不入計且觀其衝要視其□

旦未可遠圖又至甘州責其糧數狀稍

者猶在此外略問其數得尒不多令□

憂嗟頃至涼州問其倉貯唯有谷□

董當軍興頃年已來師振未靜□

指陳其利害邊境幸甚

此至誠令北蕃未必降書未安國□

忠貞累從此來國家之大機世□

古所病儻令有勃起遂雄於邊□

於邊取乱之策有失於此況者□

為得事未可行何吉國家來□

□□其乱者以慰偷諸蕃□

則河西之命令並繫於甘州其機不可失以

屯田用為善軏為兵防數少自百姓不多

過遂有調括所以三尔收不過二人力有

臣伏惟吐蕃殊黠之虜自為邊寇未

又遇天災武馬未盛所以戢求和好寢自

其州弊故其甲辭作篤苟免天誅令又聞其

出其貢難量此者國家所以制其未得

強盛以柅其唯故其力屈勢不餘勤令則

不旦威邊若使此虜操知潛懷善貢縱兵大入於甘涼雖未自

人圍守城邑俱☒甘州蓄積踐賊諸屯臣若知河西諸州國家難可渡

守也州機不可失之後難腎堅之智点無可奈何臣黑不習邊事

竊謂甘州且更加兵內得營農小得防盜甘州委積必畱與倍何以

言之甘州諸屯皆回水利漑河灾浅不待天時州餘屯益為奧壤故

每歲汉權常不減廿方但以人功不滿田有荒蕪令若加兵继窮地利

無若不為難毌國家若兵功計好便遂昂行之臣以不出數年之間

[illegible]
每歲收穫常不減廿万但以人功不備田有荒蕪今若加兵務窮地利
歲廿万不爲難得國家若以此計使遂即行之臣以不出數年之間
百万倉不足而致倉稟既實邊境又强則天兵所臨何求不得管
仲之聖人用無窮之府積不涸之倉事非虛言也

集卷第九　上書

諫靈駕入京書一首

梓州射洪縣草莽愚臣陳子昂頓首謹冒死獻書於闕下臣聞明主不
惡切直之言以納忠烈士不憚死亡之誅以極諫故有非常之策必待非常
之君有非常之君必待非常之策然後危言正色抗議直辭赴湯鑊
而不迴至誅夷而無悔豈徒欲詭代夸俗猒生樂死者哉實以爲殺身
之害小存國之利大故審計定議而甘心焉況乎得非常之時遇非常之
主言必獲用死亦何憂千載之跡將不朽於今日伏惟大行皇帝遺天下棄群臣
万國震驚百姓屠裂陛下以徇齊之聖承宗廟之重天下之望喁喁之如也莫不冀
蒙聖化以保餘年太平之主將復在於今日矣況皇太后以文母之賢叶軒宮之
耀軍國大事遺詔決之唐虞之際於斯爲盛矣臣伏見詔書梓宮將遷坐京
都鑾輿亦欲陪幸計非上策智者失圖廟堂未聞骨鯁之謀朝廷多有順

萬死乞見一言願蒙聽覽甘龍斯鏤伏惟陛下察之臣聞秦擾咸陽之時漢

都長安之日河山為固天下眼矣然猶北假胡苑之利南資巴蜀之饒自渭入河轉

關東之粟蹦沙漠絶致山西之征赱後註平天下彈厭諸侯長轡逺利策横制宇宙

今則不然代迴匈奴之侵巴隴盡蜀黃之患西蜀疲老千里齎粮北國丁男十五乘塞

歲月奔命其弊不堪秦之首尾今為關矣即所餘者獨三輔之間耳頃遺荒饉

人被荐飢自河而西無非赤地循隴已北罕逢青草莫不父兄轉苑妻子流離委

家喪業賣原華此朝連之所備知也賴以宗廟神靈皇天悔禍去歲薄

稔前秋稍登使羸餒之餘得保沉命天下幸甚可謂厚矣然則流人未返西

田野尚蕪白骨縱横阡陌無主至於蓄積猶可衰傷陛下不料其難賞變矣

意遂欲長驅大駕梗節秦京千乘萬騎何方取給况山陵初制穿渡

未央土木工近必資待促令欲犇疲弊之衆興數萬之軍徵發近畿

鞭●羸老鑿山採石驅以乾力但恐春作無日秋成絶望凋察惟羅

飢苦僮不堪其弊有通逃子來之頌將何從述此以宗廟之大機不可不

深圖也哫國無兼歲之儲家鮮迍時之蓄一句不雨猶可深夏息加水

早人何以濟陛下不深察始終獨達羣議自恐三輔之弊不止知前日矣

三升人四海為家室人可六合為宇區觀蓁古人至于今嘗不以三至

深圖也晚國無燕歲之儲家鮮通時之著一旦不雨猶可涉夏愈加水

旱人何以濟陛下不深察始終獨邊羣議臣恐三輔之弊不止如前日矣

且天子以四海為家聖人包六合為宇歷觀遂古以至于今嘗不以三王

著仁五帝為聖故雖周公制夫子著明莫不祖述堯舜冕章文武

為百王之鴻烈作千載之雄圖然而舜死蒼方辟蒼梧而不返焉會

羣后殂哲山而永終豈其愛靈臺之鄉而鄙中國哉實將欲示聖人無外也故

使墳籍以為美談帝王以為高範況我巍之大聖輕帝登皇日月所昭莫不

寧俾何獨秦豐之地可宣山陵河洛之都不堪園復陛下豈不察之愚臣竊為

陛下惜也且景山崇麗秀冠羣峯北對嵩邙西望河海居祝融之故地連太昊之

遺塘帝王圖跡縱橫左石園陵之美復何加焉曾未察之謂其不可愚臣鄙見

良且尚矣況渥渭間之中天地交會北有太行三陘南有宛葉之饒東壓江淮食湖

陛下不思渥洛之壯觀秦隴之荒蕪逐欲弃太山之安履焦原之險忘神器之

大征徇曹闕之不算愚臣暗昧以為甚無安天下可不幸甚普者平王遷周光武

都洛山陵復屬不在東京宗社墳塋皆居西土然而春秋美為始王漢書戴為代

不用朝議遂行臣忽聞隴之憂未時也一臣又聞太原蓄臣夕之會洛口積天下之　鼠

竊稱盜不圖西人陝州之鄰東扼武牢之鎮盜教窒杯一栗陛下何預過之此下

國家之証斯為大矣今欲捨命不顧苟以長驅使有誠聾嗟天下失望僅

之至機不可不深惟世雖則盜未旋踵殊刑已及滅其九族焚其妻子涕言辜雖慎將

何及焉故曰先謀後事者逸先事後謀者失國之利器不可以示人斯言不從世固

願陛下念之臣西鄙野人奔在林藪率為　　　　　得遊王國固知不在其垣者不謀

其政又欲退身巖谷滅跡朝廷竊感褢故違軺千非其議圖漢於万全取鴻名哉乎

古臣獨何恨而不及之所以敢單龍鱗死而無恨歷万有一中或垂察焉臣子昂誠之

恐之死罪之　　　　　　　　　　金郎守許壹臺匡字臣子昂昧死言臣褊閒道路之

　　　　諫雅州討生羌事

國家欲開蜀西山自雅州道入討生羌因以龍氣燈曲執事者不審圖其利言遂發梁

風兵以徇之臣愚以為巴蜀之禍棒必由茲雅州羌自國家來未嘗一日為

　巴蜀　　　　　　　　　臣患以為巴蜀之禍棒自此結矣區聞亂黨必由然雅州

盜令一旦無罪受戮其怨必甚懼誅怨幹駭而之山之盜起則蜀之邊邑不得不連兵

古臣獨何　　　　　　　　　　　　　　　　　　　　　東西京喪敗蓋由此諸笑此一事世且臣

偫守兵久不解則蜀之禍棒矣荅治　　　　　　　　　　　　　　　

聞吐蕃羯默之虜君之長相信而多奸謀自敢梳天誅尓來向外籬蕫大戰則大勝小戰

　　　　　　　　　　　　　　　　　　國家主人第二　蜀郡寺高孝武之將肩十万眠那非之卩

盜令一旦無罪受誅其怨必甚懼誅心辭駭而之山之盜□□則蜀之邊邑不得不連兵

備守兵久不解則蜀之禍構矣臣聞□ 未西京喪敗蓋由此諸兵此一事也且臣

聞吐蕃雜黠之虜君長相信而多奸謀自敢抗天誅尔來向□籠輒大戰小戰

則小勝未嘗敗隊之一矢國家往以嚴仁貴郭待封為哮武之將屠十萬眾於非之川

一甲不歸又以李敬玄劉審禮為廟堂之舉厚六八萬眾於青海之澤身為四虜是

是時精甲勇士勢如雲雷然竟不能擒一賊一醜金令而開隴萬空令通欲以李慶一為

將驅雄焰之兵將龍衣吐蕃臣竊夏之為此虜所笑此二事也且夫事有求利而浮

當者則蜀古時不通中國秦昭王欲帝天下而并諸侯以為不患賣不取蜀勢未可舉

乃用張儀計飾美女議金牛因間山咲蜀之侯之貪其利使五□力士鑿金通谷棧梁

邪實道於秦自是險阻不開山谷不通此其□張儀蹁蹋秉便維兵大破之蜀侯誅賣邑滅

至令蜀為中州是貪利而之此三事也且臣聞吐蕃羈虜愛蜀之珍富欲盜之久有日矣

然其勢不能攀者徒以山川阻絕障遼不通此其□□頓餓狼之嘴而不得侵食令國

家乃亂邊羌開盜道使其収寄□種為鄉落以坂邊是乃借複兵而為賊涂增舉

金蜀以遺之此四事也臣竊觀蜀之西南一都國家之征庫天下稱化貨襄出其中文人冨

棗多順江而下可以薰濟中國令軋事者乃圖僥倖之利恣以委事西羌浮西羌不

侵其人險開則便殺人侵剝傷賦臣恐未見其大利已有姧盜在其中者矣往年盜州

長史李崇真將圖此新利傳檄云吐蕃欲寇松州遂使國家藏軍師大轉餉

備之未三三年巴蜀邛餘州搖然大弊竟未見吐蕃之西而崇真賦錢以計曰方矣

蜀人殘破幾無堪命此近事猶在人口陛下所親知臣愚意者令天有姧臣欲圖此利

復以生羌為計者哉此六事也且蜀人怯方不習曰兵戰一慮持弓百人不敢當又山川

但暗去中負精兵慶遠今國家若擊西羌橫吐蕃遂能破滅其國收虜其人使

其君長係首北闕計之可矣若不至如此臣分見蜀之邊垂不守所為羌夷所橫暴

昔羊有見被斃而殺伊川者以為不出百年此其為我臣恐未及百年而蜀為戎此

七事也且國家近者廢安北棄單于弃龜茲放疎勒天下莫然謂之藏德所人者何

蓋以陛下務在仁不在廣務在養不在殺此息邊鄙休甲兵行于三皇五帝之

事也者今又徇貪夫之議謀動兵戈將謀無罪之命遺全蜀之患將何以令天下

于此愚臣所甚不悟者也況當今山東飢開隴弊歷歲枯旱人有流云誠是聖人寧

靜思和天人之時不可動甲兵興大侵以自生部臣又流聞西軍失守北狄軍未利邊人

恒動情有不安今復駈此兵投之不測臣聞寬貴善為天下者計大而不計小務德而不務

川作命至豆畫此又況許中夏戌臣聞寬貴善為天下者計大而不計小務德而不務

P.3590　故陳子昂集卷八至卷一〇　（16—4）

静思和天人之時不可動甲兵興大侵以自生乱臣又流聞西軍失守北狄軍未利邊人

恆動情有不安令復駈此兵投之不測臣聞自古國家敗未嘗不由兵令小人議夷狄之

利非帝王之至德也又況弊中復起兵善為天下者計大而不計小務德不務

誠惶誠恐死罪死罪　　　　　諫刑議　　承務郎守石儼青曹叅軍臣子昂昧死上言

刑圖其安則思其危謀其害則慮其害能長享福祿伏惟陛下執計之臣之子昂

臣聞昔者聖理天下者美在太之平之之美者在於刑措臣伏見陛下務太平之理而未美太平

切賤臣雖微竊或下列臣前蒙天恩召見制賜臣四肮遇非常之主何不進非常之策臣

草木微品天恩降休伏羲神農昌有天下誠未旦之臣敢忘撊令陛下剗三皇之業務三皇之理大統已集

神心光明雖伏羲神農昌有天下誠未旦之臣敢竭以愚忠臣聞自古聖王謂

之大聖者皆云尚德崇禮貴仁賤刑之措不用謂之王德不稱刑猛制為理者也故用

有天下八百餘歲而唯頌戊康漢有天下四百餘歲而獨稱文景豈非致刑措者也何

者刑者政之末篤非太平之資臣竊考之於人之貴生育旁幽旨曰

聖務朕殘皆不去以刑為德者然則聖人矣良天下者當上務順天下務濟人不

謂理故曰唯天為大唯莞則之又唯天地万物父母唯人万物之靈豈聰明住元之后之位人父

然則為人父母

象宙威風雨時順百穀昌孰可謂之為万代規也今天下百姓抱孫弄子鼓腹以

陛太平之政笑陛下為天地父母固將德以順養之瑝于太皇以揚皇極今陛

下之政難　蓋善矣然太平之理猶屈於將獄官何以之之太平之朝上下樂化不宜亂

臣賊子日犯天誅此者大獄增多逢徒滋廣忠臣頑昧初謂此實乃去月去

曰陛下特察詔曰李弥等無罪明魏真寧有功又豈見高正臣又重推元万項

百僚慶悅皆賀賴聖明臣乃知之有無罪之人挂於疎綱者陛下務在寬典

獄官務在急刑以傷陛下之仁以誣大亜之政臣竊恨之賴陛下又獨使天斬寬

湯皐等刑死囚張楚金郭正一馬義畫祖王令基等以凶惡之罪特蒙金活朽骨更尚

万死每生天地人祇實用同慶何以知之臣伏見去八月已來天若霖雨自陛下敕李

珠等審天明氣晴之九月大八日明堂亨會慶雲抱日五彩絾龍章竟天万品

咸觀宇宙同慶文其月廿一日恩勅免楚金等死初有風雨慶為景雲司刑官屬

沿河共見臣聞陰慘者刑也陽舒者德也慶雲者喜氣也臣伏　青之鴞籠臨之官經人法天之思

　獄吏急則慘而陰雨自臣恐過在獄官況陛下殺罪則舒而陽和君臣歡娛則喜而慶天意如此

陛下豈可不承順之夫刑者怒也不可以承喜氣令之陰雨自臣恐過在獄官況陛下

清獄吏急則懍而陰雨陛下殺罪則舒而陽和老臣歡娛則喜而慶天意如此

陛下豈可不承順之夫刑者懲世不可以承喜氣令又陰雨恐過在獄官況陛下

明堂之理本以崇德配天之業不以務刑令垂拱法官且猶議殺布政衙室而未措刑

賤臣頑愚尚疑未可況魏之大理先宅天下哉今者繫獄因德多極法者道路之議或

是或非陛下何以别悲苦見之自詰其罪之真實者顯示明刑罪有監者嚴誅獄吏

使天下咸伏人知正刑以清太平之階用登仁壽之域豈非至德克明哉贊鄧太后以

天降旱親使洛陽四德良史書之以命為德況陛下大聖償万超於鄧后者美夫

更不可多弄國權自古賊聖人咸陛下万代之業千載之名故不可使虧形

此者世也伏願勤察人美之風賤民不勝愚懇忠憤之至報投招諫匦昧死上聞云

諫政理書　梓州射洪縣草莽愚臣陳子昂謹冒死瀆首再拜獻書闕下臣子昂

西蜀草莽賤臣也以人事親餘暇得讀書竊少好三皇五帝王霸之經歷觀立墳旁

覽代史原其政理察其興二目平吳炎金天之乞丁有禹之條馳騁數百千年

雖未得其詳命略可知世莫不夢于天雍于人建以皇極而順化之過此以往非願

衷世獨軒轅氏之代問廣戌子期以至道之精理于天下臣始商之然其說不未得

夫曰何道可以人調元氣賤臣孤酒何旦以知然曰霜顥目古帝王問政之原備矣未有能

深思遠慮獨絕今古如陛下者世故賤臣不勝區區顒竭圄以聞見言之雖未之對楊

天休然或方有可觀者敢昌昧闕廷奏善以聞伏惟皇太后陛下少加察焉臣聞之

於師曰元氣者天地之始□万物之祖王政之大端世天地之道莫大乎陰陽万物之尊莫

大乎黔首王政之貴莫大乎安人故人安則陰之湯之和之則天地之平之則元氣正矣是

以昔先帝代見人之通於天地天之應乎人世天人相感陰陽相和寔宮之所不生嘉祥之所

不作遂則觀象於天察法於地財戈天地之宜以若右人於是養成群里

奉順天德故人得安其俗樂其業甘其食美其眼陰陽大和元氣以正天瑞降祚

昇風雨以時草木不落龜龍麟鳳在部數矣泊韻項唐虞之間不敢荒寧

克明理故其書曰百姓昭明叶和万邦黎人於變時邕迺命義和欽若昊天曆

象日月星辰敬授人時以是觀之未嘗不先人而後天至夏德衰之殷政之微喪殊

封昏暴乱于天道殺烈無罪放齊不忠良遂瑪天下之力彈天下之貨任為瑤臺而

起瓊室極荒淫之樂之而日之玩傾宮之女至數千人奇俊淫巧以億万計信重鬼驗

讒邪遂為精立酒池炮格之刑一朝牛飲者三千人龍逄不勝其憂諫而死箕子不

乃自暴方于天道殺忠無罪放齊忠良遂蹄天下之力彈天下之貨任為瑤臺而
起瓊室極荒淫之樂之可目之玩傾宮之女至數千人奇伎淫巧以億万討信車死臨
讒邪遂為精立酒池炮烙之刑一朝牛飲者三千人龍逄不勝其憂諫而死箕子不
堪其憤囚為緊是陰陽大乖天地震怒山川鬼神發見灾祥疾疫大興災墓並
任而桀紂不悔卒以滅亡和之夫地遠周文武剏業應天順人誠忠信厚加于百姓德澤
休泰興于頌聲戌康之時刑措卌餘年天下之道始和羡幽厲之末頹亂歐常奇
遷暴虐訴黷天地百川沸騰山家岑崗人以愁怨疾癘為作故其詩曰昊天不傭
降此鞠凶曰昊天不惠降此大戾不先不後為疾為療天地生人之理復學喪於兹矣鳴
呼豈不衰哉近乎有涵氏皇不克終初適高帝之有天下也以六合為家將對越
天人傳之万代至煬帝泉平自以貴為天子富有四海欲窮宇宙之觀極遊宴之
樂以為人全之急務也於是乃鑿御渠決黃河自伊洛王間而屬之揚州生人之力
既弊天地之藏又淺煬帝方觥盩為得討將後宮媒女數百千人遂泛龍舟遊三江
五湖之間當其得意迤視天下如脱屣且其後百姓弊宜慶數興吏人貪暴其政
日乱陰陽感慝彗孛以出煬帝末悟自為天下安於太山方率百万之師而以事遼東
當時山東父子不得相保世天獻暴政人懷乱之故遼東之役未歸而中國之難足起

之綱及淳和之始自非陛下合天地之德有日月之明誰能眇然遠思欲求大和於元氣哉

此皆者伏羲氏之所以奉天人而為三皇首也賤臣愚昧竊賀陛下之德過於克舜遠

矣臣所以頓陛下為大唐建万代之業惟三聖之切傳孝子孫永作鴻業千百年間使

維文之君有所守也非甚無道不失厥嗣陛下可不務之哉臣伏見天皇大帝得天地

之統封于太山切德大業與天地崇矣然當先建明堂之宮遂朝上帝使万代鴻業令猶闕

然臣愚意者豈非天皇大帝知陛下明聖必能起中興之化留此盛德以發揮陛下哉不

然何所與讓而未任也今陛下欲調元氣睦人倫濟倍仁壽興風禮讓捨此道也

于何理哉固臣不勝區之螻蟻之誠思願陛下念先帝之休意惟大唐之鴻業於

國南郊建立明堂使守宇宙黎芒夷貊昆蟲草木天地神鬼策然知陛下方興三

皇五帝之事與天下更始不其盛哉當者黃帝合宮有虞總期唐堯衢室

夏后代室皆聖之所以調元氣理陰陽新此教世臣雖未學竊嘗聞明堂之割

世天地之則為陰陽之統為廿四氣八方十二月四時五行廿八宿莫不畢備故順其

其時月而為政也則風雨時寒暑昌者平万物茂暢五穀登稔元氣不錯陰陽以和逵

時月而為政也則水旱興疾疫起蟲蝗為害霜雹成災陰陽不和元氣以錯

古者聖人所以為政教之大業也固臣願陛下為大唐建万代之業者意之在之茲之

陛下以臣此章与三公九卿賢士大夫議之於迁若不以臣微而癈其言謹事便扵

陛下以臣此章与三公九卿賢士大夫議之於朝若不以臣微而廢其言懼事便於

今道不違古耳請陛下徵天下鴻生巨儒賢良蒙俊之士博通古今皇王政理之術

者与之按周礼月令而建之臣必知天下庶人子来不日而成也通正月蓋春陛下乗鑾

輅駕蒼龍載青旂佩蒼玉従三公九卿賢士大夫鴻儒碩老衣冠之倫朝于青

陽左个員斧扆戴丑机南向以聽天下之政於是遂發天縣宣布四方咨

順十二月之令無敢有遏逆命天史守典奉法司天地日月星辰之行無

失経紀以初耆常陛下遂躬耤田親墾以勸天下之農二耆五更以教天之孝悌

明頌慎獄以真天下之滋刑徐殘去暴以云天下之仁壽修文尚德以山天下之干

弋蔡孝廣以除天下之貪吏矜宣於獨疲癃羸老不能自存者恤之後宮

美人非三妃九嬪八十一御女之數者出嫁之珠玉錦繡雕鏤伎巧之餙非益於

理者悉弄之蚤鬼溪祀誅武良人者葉殺之陛下務以至誠彰脈質素以為

天下先愚臣必知不出數年之間得見太平之化也美人之榮既治思神之望亮

塞然後作雅樂藥盛宗祀天皇於明堂以配上帝使万國各以其職来祭宣

不休哉臣伏惟非陛下至德明聖未有能敢行此道者也固以書此化一成則人

倫三道自睦刑罰之原息兵草之事不興還淳之途可見仁壽礼讓稼穡

紫大化而不知國家大學之廢積歲月矣棠蕚散殆無人蹤詩書礼樂鮮聞

習者陛下明詔尚未及之愚臣所以有私恨也臣聞天子立太學所以聚天下賢

莫為政之首故君臣上下之礼於是興焉捐讓轉姐三師於此生焉是以天子得

賢臣此也今則荒廢委無不論而欲陛人倫興礼讓失之於本而求之旋末豈

可得我況君子三年為礼之必壞三年不為樂之必崩奈何天子之政而輕礼樂我

臣所以獨痛私恨者也陛下何不詔天下曹子使歸太學而習業乎斯乃國家

之大務也臣愚蒙所言事未曲盡者恐煩聖覽必陛下怒臣昬昧請賜他日

別具奏聞臣子昂謹上

將士郎守麟臺正字臣陳子昂謹頓首冒死上頗臣子昂本蜀之匹夫官

不望達陛下過意擢臣草莱之中昂在麟之臺党寵自天卓若日月徵臣

固陋將何克負然臣聞忠臣一筆君有死無二懷傈不諫罪莫大焉況在明之

朝當不諱之日方復鉗口下列俟仰偷榮非臣始顧也不滕愚或輒獻狂瞽之

說伏惟陛下少加察焉臣聞古之御天下者其政有三王者化之用仁義也霸

者威之任權智也彊國賢之務刑罰也是以化之不豈然後威之威之不愛然

後刑之故至於刑則非王者之所貴矣況欲党宅天下追迈上皇專任刑殺以

為威斷可謂策之失者也臣伏觀陛下聖德聰明进心太古將靜宇宙保乂

後刑之故至於刑則非王者之所貴矣況欲兒宅天下逗刃上皇專任刑殺以

爲威斷可謂樂之失者也臣伏觀陛下聖德聰明進心太古將靜宇宙保又

黎人發舜施令出於誠憬天下蒼生莫不想望風異見神化道德爲政持待於陛

下矣且臣聞之聖人必有駈除蓋天人之符應受命也頃者東南微薛敬

謀乱常陛下慎天行誅罪惡胜當非天意欲彰陛下神武之功哉今軏事

者不察天心以爲人意惡其首乱唱禍法合誅屠将息釫源窮其臺與遂使

陛下大開詔獄重設嚴刑萛以懲劍勸于天下蓬堂親属及其夫遊有跡涉

嬪妾相連及莫不窮捕考訊拔業葉翬大或流弃藥蹗魁至有釫人賛或

乘隘相誣乱告黌似蘣圖爵賞叫于闕下者日有戮矣于時遑遑莫有

自固海内傾聽以相驚忍頓陛下仁慈憫其范懼賜以恩救許其夫切己上

切勿論人時穰泰謂生弃造愚臣竊以休然賀陛下聖明得天下之機

也不謂議者具見又執前圖此日利獄威復起陛下不深恩天意以慎休期

尚以督察爲理威刑爲務使前者之詔不信於人愚臣昧焉竊恐非五帝三

王代罪爭人之意也竟臣竊觀當今天下百姓思安久矣襄属北侵胡塞西伐

寢邊兵草相屠向歷十載開河自此轉輸幽燕秦蜀三西馳鶩窪海當時

天下疲極矣復以大兵之後屡遭凶年派離飢餓死喪略半幸賴陛下以至聖

我臣以此卜之始知百姓思安之久矣今陛下不務玄默以殺疲人而反任威刑以失

其望敬察～著政肅理家區區臣暗昧竊有大惑且臣聞刑者政之末節也

先王以禁暴懲亂不得已而用之今天下幸安万物思泰陛下乃以末節之法察

理平人臣愚以為非過憂隨時之義頃年已來伏見諸方告密案因累百千輩

大抵所告以揚州為名及其窮竟百無一實陛下仁恕又屈法容之儻誹他事

亦蒙推劾遂使姦惡之堂恣意相讎睚眥之嫌即稱有密一人被訐百人滿獄

使者推窮蓋如市買謂陛下愛之而害百人天下聞之莫知寧所臣聞自非聖人不

有外患必有內憂物理之然世臣不敢以遠古言之請借隨而說之臣聞長老

云隋之末代天下猶平煬帝不龔奢麋於戎獸居皇極自擅元我以百

万之師觀兵遼海天下始搖然～矣遂使揚玄感揬不臣之勢有大盜之心焱

曰人謀以竊皇業乃稱兵中夏將撼陽洛孛關之勢傾宇宙矣然亂未齡

辰而頭呂異慶何者天下之弊未有土崩萊人之心猶望樂業煬帝不悟

暗忽人機自以為充惡既誅天下無臣稍也皇極之任可荊嶷理之遂使兵部

尚書斃子蓋專行屠殺大窮堂與海內豪士莫不羅殊遂熟人如麻

溺血戎澤天下靡然始思乱矣於是蕭說朱祭起於荊南李密竇建

德乱於河北四海雲摇遂並起而乡随殊豈不衰哉臣長老至今談之委曲如是

尚書獎子盍傳行屠戮大窮富豪士莫不罹殃遂熟人如麻

流血戌澤天下靡然始患乱矣於是前說未察起於荊南李密竇建

德乱於河北四海雲擾遂並起而亡隨族豈不哀哉長老至今談之委曲如是

是竊以觀三代夏殷興亡下至秦漢魏晉理乱莫不洿以毒荊而致敗壞

也夫大獄一起不餘無監何者刀筆之吏專讞大方斷獄餘者名在急列文深綱

殺為詞非憎於人而利於在巳故上希人主之旨下以圖榮身之利既多則

竊以籍至公於明主恩謂其奉法故是利在殺人客在平恕故獄吏相誡以

不餘無監也及良善則淫刑逞矣夫人情莫不自愛其身陛下以此察之

豈餘無監也寃人呼嗟感傷和之氣之悖乱羣生癘疫水旱随之則有

凶年人既失業則客乱之心怵惕而生矣頃秦兗陽懇候雲而雨農夫穫来

瞻望數之豈不猶陛下之有聖德而不降澤於下人也懇旱遂過春癘於

時種今年稼穡必有摧矣陛下何不敬承天意興澤恼人民闇古者明王重慎

刑罰蓋懼此也盡不羞不三乎与其殺不辜寧失不經陛下奈何以寃之聖

猶務程霸之威哉愚臣竊為陛下不取也且愚人尖則樂生危則愚慶故

事有招獨而有起姧僮大獄未休芟黨日廣天下嗸或相恐無一辜人情之

慶不可察昔漢武帝時至蠱獄起江充行詐作乱京師至使太子奔走兵

此未嘗不為屢太子流涕也古人云前事之忘後事之師伏願陛下察之

今臣不避湯鑊之罪以螻蟻之命輒犯宸嚴臣非不惡死而貪生也誠以臣

陛下恩遇不敢以微命發塞聰明罪非顯敢陛下自刑至於極刑身伏之與

三事大夫圖其可不夫往者不可諫來者猶可追無以臣後而忽其奏天幸

三章二其二：

申宗人冤獄書

臣聞古人言萬國忠臣者半死為國諫臣者必死然而至忠之臣不避死以

諫主至聖之主不惡直以孃忠臣幸逢陛下至聖大明好忠愛宜每面言

擬諫持見優容今陛下方御弦國以臨陽舘粟闈羣化寧濟蒼君生固臣精

心潔意頗陛下至德与三皇以美然臣伏見陛下有至聖之德左右無至忠之

臣猶使上下不通內外權偪臣竊懼之忽後代或以聖朝無至忠之臣故臣敢冒

萬死越職上奏伏乞天恩寬臣端息畧盡忠言臣聞上有聖君下無柱臣

昔舜誅四兇不罪舜周公誅管蔡戉王不罪周公霍光誅燕王昭帝不罪子

孟何者此數公皆為國討賊為君孫讎假難擅擁猶不可罪況奉君命而執

法者夹臣頻見人有必至忠誠抱徇公之節執法不桃為國孫讎項者達子

賊臣陰構禍難潛圖密計將危社禝富時蓬節初露朝野驚震賴陛下神

威武威天眾近所奉举至史莱項天朱人頭盖令不達罪思陛下王字陛

賦臣陰構禍難潛圖密計將危社稷富時達節初露朝野驚震賴陛下神

武之威天橫電斷得奉聖決榮愼天誅不顧軀命不避强禦法是守唯惡是

離幸能察罪明羣窮奸稔惡黨使伏法者自首情實天償得以清泰方國得

以歡寧誠是陛下神斷之明柳忠盡忠之效陛下所以自監察御史權拜爲鳳

閤舍人者豈不表其臣節報其竭誠使天下之人知其忠懇者也當此時

忠必見信行必見明自謂專一事君無二世今乃遭誣妄之罪被

搆架之辭陷見殺之辜困無隣之諸醫窮詔獄戹不見明肝血赤心無所控告

毋年八十老病在牀抱疾喘息朝不保夕死生斷絕朝堂國榮

夕爲孤囚臣竊痛之何埔者至忠而今日受駱孤負聖[印]憂及慈親誠臣痛

恨臣此者固知不免此禍不能度德量力貪榮昧進以訟受服誰能免尤問使

辭寵讓榮陳力下列雷同衆輩勤恪在公与全軀保妻子之臣茶默聖代臣

固知今日未招此患何者古今五盜憎主人被堯誅者不能無怨頌來執罪多

是國之權豪父儻子怨豈可勝道親黨陰結同惡相従假使肝爲朝脯肉爲俎

臨宗誅族滅屍元塗地被凶獷者未呂以使其心況蒙國寵位頭朝列凶獷

切遠怨黷何窮臣竊怨今日之羣者是讎怨相結搆實陛下至聖明察豈不

能救自古所有非□山於今管吳起事楚抑削庶族以尊楚國既

理吳起奔徙高歟牽秦事討廣蒿以明秦法秦國既霸高歟挺刑晁錯

事漢諸侯咸獲七國憍侈將凌王室錯削弱其勢以尊漢京景帝不悟或

乾臣之說族誅晁氏州三臣豈不盡忠歟保其君然而身死族滅著鑽所

快者當代不覺而沒代傷之聖主明君可不為之痛傷耶臣雖無三子

之智竊忍獲罪或曰三同伏惟陛下仁慈矜憐惻察且臣開漢高祖謀楚

与陳平四万金及其為帝不問金之出入何者立大功者不責小瑕有大患

者不求小過所謂聖人之盡道者陛下饒達大度至聖寬仁超於漢祖

固己遠矣握齪小夫何足為陛下榮責哉伏願天恩矜愚救罪念

切補過乞其終養老母獲盡餘年豈非聖主之恩仁君之惠有礼有

訓善始善終裁臣於親非骨肉同姓相善臣知其忠然非是立國之賢

道德之茂大雅明哲能保其身假使獲罪於天身首異處蓋此一螻蟻耳

亦何足可稱然其念其□□一旦承恩蒙聖王駈使不以赤誠耶信令乃員

罪見髮臣實痛之恐累聖主之明傷其老母之壽身污明法為陵世所

悲臣知其忠豈能無一惜所以敢冒万死乞見矜憐臣□□言非至忠萄

□免青冥珠新大表單□毘兔□□□   東宮□師□東著

悲臣知其忠豈能無悋所以敢冒万死乞見降恠臣□□言非至忠苟

有使請受誅斬伏表惶怖魂魄飛揚□□　　諫書人師出軍書

臣伏見詔書發懷遠軍令郎將書仁師部勒以征匈醜臣聞古之天子方建

大礼必先振兵擇旅以告成武功故漢孝武帝將欲封禪乃徵精卒十万北巡

翔方略地而還此蓋尊古哲王之礼也今神皇陛下應受天錄將欲郊祭

天地巡拜河洛達明堂朝万國斯邁古之盛礼也誠合武導蒦典雜武

塞上畢境而還臣猶慮仁師未識典礼肆兵長驅窮沙磧不恤士馬之務

得利不以全兵為上今朝連百僚雖有疑者無敢言之臣誠愚昧所識

恩諫曾聞事君之道所貴盡心以若非安可不言臣料仁師到雲胡城發

兵三日合至九月初實利城迴兵三日合至十月初胡地隆冬草枯泉涸南

南中土馬不耐都襄計仁師所將三馬從靈州常之所菱之虜卻迴到雲南

城已行四千餘里雲內城中又先未支度昌既疲瘦經冬無粟以臣愚等千不

存二若送南中散就諸州路程蓋遠疲瘦更極以臣愚等十不存五

之軍類相似且仁師此計屢菱速至於應期不甚精備以臣計料恐

未成切既恐切未克戎馬先喪盡中士求未卒又難得自古匈奴戰非士

塞是時漢馬卅万疋旋師之日馬惟四万疋十四年不得事旬收盖由此也

頗陛下孝驗前古权自愚誠重与三公大臣審更詳議

集卷第十　　為達安王與遼東書

彼宜致書遼東州高都婚蕃賢揚乙至仰知破逆賊陣万斬十有餘陳芊

　　　　日月清邊道大惣管達安郡王

生猴鱉賊一人三軍慶快万里同歡都督體莫傳之才抱忠義之節遂

骸身先士卒為國孫雖以數百之兵當二万之寇拍麾電掃達堂雲銷

非都婚智勇過人威名遠振誰能以少擊眾汋醜權以使國家無東顧之

憂是都婚之力也賢母後未酷似其勇遂能與公芋雁機破敵効忠立功

此各實金帶緋袍薄苔　誠更自録奏摧加榮官颠都督遠知此意

也今達賊飢災豐日滋天降其殃疾已死人獻其禍方斬營州土人及城

傍子弟近送密款唯待官軍其今將蕃漢精兵卅芀對取二月百道齊駈

乙五万蕃漢精兵令中郎將薩訥海路東入職舟之具來月之發請都婚

勵兵秣馬以待此期芝登九山肯弥山廣壽動竹昂開國傳家是都婚達功之日

也中間刻期同會當更別使知聞正屬有軍事未能委曲初春向暖頗動靜

勝常常所是都婚官屬及大首領幷左右立切人芊並帶此問相見相任近頗

以尉懷之

　　　為達安王谷王尚書送生書

以慰懷之

為達安王答王尚書送生書

使至所傳斬首及生虜獲馬等具必來狀仰与欣快三軍英之狡殘通 忻

誅此橋賊師徒企踵　斬俘先鋒尚書遠略英謀臨機果斷潛制凶醜眾 壯

首伏辜在此諸軍實增慕勇既將軍之薛又羨先手之功函州士

人尤以慶快破竹之勢自此為簡其亡方探甲負戈為尚書後列登高臨

陳坐觀停慮此期在即預以慰懷初春猶寒顧保休勝得將岧各慰

問之謹白書不具　　　為達安王頗咨諸將書　　使至辱書仰知瞽 郇晋

筭同心勠力殉節忘軀何以剋前將通凶楊國威命在此將士聞公等殊

章兵馬摧破凶虜遠聞慶快實慰永懷非公等忠勇蕉資統率多

戰賊不當鋒莫不西至憤勇欽遠獨克甚善之即是與舟遭醜天降

其突畫賊承睡命在旦夕譬州飢餓人不聊生雖待官軍即擬歸慎此訓

勵兵馬龍家擊有期大軍長駐此月將發恨不得与公等共觀諸將斬馘獻

停旦夕嚴寒頗各休勝類丹破了其使至迴兵平殄默毀跡公等相見有日

預以慰懷臨使忩忩書不盡意　　　為達安王與安東諸州書

日月清邊道行軍大總管達安郡王攸宜致書安東諸州刺史并諸將部

蕃守領百姓等唯望官軍即擬歸順前後繼至非此一人其乙先使向營

州昨迴其得父老密狀云賊勢窮蹙去正月上旬有妖星落入孫万軒營中

其聲如雷賊黨離心各懷精二天狹心此人事又然平斜凶渠正住今日大軍

即以二月上旬六道並入揗期刻前同立大勳請公等訓勵兵馬共為掎角

關國封筴其機在此幸各竭力以圖顧惟尋當更使人續注先此不具

　　　　　為達安王苔王尚書　　使王厚書知和出黃龍即橋自羅凶賊懷

此事乃先徽亢百事眾莫不喜躍華者坎精穿竊為盜定遊畫伏夕

是其常令曰投䊨素質委命賊浮之象建必無懟逬乖有賊中信

來親離飛潰期在旦夕書尚日訓　厲士秣馬嚴威曰其凶亂之機栗

永敗正之勢事同破竹無待前茅坐　飛凱歌頭用欣慰　　與羹五書

命之不乘也聖人可奈何況於賢者共載僕當竊不自重謂以勞得失在

人欲揭聞見抗衡富代之士不知事有大都異於此望者乃令人慙愧悔敗

不自知大笑顛蹶怏其所以書負虘巳墨下何可言耶夫道之將行也命也

道之將廢命也陳子昂其如何雄二筆二異尔噪吾山無泗無亂我意從

此道矣驢病不得面談書以述言陳子昂書　蘇令本與弇內文碣

某路其聞子以母貴自古通方礼以親樂在晉雖豈非奉上之道

此道吳驪病不得面談書以述言陳子昂自蜀蘇令本與零內史碣

其碣其闕子以母貴自當通方礼以親榮在管恒理宣非奉上之道

休泰必同膝下之恩親愛先及伏惟舅寵居嚴位到崇斑寶富貴於

當令先尊業於前代居得言之地攘至要之途九族同欣皆馮於聲

明六親咸賴仰沐於恩波莫不摧生其毛羽談薦長其價自推

未品泰在甥姪早母更燕者婆也須言婆鞣撫育之且不殊骨肉之愛自

痛無福家禍遂纏愛在孤遺載迳慈春愛同諸子礼越常流遂得

教訓成人榮名從官舅又曲乘顧念且甚庭闈渭陽之情實多欣戴穢

以庸薄叨累周行自委實昭式班名果殺經今二十三載而竟未一遷仰望

僑流莫不皆居顯位旋觀時輩派以再應班獎獨此人空嗟笛滯雖命

途乖舛良我甚然親貴盈朝豈忘提辭所以仰瞻遺惠不乖於踈徵

藥降慈流有憐於孤賤伏顧曇士犯取慹之春特垂矜憫小子

使得宦及明交寵以親榮私門載昌幽賴豈不幸甚無任企

仰之至謹奉碣不宣謹再拜　　士言章碣　　子昂碣一昨荼承顯命

垂素挹文祖奉恩榮心魂若驚幸甚甚　十昂淘薄鍾在賤不旦論輕重

三音太宰斯亶安可萬美梨之味狀別　車薄使固弁於高賢力

齋名論俳優長為童子之群無望壯夫之列當宣圖曲豪家榮辝影奉德音

以小人之淺才承令君之嘉惠宣之天奉之慈伏惟君侯星雲誕秀金火間

成衣冠礼樂範儀朝野致明於堯舜皇換九諧當畫壽於周衡中階叶

泰非夫聰明博達體竅知樞如之其之令方當拔後賞儻使拾遺補闕

坐開黃閤高視赤松然後興襆輯蕤龍比叨論德宣從蕭曹魏鄶眉之

區之電報昂實細人過蒙見過顧循徽薄何敢祗奉謹當畢力竭誠榮鶩

磨鈍期効忠報德奉知已以周旋文章小能何旦觀者不任感荷之至　衡

陳氏別傳

　陳子昂字伯玉梓州射洪人也世本居潁川世祖方慶源墨翟

秘書隱於武東山子孫曰家焉必考豪埈父元敬瑰瑋附僅年廿以真茨慷慨

聞屬鄉人阻飢一朝散万鍾之粟而不求報於是遠近歸之若龜龍之赴　淵

世以朝経權莱授文林郎曰寃覽墳籍穩居家園以求其志餔地骨練靈

膏卅餘年子昂奇傑過人姿狀岳立始以豪家　豪子馳俠使二氣至十七八未知

書當從博徒入鄉學慨然立志曰謝託門客專精典籍數年之間経史

百家罔不該覽尤善屬文雅有相如子雲之風骨初為詩函人主遍見而

驚驚曰此子必為文章宗吳年廿妒東入咸京遊太學應試舉公都邑

廉然由是為遠近所籍以進士對策高莱屬唐宗大帝崩于洛陽

麋然由是為遠近所藉以進士對策高弟屬唐宗大帝崩于洛陽

宮靈轜西歸子昂乃獻書闕下時豊上炎后居攝覽其書而壮之召

見問狀偉復宣援然言王霸大略君臣之際甚慷慨上壮言而未深知

世乃勅日擇州人陳子昂地漸英業詞尊瞬瞱拜辭素臾字時治事傳

陳右衛冑書上數呂問政事言多切直書奏輒罷之以繼毋憂解服闕拜

補寫其書而肆閒蒼哙諷相屬乃至轉相賀聲華飛馳遠逐焉秩滿隨常

右拾遺子昂晚愛黃老言老就味易象往往精詞在職默然不樂私有挂

冠意屬軒丹以營州叛達安鄉王做宜親物我律臺閣英炒署在軍

麈特勅子昂叅謀帷幕軍北漢陽前軍王孝傑等相次淪沒三軍震

帽子昂進諫曰主上應天愼人百螢向化軒丹小醜敢謀亂常天意將宣

東北之隅以賀中國也大王以王光老懿氣略邁世受律膺堂帶人問罪

精甲百万以臨蘆門運陵之舍馳隴小之馬積向方之甲發山西之雄傾天下以

事一隅此猶擧太山而麈卵達鏡破竹之勢也然而張玄遇王孝傑等不謹

師律稷首虜產由此長寢威而殆戰士夫寢威長則難尽爭鋒戰士殆則

無以制敵令敗軍之後天下側目草野聽國政令大王沖謙退讓法制不

申之毎事同前何以統衆前如兒戲後如見戲宣後者賊所輕六生天下姦雄

計然可行若不聽必無功矣須共成功報國可欲送身誤國鄒伏乞審

聽請盡至忠之言亡軍須先此量智愚衆寡怯彊弱部授將率

士牢之勢然可合戰求利以長攻短今皆同前未量又不簡練暗駈烏合

敗後怯兵欲討賊何由取勝僕愚夫稚言不可況對賊膝氣十陷未可

當也且統衆御軒須有法制親信若單獨一身則朱亥金椎有竊發之勢

不可不畏人有貟琬琰行放途必被賊勁者為延重人愛之今全為有

半天下兵豈直琬琰而已天下利器不可一失即後有聖智之力雜為功

也故顏王於此决筞非小讓況戲可乎若此不用忠言則至前機已失

常欲奮身以荅國士自此官近侍又參預軍謀不可見危而惜身苟容他日

又進諫言切基達安謝絕之乃署以軍書乎昂知不合目箝默下臾但薰

嘗書記而已目登薊北樓感昔樂生燕昭之事賦詩數首乃泫然流涕

而歌曰前不見古人後不見來者有念天地之悠悠獨愴然而涕下時人莫之

和也及軍敗以父老表乞罷職堦侍天子優之聽帶官取急而堆送於射

堂書記而已目登薊北樓感昔樂生燕昭之事賦詩數首乃法此二流涕

而歌曰前不見古人後不見來者念天地之悠悠獨愴然而涕下時人莫之

知也及軍敗父老表乞罷職歸侍天子優之聽帶官東急而歸遂放於射

洪西山撫棄字數十間種樹棄藥以卷國嘗恨國史蕪雜乃自漢孝武之

後以迄于唐為後史記調紀相立筆削未終鍊文林府君憂其筆中廢

子昂性至孝篤喪毀氣息裁屬本縣令段簡聞其家

有財乃附會文法以將害之子昂荒懼使人納錢廿萬而簡意未之數

就吏子昂素羸疾又妻喪枕不能起外迫奇政自度氣力不全命令蓍自

筮卦成仰而驚曰天命不祐吾其死矣於是遂絕年卅二子昂有天下大

名而不以矜人剛腸疾惡而未嘗悟物好施輕財而不求報性不飲酒至

於墊情會理无然而醉工為文而不好作其言措意在王霸大略而已暗

不知也尤重交友汝之趙貞固鳳閣舍人陸餘慶嚴

中御史畢搆王无競亳州長史房融右史崔泰之虞士太原郭龍龜徵

文人論將傷機化与造物遊遭家難亡之荆州君曹梘里馬縣曰

擇皆従父友王適權見陳君欲外我幼齡夷榆開之俊君籌其

謀戎戈累年不接晤語聖歷初君瑤亭巤山有挂冠之志字懷俊

蓮兹歡其幽林清泉醉歌鈆詠周覽所記徴徧岐峨字旋末裘陳子

將化悲夫言抱道宜真者然若訟之義迩陵心許而彼已正天姜斯文我恨何

及君故人盧藏用集其遺文為之序傳識者稱其實錄鳴呼陳君不

已矣遂作贊曰

岐山尊江回薄方里浩汗頹落東汪滄海靈覺氤氳上薄紫霄其瓖

延所育則生異人於戲林可蕪濟訌而不信行通神明困於庸豎子曰

道之將喪也命矣夫

故陳子昂集拾卷 合戊一卷

P.3590v （總圖） （一）

P.3590v （總圖） （二）

P.3590v （總圖） （三）

P.3590v　　（總圖）　　（四）

P.3590v　　（總圖）　　（五）

P.3590 pièce 1　　武周某年七月三日南陽縣開國公陰仁協寫經題記

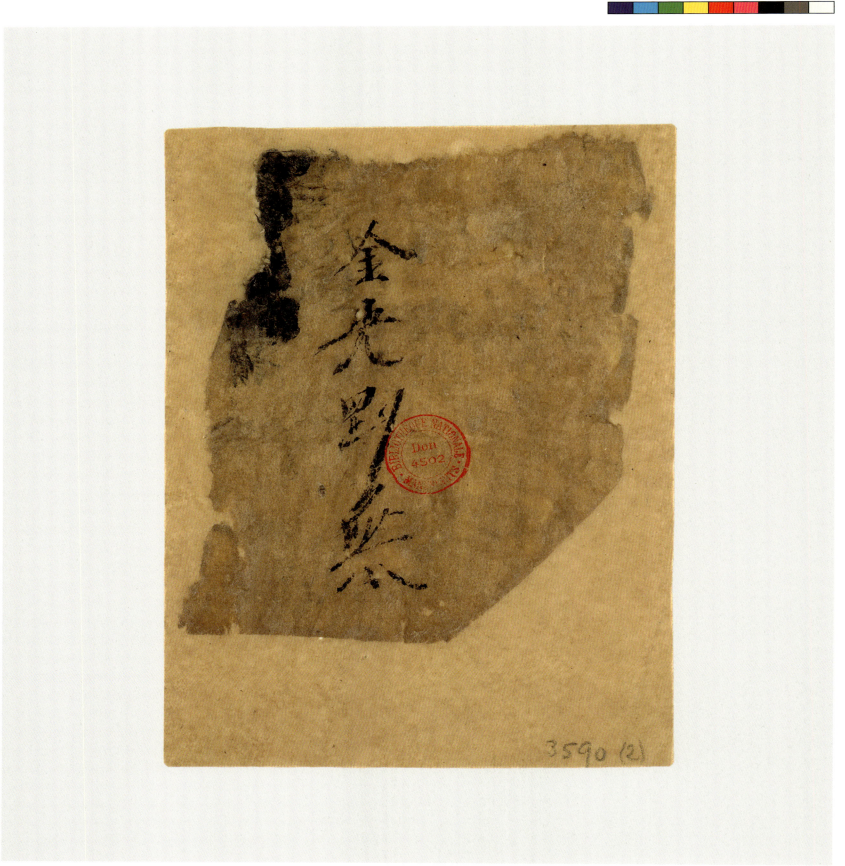

P.3590 pièce 2　　雜寫

P.3590 pièce 2v　　武周某年七月三日南陽縣開國公陰仁協寫經題記

Pelliot chinois 3591

洞山和尚神劍歌

異我神劍實希奇　自古扎人得者稀
在重為言　　　　輝破曲　陳孤髮　心瞻芳定神姿六
賊既因惠前拂八万塵勞猶目揮稀
邪徒瓜妖蕤生界魔雲含心過三尺
塵源遂渾澤豈知神劍不隨流他人
望劍對開　永本他瀾浪徒遊　桃奇
靈馳赴碧潭名　　光噴寒月　愚之
俱物命我之有辜救生靈君子得
之雜彼　小人宿者傾生他家不用
我家劍時向高上早晚平消知神
劍弘難此柵魔然兮定生死展即
周遊法界門汲門還峰一座　　不
雲起
異者將此劍鎮乾坤四塞終無陳
逢斯劍男　　鼎如之人難成

青剉到和尚誡後學節
出家本　生死却被无明驅使不能親
近上流又不自家決志忽然无常到來臨
時如何復幾自言我是沙門合消人間信
施不曾一念相護只是求財求利貪色
如蠅見血虫　入髓僧中道人我穀
夏破戒无慚无愧又憂毀他道人自
已振　屎然目絍籹輕重飲酒直須待
犯戒　慳貪不　積臭飲食住
醉哈哈為多劫貪心直至如今末止不智
用如何尚　為无明縱恣將何酬報四恩三
也遺帶類自家　毋抛　口是徒也冒貴
人天　日業　身利如野之　奉福逍遍

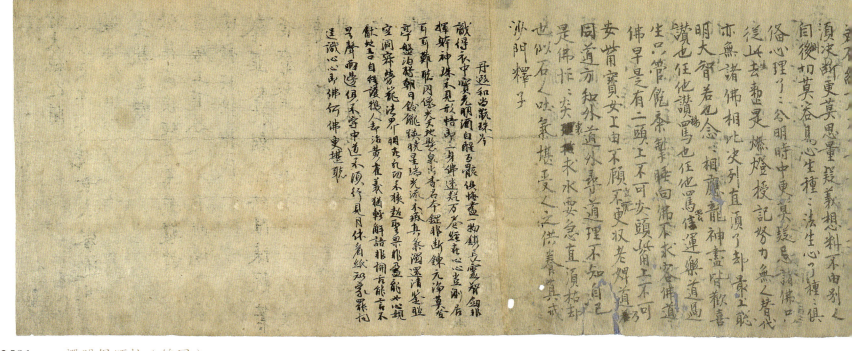

P.3591　禪門偈頌抄（總圖）

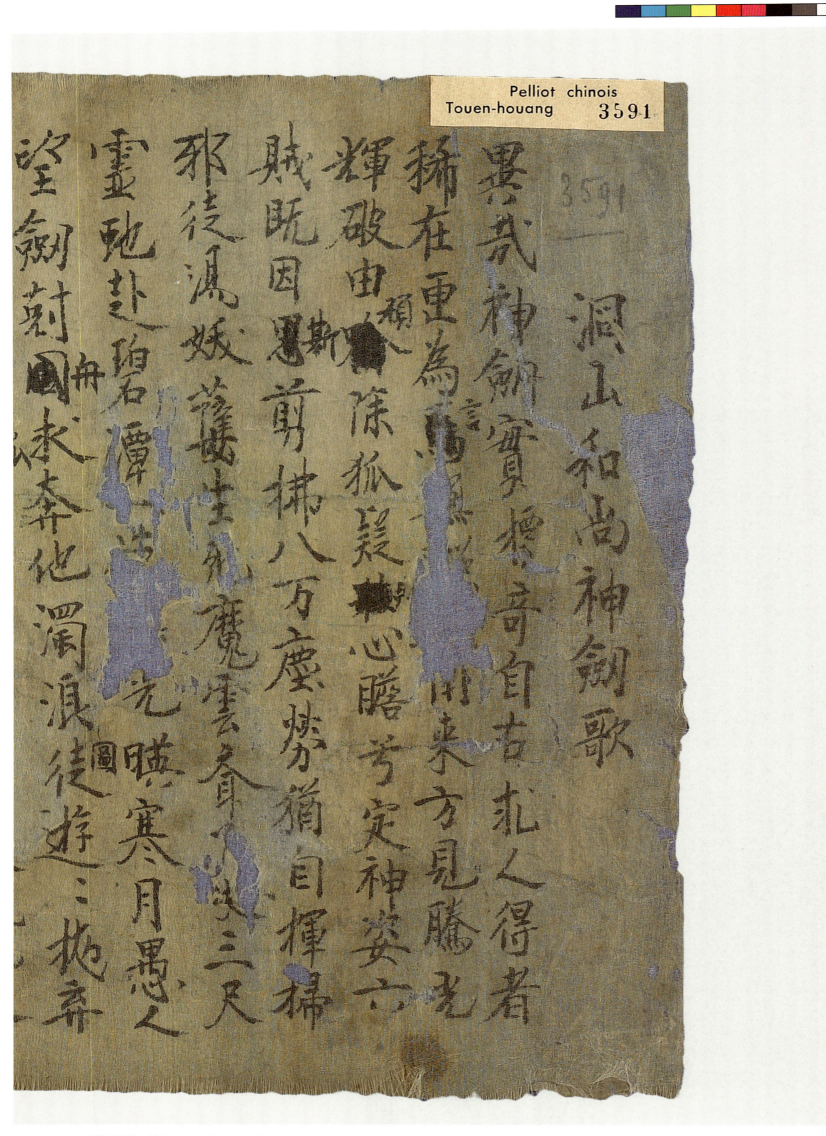

洞山和尚神劍歌

異哉神劍實奇摧高自古非人得者
稀在更為口言口口口川来方見瞻光
輝破由斯口頓陳孤髮口心瞻考定神姿六
賊既因愚前拂八万塵勞猶自揮掃
邪徒憑妖孽士生魔雲負口口三尺
靈馳赴碧君壇口口光暎寒月愚人
望劍對國口承本奉他瀾浪徒遊三拖弄

法國國家圖書館藏敦煌文獻

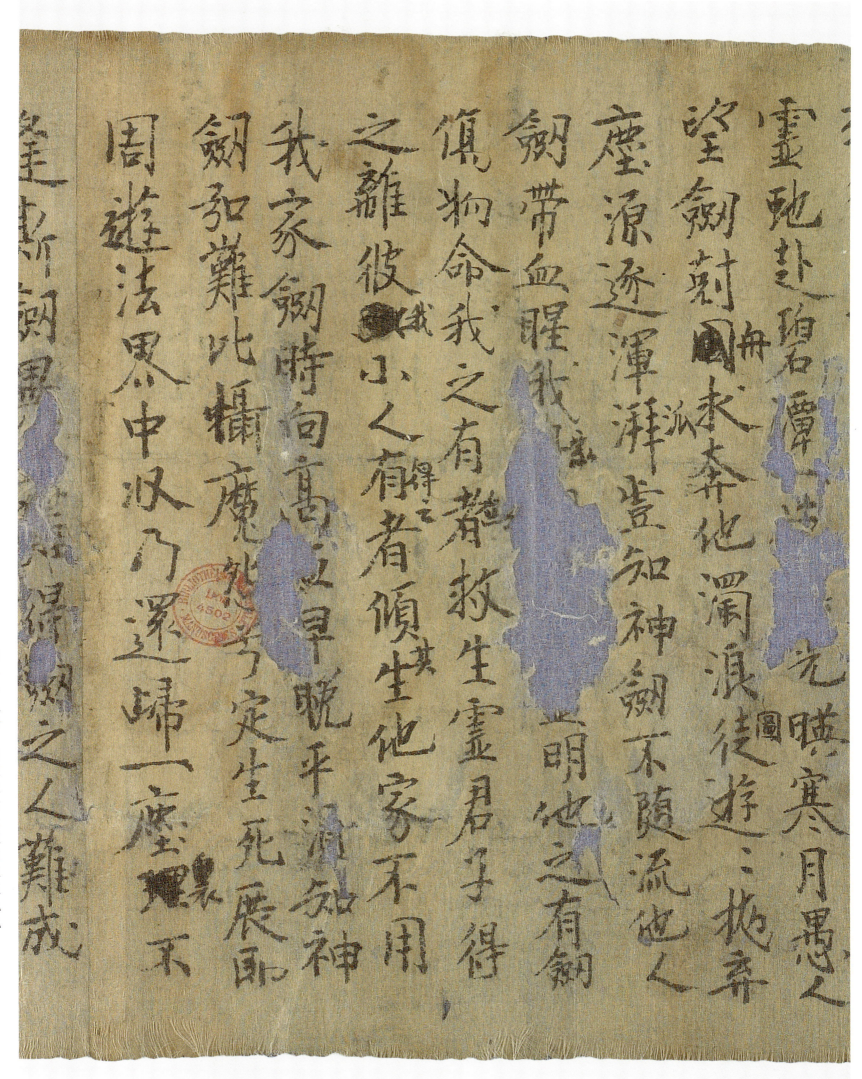

靈馳扑琉石潭一逆　　光瞑寒月愚人

空劍對圖求奉他澗浪徒遊三拖奔

座源逐渾湃壹知神劍不隨流他人

劍帶血瞑我　　　明他之有劍

愄狗命我之有魁救生靈君子得

之雜彼　小人有者傾生他家不用

我家劍時向高　早晚平源知神

劍弘難比欋魔　定坐死辰即

圄遊法思中欣門遠歸一座　不

筆斷　網　　得　網之人難成

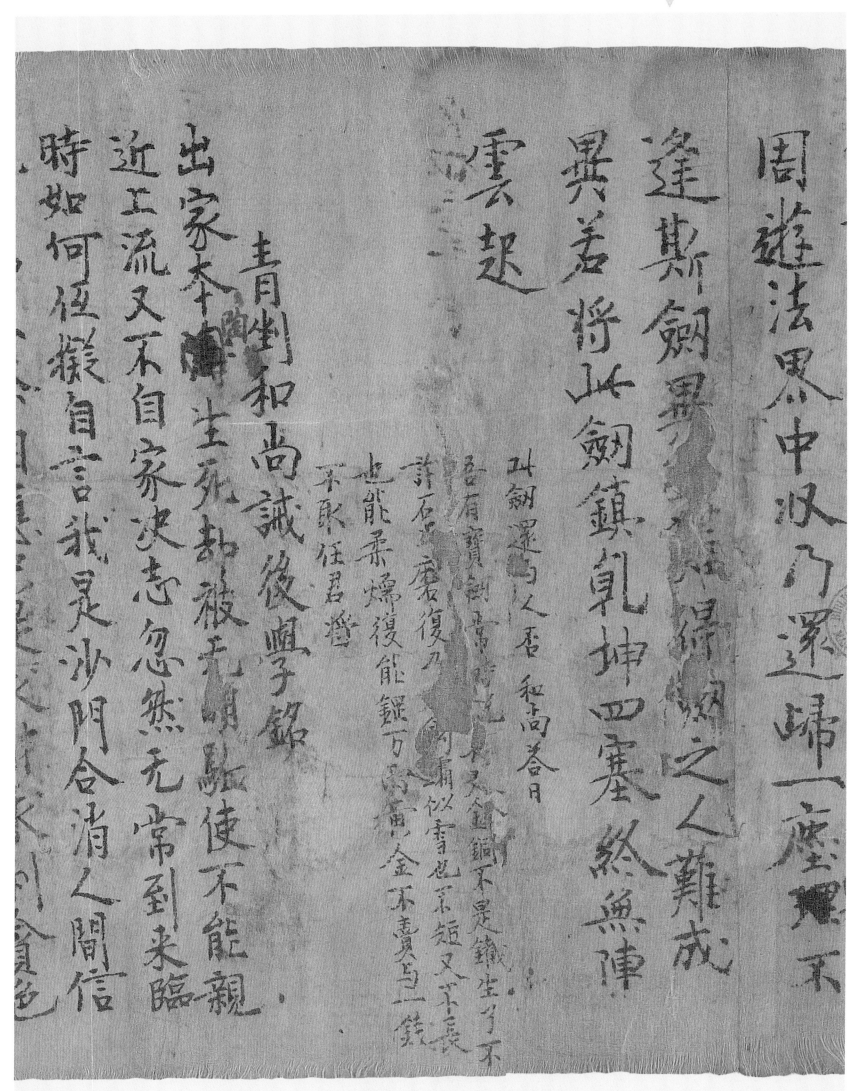

周遊法界中以門還歸一座□不

逢斯劍罷□□□得綱之人難成

羅若將此劍鎮乾坤四塞終無陳

雲趣

此劍還為以吾 和尚答曰

吾有寶劍曾□□□□□□□銅不是鐵生乎不

許石□磨復乃□□□□似雪□□□短又不長

此能柔軟復能鋸□□□□人金不賣與一錢

不取任君豎

青劑和尚誡後學字銘

出家本□□□士死劫被无明驅使不能親

近工流又不自家決志忽然无常到來臨

時如何任擬自言我是沙門合消人間信

近上流又不自家決志忽然无常到来臨
時如何㘞擬自言我是沙門合消人間信
施不曾一念相應只是来貯求利貪色
如瑠瓈血委慈入骨入髓僧中道我毅
夏破戒無慙無愧又委覰他道人自
已掁迯振屎然日經疏輕薄貪食往
犯餓鬼喫飲不論损毀飲酒直須待
醉咭為多劫貪心直至如今未止不知曰
用如何口為无明縱恣將何酬報四恩三爻
也遣帶類自家父毋抛却只是徒他當貴
永劫流輪自受却到如斯之地奉勸速須
迴光可惜沙門獼疑惑心便是破戒動

永劫流輪自受劫到如斯之地奉勸速須

迴光奇惜沙門顛位疑心便是破戒動

念早己魔魅如何新言私貪盛於清淨

濟貪罪不如無事安然世間要更無有比

若有纖塵在心業報大難迸避猛雜總

自徊初莫容易心生種三法生心了種三俱

須決斷更莫思量髮義想料一不由別人

俗心理了三公明時中更莫髮怠諸佛口

從此去懃灵燃燈授記努力無人替代

亦無諸佛相此決列直頂了却最上聰

明大智若也念三相應龍神盡此時歡喜

讚也任他讚頌四馬也任他四馬儻運樂道遇

明大智若也念□相應龍神盡時歡喜

讚也任他讚頌罵馬也任他罵過

生只管龍來□手睡向佛不求容佛道

佛早是有二頭上不可尖頭甚上不可

安甫實女工由不顧不更汉若焊道

同道方知外道外尋道理不知自己

是佛怀二炎運寶未永要急真頊括却

也似石人吹氣堪與人之供養真戒

沙門釋子

丹霄和尚骯珠吟

識得衣中寶无明酒自醒多散俱悔盡一物鎮長靈智□□□居

丹霞和尚翫珠吟

識得衣中寶元明洞自醒多歲俱徘畫一物鎮長靈智鑒眠

揮轉神珠未見形悟卽二身佛迷猶万劫...心豈渾居

豆可難聪因儼失天地髮泉此香君本鎚非斷鍊元淨莫容

亭盤泊梧朝日鈴瓏映曉星瑞光流水藏真氣溜還清鑒瑩

空洞宛勞籠法界明香凡河禾揀趙聖果非盡龍如心觀

歡地吾自得護鶴人寺活黄雀義猶輕解語非開吾能言不

昏聲兩邊俱不守中道行見月休看紙邠家羅籠

迷識心心卽佛何佛更堪歌

臻大德近間
清風更不具時景未審近日
寢味何如仰料
靈扶必安
法德前後經過軍鎮獲請
貴房上下數人莫不叩撓感激
常懷於果抱依
攀延暇於朝昏無限悚慙筆
吞廉菲鑒今司小子禹府謹

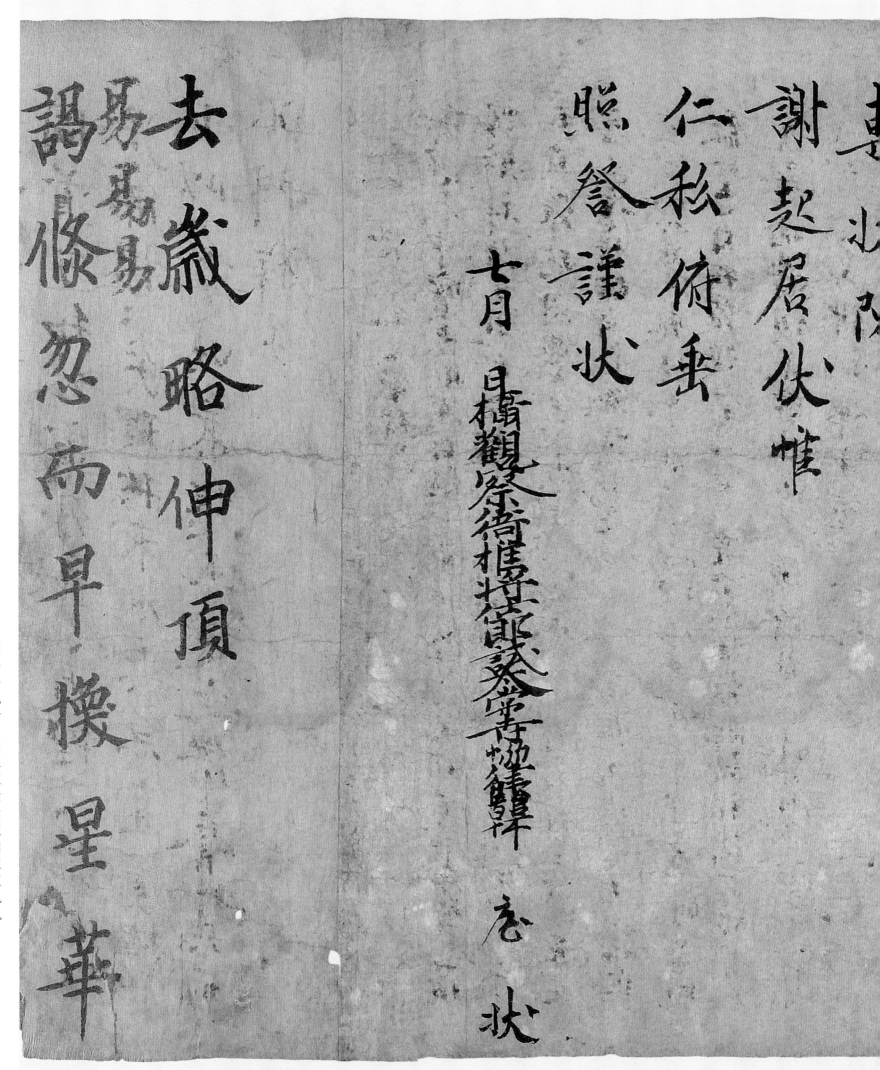

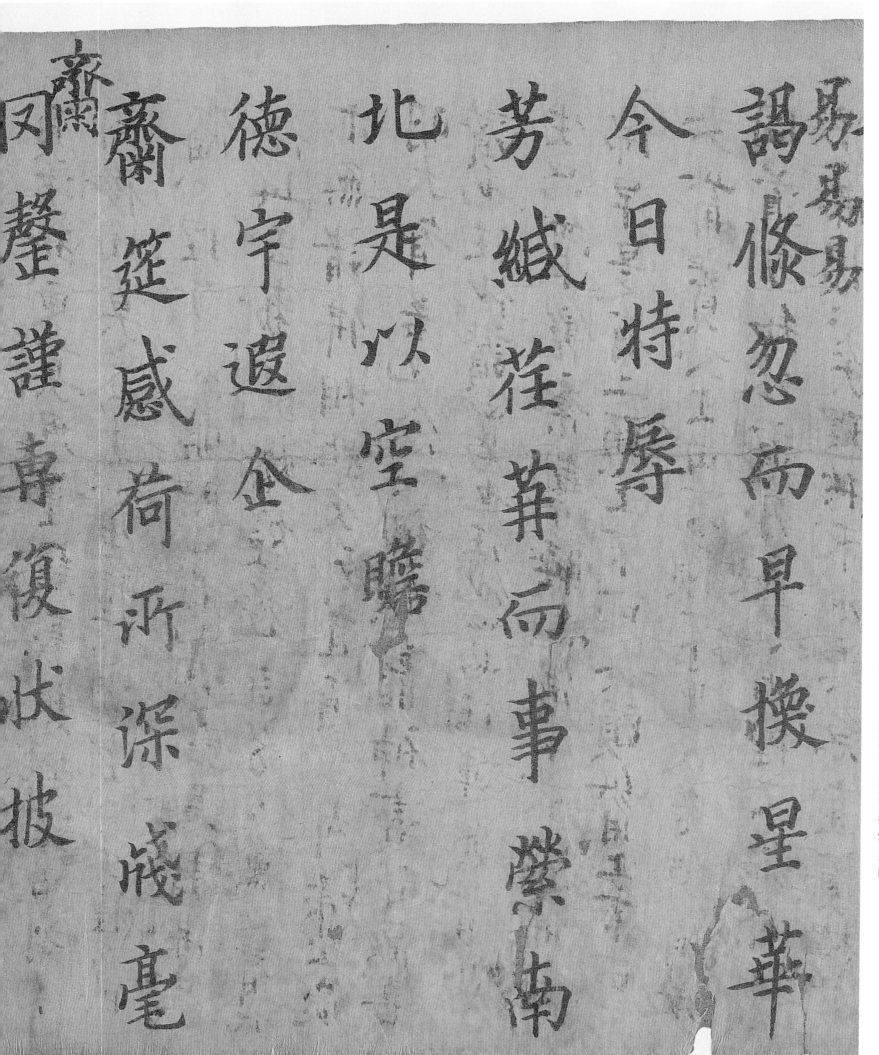

謁倏忽而早換星華

今日特辱

芳緘荏苒而事榮南

北是以空瞻

德宇遐企

齋筵感荷所深戰毫

冈聲謹專復狀披

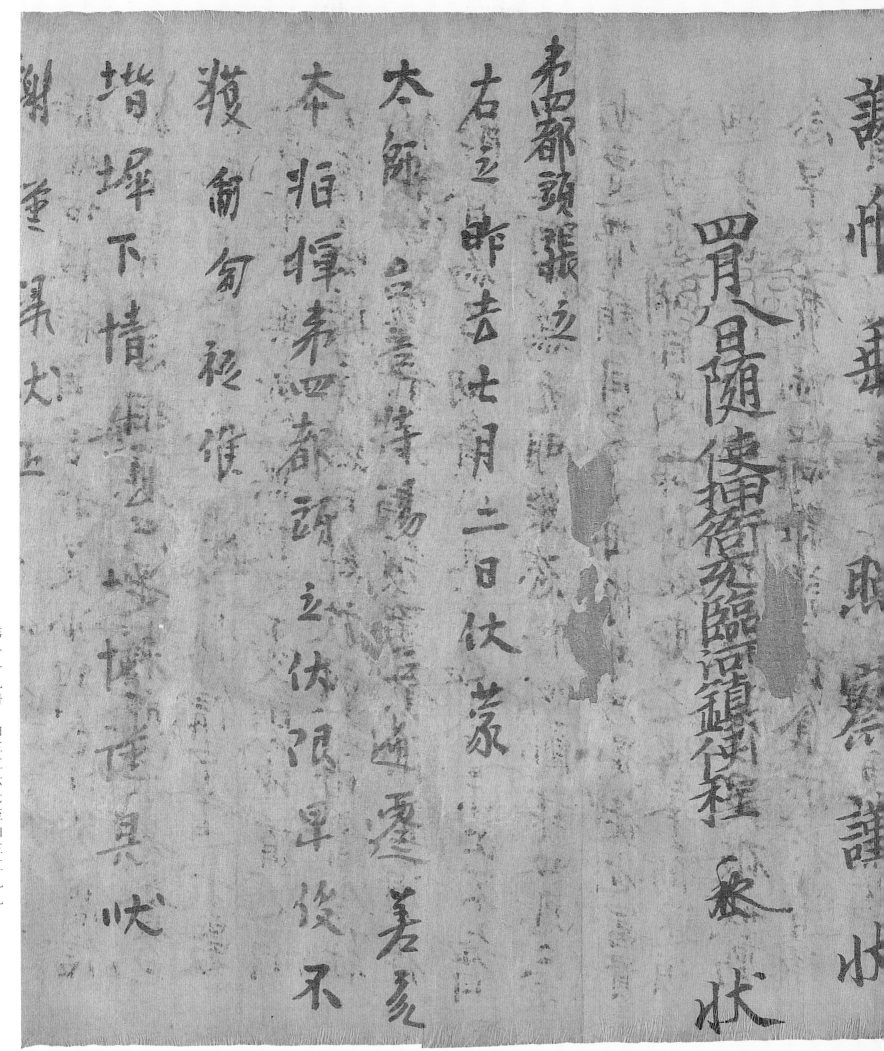

P.3591v　　2. 某年四月八日隨使押衙充臨河鎮使程極（？）狀　　3. 後晉天福八年（943）八月第四都頭張立狀
（4—2）

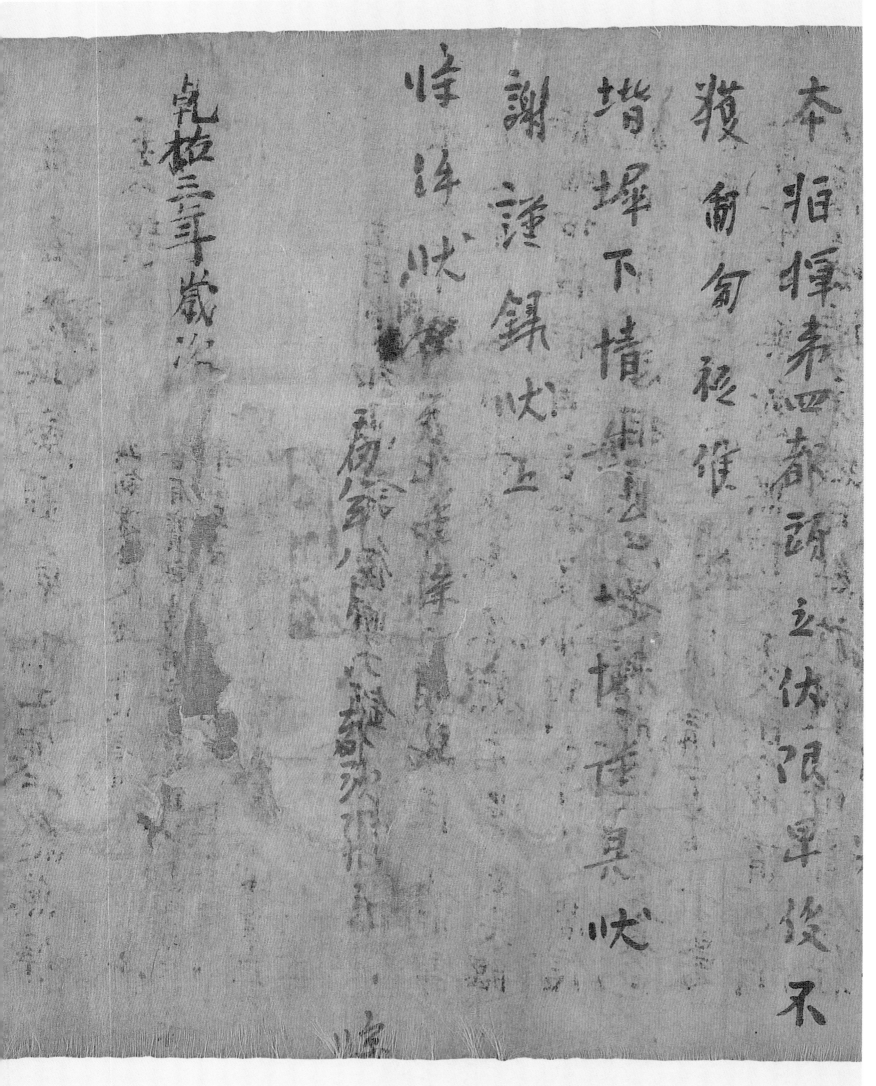

本拒揮来四都頭立伏限軍役不

赦甬旬祗徒

皆埠下情□□□埠進具状

謝蓮錄状五

恃詳状

乾祐三年歲次

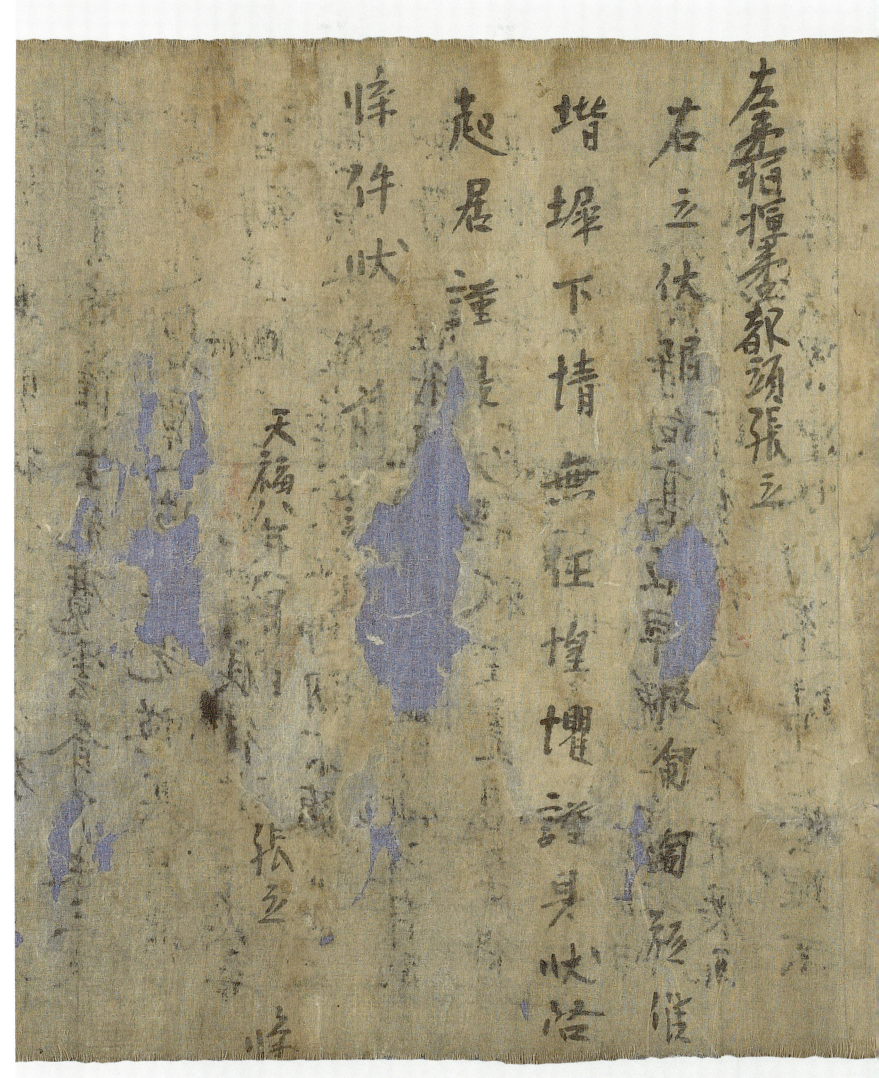

P.3591v　　3. 後晉天福八年（943）八月第四都頭張立狀　　4. 後晉天福八年（943）八月左第一指揮第四都頭張立
　　　　　　起居狀　　　　（4—3）

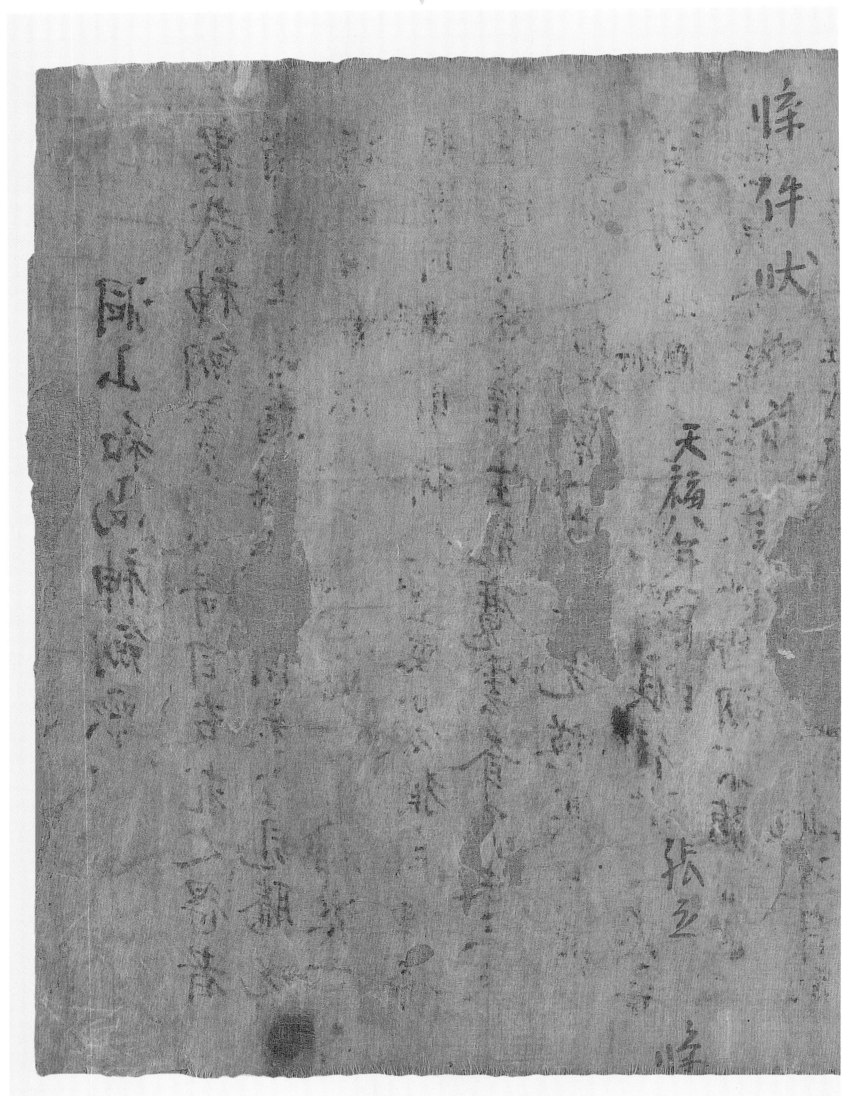

P.3591v　　4. 後晉天福八年（943）八月左第一指揮第四都頭張立起居狀　　（4—4）

Pelliot chinois 3592

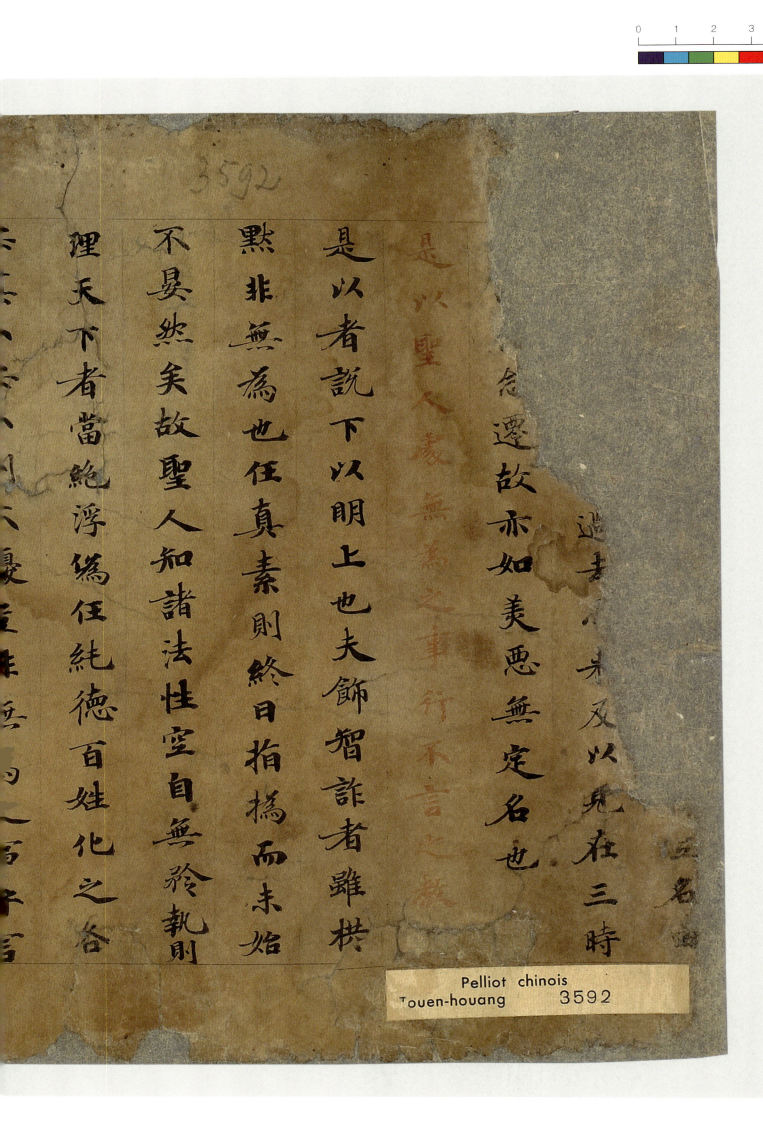

理天下者當絶浮僞任純德百姓化之各

不晏然矢故聖人知諸法性空自無於執則

黙非無爲也任真素則終日拍撟而未始

是以者説下以明上也夫飾智詐者雖拱

是以聖人蒙無爲之事行不言之教

念遷故亦如美惡無定名也

遊去未及以兄在三時

名

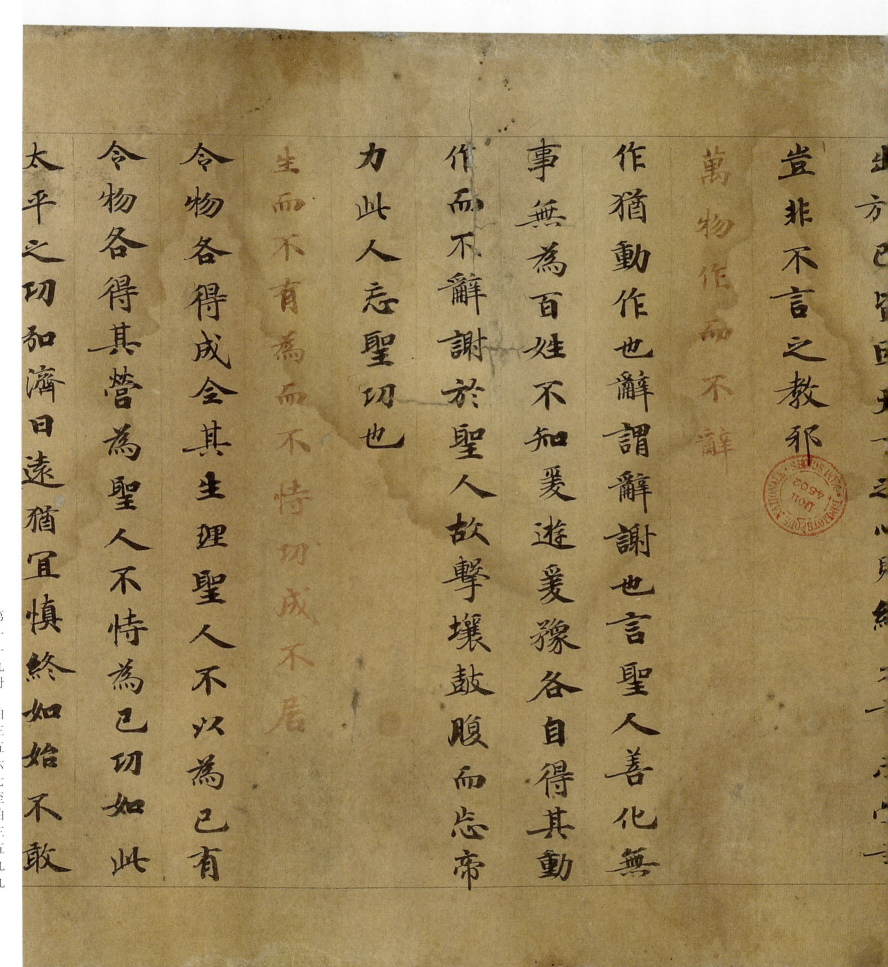

太平之功和濟日遠猶宜慎終如始不敢

令物各得其營為聖人不恃為已功如此

令物各得成全其生理聖人不以為已有

生而不育為而不恃功成不居

力此人忘聖功也

作而不辭謝於聖人故擊壤鼓腹而忘帝

事無為百姓不知羨遊羨豫各自得其動

作猶動作也辭謝謂辭謝也言聖人善化無

萬物作而不辭

豈非不言之教邪

令物各得其營為聖人不恃為已切如此

太平之切加濟日遠猶宜慎終如始不敢

寧居此聖人自忘其切也注云曰慎一日尚

書文也

夫唯不居是以不去

彼聖人者稠直如駭慎終如始本末不襄末

嘗寧居而逸豫是以日新其盛德忘切而

切不去光宅而天下安故云夫唯不居是以

不去

尚不行無為則至理首標不尚絕於徇之迹

次云聖理示立教之方結以無為明化成

而復撲也

不尚賢使民不爭

尚崇貴也賢才能也言人君崇貴才能則有

迹飾為者徇迹而尖真尖必尚賢之由徇

迹起交爭之獎不若陶之玄化任以無為使

雲自從龍風常隨武則唐虞在上不之元

凱之臣伊呂昇朝自得台衡之望各當其

分人無覷覩則不爭也

雲自得龍風常隨武則唐虞在上不之元

凱之臣伊吕昇朝自得台衡之望各當其

不貴難得之貨使民不為盜

分人無覬覦則不爭也

人之受生所稟有分則所稟材器是身貨

實分外妄求求不可得故云難得夫不安

性分希慕聰明且失天真盡成私盜令

使賢愚襲性能否用情既無越分之求自

輕難得之貨皆得性已誰為益乎故莊子

日不仁之人竊性命之情而饕富貴又解

古人人昌不貴朱美寶同刘其文青爭文

布慕聰明是見可欲欲心興動非亂而何今

既不崇貴賢能亦不妄求越分則不見可

欲之事而心不惑亂也

是以聖人之治

訖聖人理國理身以為教本夫理國者復

何為于但理身介故虛心實腹絕欲忘知

於為無為則無不理矣

虛其心

於為無為則無不理矣

虛其心

夫俊心逐境則塵事汩昏靜慮會真則情

欲不作情欲不作則心虛莊子曰虛室生

白謂心虛則純白獨生也故曰虛其心

實其腹

腹者含受足則不貪欲使道德內充不生貪

愛故云實其腹注之屬猒而止者春秋閔没

汝覓諫魏武子詞也欲以小人之腹為君子

之心屬猒則足而不貪也

皆守柔弱故知心虛則志弱矣

強其骨

骨者體之榦既其道德内充常無貪取不

貪則腹之實之自骨強矣

常使已無知無欲

聖人所以行虛心實腹之教者常欲使百姓

無爭尚之知貪求之欲令其自化介

使夫知者不敢爲也

夫無知無欲者已清淨矣則使夫有知者

斷絕尊比不敢爲徇近貪求而無爲也

夫無知無欲者已清淨矣則使夫有知者

漸陶淳化不敢為伯迹貪求而無為也

為無為則無不治矣

夫得其性而為之雖為而無為也且絕尚賢

之迹不求難得之貨人因本分物必全真於

為無為復何矜伯化既無馨而無臭人故

不識而不知淳風大行誰云不理

道沖章第四

前章明貴尚不行無為則至理此章明妙

之先欲令盡加歸趣尒

道沖而用之或不盈說於似萬物之宗

沖虛也謂道以沖虛為用也夫和氣沖虛

故為道用用生萬物物被其切論切則物

挫其光大語沖則道曾不盈淵而妙本深

靜常為萬物之宗云或似者道非有法故

不匹言尒他皆放此

挫其銳解其紛

挫柳山也銳銛利也解釋散也紛多擾也沖

挫柳山也銳銛利也解釋散也紛多擾也沖

挫柳止也銑銛利也解釋散也紛多擾也沖

虛之用物莫之遠故銑銛利之心多擾之事念

道沖和自柳止釋散矣此則約人以明道用

注云俗學求復者莊子繕性篇云滑欲於

欲俗學以求復其初言銑銛紛擾因欲而生

故念道則挫解俗學則弥紛矣

道之沖用於物不遺在光則與光為一在塵

和其光同其塵湛子似故存

則與塵為一無乎不在所在常無沖用

刂丁昆光塵妙本利甚然不雜故云以或

吾不知其誰子爲帝之先

吾者老君自稱象似也老君云吾見至道

沖用生成具物尋責所以不測由來既無父

道之人故莫知道爲誰子生物必資道故

似在于帝先泩云帝者生物之主者易云

帝出于震輔嗣云帝者生物之主興蓋之

宗也又解云地見曰象言此生物之帝㒵

地見物象故謂之象帝㒰

天地不仁章第五

前章明妙本沖用在用而無爲此章明熏愛

第一一九册　伯三五六七至伯三五九九

P.3592　　御製道德真經疏　　（16—6）

·281·

天地不仁章第五

前章明妙本沖用而無為此章明無愛

成私偏私則難普首標芻狗萬物亦天地之

無悲次喻臺篇同窮明用虛而不撓結以多

言繫屈欲令必守中和

天地不仁以萬物為芻狗聖人不仁以

百姓為芻狗

仁者無愛之目世爾草也謂結草為狗以用

祭祀也莊子師金謂顏回曰夫芻狗之未陳

卬人文蕭及其之束刖練者取而爨之今天

吠守之切不以生成為仁恩故云不仁也則

聖人在宥天下視彼百姓亦當如此今注云

獎盖之恩者禮記孔子云獎盖不棄為埋

狗也不獨親其親者禮運文也

天地之間其猶橐籥于虛而不屈動而愈出

橐鞴也謂以皮為橐鼓風以吹火也籥笛

也言天地能爾狗萬物者為其間空虛故

生成無私而不責望亦猶橐之鼓風笛之

運吹常應求者於我無情故能虛之而不屈

P.3592　御製道德真經疏　（16—7）

生成無私而不責望亦猶橐籥之鼓風笛之

運吹常應求者於我無情故能虛之而不屈

橈動之愈出聲氣以況人君虛心玄默淳化

均一則無屈橈日用不知動而愈出也

多言數窮不如守中

多言者多有薰愛之言也多有薰愛之言而

行則難遍故數窮屈不遂是知不如忘懷虛

應抱守中和則自然皆足矣注云不州者訓

咨也謂空有其言而行不訓咨也

谷神不死章第六

虛而應其應即不窮首標谷神寄神用以

明道次云玄牝辯玄切之毋物結以縣縣徵

妙亦虛應則不勤勞也

谷神不死是謂玄牝

谷神者明谷之應聲如道之應物有感即應其

應如神神者不測之名死以休息為義不測之

應未嘗休息故云谷神不死玄深也牝毋也

谷神之應深妙難名萬物由其茂養故云

是謂玄牝

玄牝也明是謂天地根

谷神之應海妙難名萬物由其茂養故云

是謂玄牝

玄牝門是謂天地根

玄牝之用有感必應應物由出故謂之門

天地有形之大者尔不得玄牝之用則將

分裂發洩故資禀得一以為根本故云是

謂天地根根本也

縣縣若存用之不勤

縣縣者微妙不絶之意虛牝之用應物無

私微妙則稱為若存無私故用不勤倦

天地無私無私故長久首則標天地以為喻

次則舉聖人以轉明結以無私成私將欲勸

勤此行

天長地久

此標章門也天以氣象故稱長地以形寶

故久

天地所以能長且久者以其不自生

故能長生

前標門此假問云天地所以能長且久者以

前標門此假問云天地所以能長且久者以

其覆載萬物長育群材而皆資稟於妙

本不自矜其生成之功用以是之故故長能

生物又解云不自生者言天地但生養萬

物不自饒益其生故能長生

是以聖人後其身而身先外其身而身存

是以聖人勁天地之覆載也均養而無私

故推先與人百姓欣賴為下所仰故身先

也不自矜貴而外薄其身天下歸仁則無

畏若攻身存也

天地所以長久聖人所以先存者非以其無

自私之心故能成此長久先存之私乎

上善若水章第八

前章明天地無私生成則長久此章明至人

善行柔弱故無尤首標若水亦三能之近道

次云居地書七善之利物結以不爭勸守

柔而全勝也

上善若水

上善者標人也若水者舉喻也至人虛懷於

去無至忘善而善是善之上上善之行如水

上善者標人也若水者舉喻也至人虛懷於

法無住忘善而善是善之上上善之行如水

之能具在下文皆合法喻

水善利萬物又不爭處眾人之所惡

水性甘涼散灑一切被其潤澤蒙利則長

故云善利此一能也天下柔弱莫過於水平

可取法清能鑒人乘流遇坎與之委順在人

所引當不競爭此二能也惡下流眾人恒

趣水則就甲愛濁處惡不辭此三能也

惡亦其含垢此水性之三能唯至人之一貫

其行如此去道不遠故云近尒

居善地

至人所居善能加益如水在地利物則多又

地道用甲水好流下同至人之謙順幾道性

之柔弱故云居善地

心善淵

至人之心善於安静如水之性湛尒泉渟

水静則清明心開則了悟泉深静也故云

水静則清明心閑則了悟泉深靜也故云

心善泉

與善仁

至人和濟常以與人善施之切合乎仁行如

水滋潤無心愛憎故云與善仁

言善信

上善之言言必真實引化允庶善信不欺

如彼泉流豈殊坎陰故云言善信注云行

險而不失其信者周易坎卦之詞也

從正則自理非善而何如彼水性洗滌羣

物令其清净故云善理　　事善能

至人圓明於物無礙凡有運動在事皆通

通則善能是名照了如彼水性决之為川擁　動善時

之為池浮舟涵虛無所不為是善能也

至人之心喻彼虛谷方之鏡像物感斯應如

彼水性春泮冬凝與時消息故云動善時

夫惟不爭故無尤

尤過也至人善行與物無傷虛心曲全末

尤過也至人善行與物無傷虛心曲全未

曾爭競波流頹靡委順若斯既不違迕於

物故無尤過之地矣

持而盈之章第九

前章明至人善行柔弱故無尤此章明凡俗

溺情憍盈故有咎首標持盈揣銳示其難

保次云金玉富貴戒此貪求結以名遂身退

令忩切而不懃

持而盈之不如具已

揣而銳之不可長保

揣量度也銳銛利也凡情滯溺貪求榮利

故揣量前事銛銳欲心鬼瞰人怨坐招狹

各故不可長保也

金玉滿堂莫之能守

假使貪求不已適令金玉滿堂烏既有齒而

焚身雖故畏犧而斷尾且失不貪之寶坐

貽致寇之憂其以賈客豈云能守此覆釋

持盈也

熱身難故畏懼石幾尾上朵不賣之寶坐

貽致寇之憂其以賈者豈云能守此覆釋

持盈也

富貴而憍自遺其咎

遺與也富則人求之故便欺物貴則人下

之故好凌人憍奢至而不期殃咎來而誰

與曰憍雅咎憍自心生故云自遺今此覆

釋楯銳也

切成名遂身退天之道

此舉戒也夫洫則招損謙便受益惟彼天道

道不失盈虛則無憂責矣

載營魄章第十

前章明縱欲溺情憍盈故有各此章明養

神愛氣不雜則無疵營魄已下至滌除戒

修身所以全德愛人已下至明白示德全可以

爲君結以生之畜之表玄功之被物也

載營魄抱一能無離乎

載初也營護也言人受生始化但有虛爲

魄然既生則陽氣亢淪虛魄魄能運動則謂之

載初也營護也言人受生始化征有虛竅

魄然既生則陽氣亢潣虛魄魄能運動則謂之

魂如月之魄照日則光生矣故春秋子產曰

人生始化曰魄既生魄陽日魂言人初載虛

魄當營護陽氣常使亢潣則生全若動用

不恒眠散陽氣則復成虛魄而死滅也莊子

曰近死之心莫使復陽故令營護虛魄使

復陽全生抱守淳一不令滌雜無離身乎

則生全矣此教養神也

專氣致柔能嬰兒乎

其氣中口沙氣也人之愛生中氣

為本若染雜塵境貝沉氣寒散

身故戒令專一沖和使致柔弱能如嬰兒

無所貌著于此教養氣也

滌除玄覽能無疵于

滌洗也除理也玄覽心照也疵病也人之恥

滌為起欲心當須洗滌除理使心照清靜

愛欲不起能令無疵病于此教修心也

愛民治國能無為于

愛民者使之不暴平俊之不傷性理國者

務農而重穀事簡而不煩則人安其生不

心無為也能為之于

愛民者使之不暴平俊之不傷性理國者

務農而重穀事簡而不煩則人安其生不

勞焉仁矣此無為也能為之乎

天門開闔能為雌

修德可以為君為君湏承曆數即天門者

帝王曆數所從出也開謂受命闔謂崩黜

天降寶命以祚有道能守雌柔可享元吉

故云能為雌乎又解云易曰一闔一闢謂

之變言聖人設教應變無常不以雄成而守

雌牡亦如天門開闔虛盧而益謙也

P.3592　　御製道德真經疏　　（16 — 16）

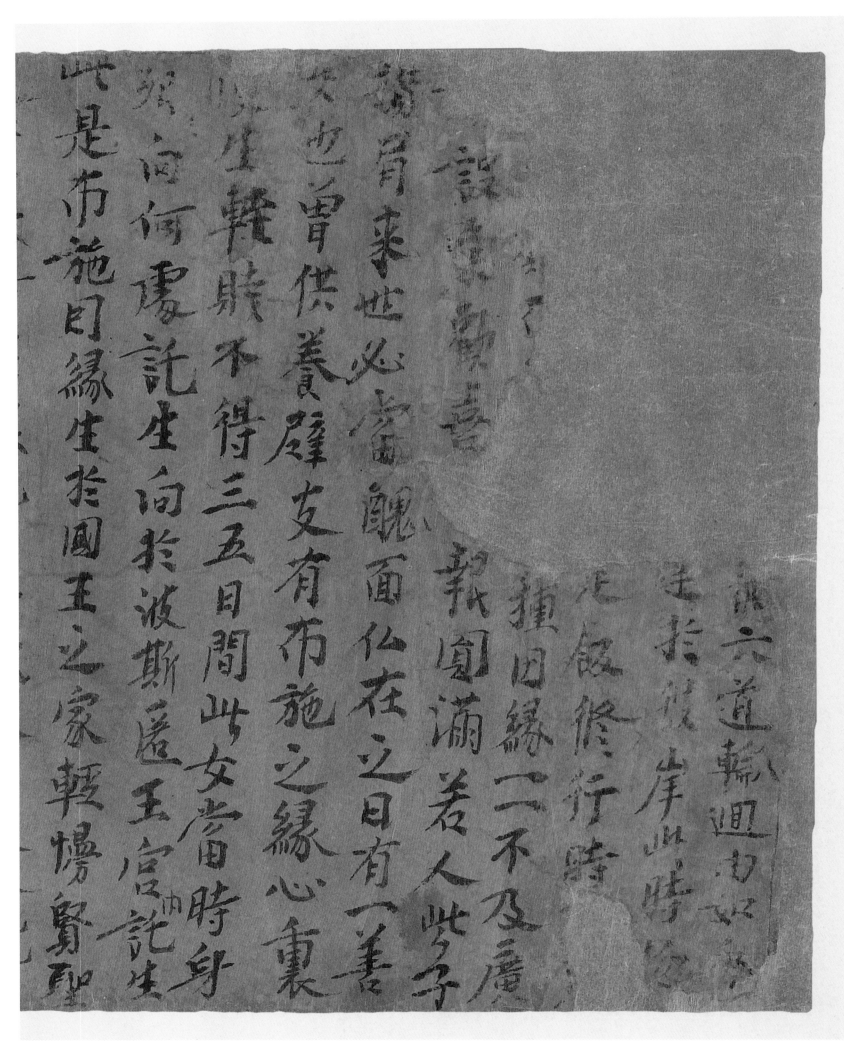

此是布施日緣生於國王之家輕慢賢聖

翠向何處託生向於波斯匿王宮託生

眾生輕賤不得三五日間此女當時身

故也曾供養辟支有布施之緣心裏

髑髏來世必當醜面仏在之日有一善

說懷歡喜

報冤滿若人此子

獨因緣二不及慮

正飯終行時

注於彼岸此時

六道輪迴

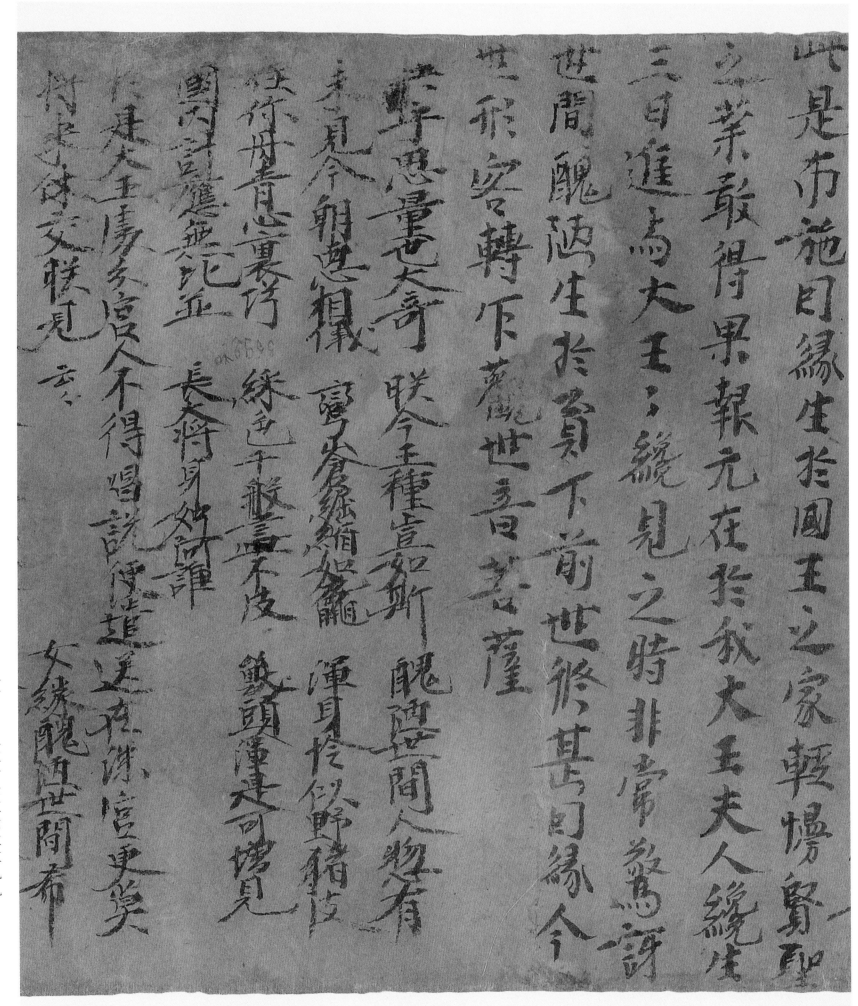

P.3592v　　醜女金剛緣　　（8—2）

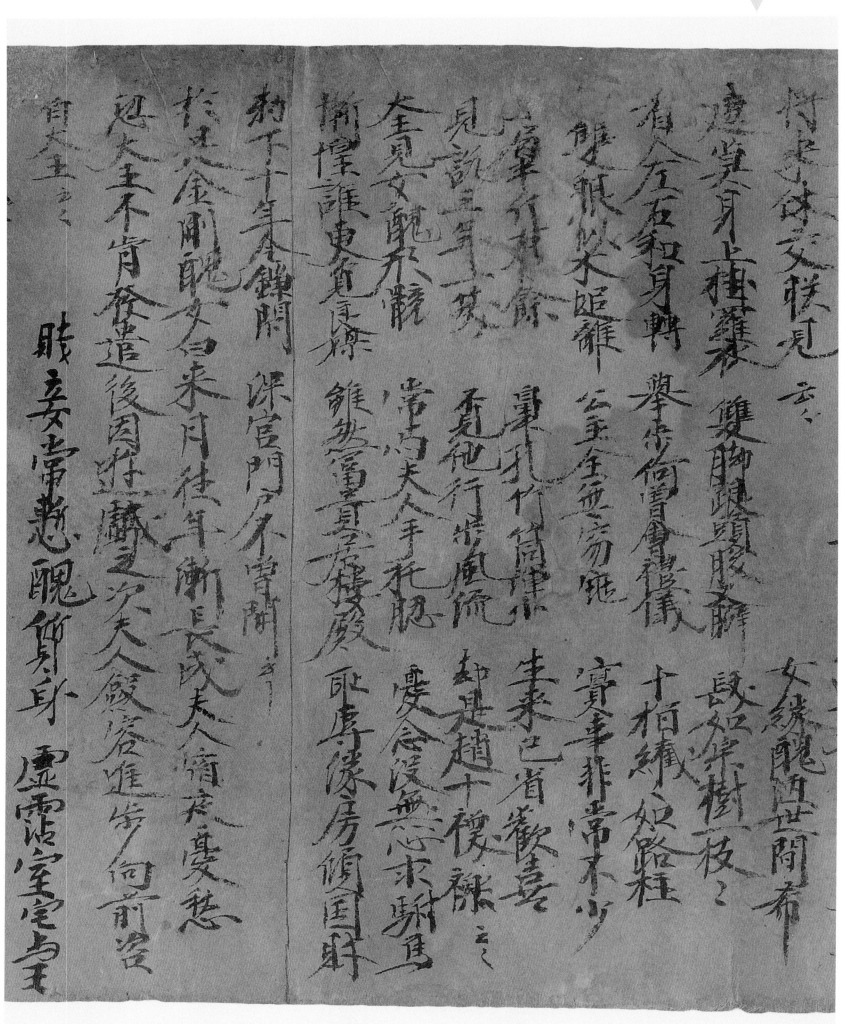

付末依文扶見云々

女緣醜過世間希

邊堂身上插羅衣　雙脚跟頭眼辟

省人左右和身軼　敏如涤樹夜々

醜眼似水姬難　公主全無容飾

六膊行動大餘　舉求何曾會禮儀

見說主宰一交　十相纏如路程

令文魅軆不瓶　實軍車非常床少

覓逸祀行步風流　秦來已省歡喜

常為夫人手托腮　却是趙十模雜云々

雞然富貴多搜殿　憂念沒無忍求騎其

耶虗漆房領固群

蕑懼誰更貴長糧

於王金剛醜文合來　深宮門戶不曾開

約下十生本錘間

毡是金剛醜文合来月往年衡長成夫人瘠衣其憂慈

怨夫王不肯登遷後因㳄夫人餧容進步向前咨

眺妾常愁醜貌見身　虛盡室宅与王

眼妾常慰醜師身　虛靈室室与主

目々眼前多富員　朝々惟是用珠環

宮人侍婢常隨後　使嘆東西是大良

慈悲這身無得解　大王寵念起乾坤

妾今有事須親奏　能王歡喜草生嗔

金鶚醜女年長成　争忍令交不仕人

於是大王量久沉音未容薦言夫人又妾

姊妹三人惣一般　端王醜陋繡日緣

盖是大王親骨肉　欲王一紉賜恩憐

阿令成長居深內　菱遣令交使向前

口宿従頭長為雜　各々従頭龕交畢

向今成長居深內　葭遣令交使向前

小指徙頭長為雜　各～徙頭施咬音

大王見夫人奏勸甫三不兄諮告夫人言

我緣一國立帝王身　養屬由來斷葉因

争那乾中客自印交奴眼見國朝臣

深知是朕親生女　醜作都来不似人

詭着猶皆驚怕　如何祝姝向他問言

夫人道大王若無意發遣妾也不敢看

言有心令遣事人聽妾今朝一討私

地說一宰相貢薄蓉見郎官職金

地說一宰相頁薄蓉覓郎官職金
玉与伊祝妙兒兒虎為夫婦拈是
大王取其夫人之計即詔一員交作良
媒便即私地發遣臣下速赴内廳面
劉天勅處主進言主告臣曰
卿今聽朕語　子細說柔虔　緣是國夫人
有一親生女　天生自不強　以爰且朦眸
為取一覔郎　妙為夫婦云云　平
卿為臣下我為君　今日高量只兩人　惆帳莫遣外人聞
若慕切須晋隱審　蔡芭囪何嬬撒胃育
捐當由不愍無寸藝　　為令云

捐舍田不啻無干藝　蒸圈何婦儀骨賣

萬計事須捐就取　陰此房臥不爭論

於是宰相拜辭出內便即私行坊市街墔

州慮、聞人朝、尋覓後忽絕行街墔

見覓生姓王施問看三當時便上肯領對

內捫尋得皇帝大悅龍顏遂詔宰相

速令引到　皇帝坐相寶殿

宰相曲躬來見　前時奉勅不見人

今日得依王敕　問前有一兒郎

性行不方慈善　出來好哥面毛

只是有些吞矩言　大王聞說喜俳佪

只是有些名妓云 大王聞說喜俳佪

擎上珠簾御帳開 既強聖心重事

也兼皇后樂哈哈 嬪妃婇女令說入

肉盤作作迤邐催 便把布衫裓武面

折攺精身直入來云

王郎簪時見皇帝時道何言語云

於是貧士蒙記 跪拜大王以了

又牟又說寒溫 直下令人失嘆

更道不情無任 得仕丈母阿娘

赵君進布向前 下情不勝恰好

Pelliot chinois 3593

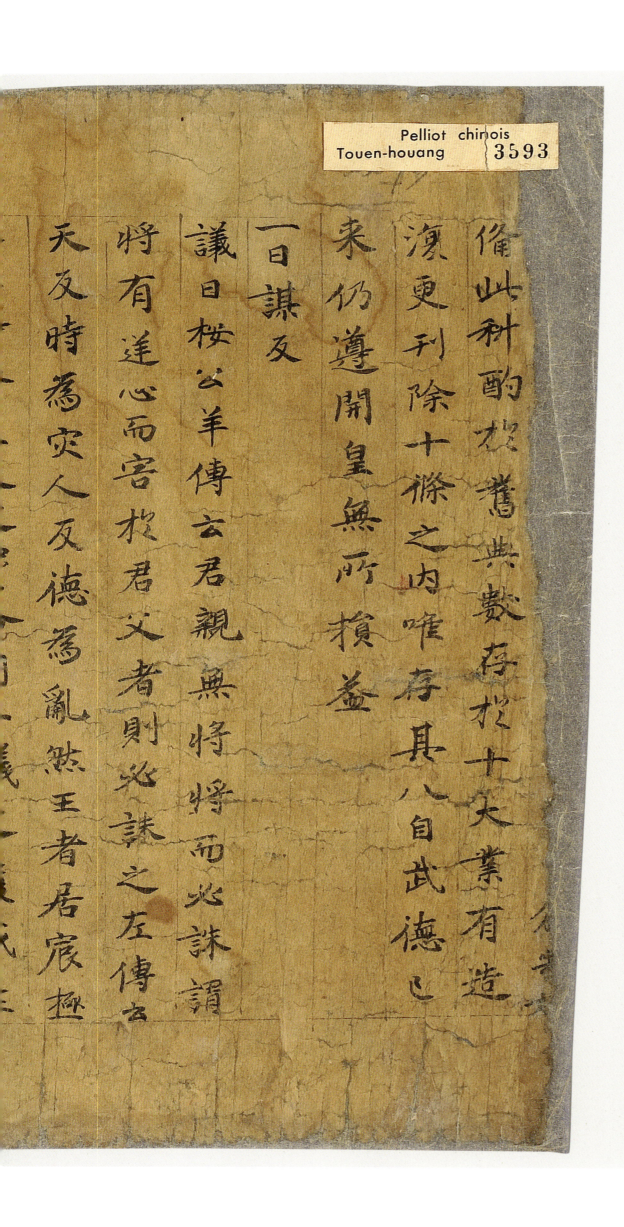

僉此科酌於舊典數存於十大業有造

遞更刊除十餘之内唯存其八自武德已

来仍遵開皇無所損益

一曰謀反

議曰桉公羊傳云君親無將將而必誅謂

將有逆心而害君父者則必誅之左傳云

天反時爲灾人反德爲亂然王者居宸極

反

注玄謂謀危社稷

議曰社為五土之神稷為田正也所以神地

道主司嗇君為神主食乃人天主泰卽神安

神寧卽時稔臣下將畫逆萬而有無君之

心君位若危神將安恃不敢栢斥尊号故

託云社禝周禮玄左祖石社人君所尊也

二曰謀大逆

議曰此條之人干紀杞順違道悖德逆莫

大焉故曰大逆

議曰此徐之人千紀杞順邅道悖德違莫

大焉故曰大遼

注云謂謀毀宗廟山陵及官闕

議曰有人獲罪於天不知紀極潛思釋憾

將當不逞遂起惡心謀毀宗廟山陵及宮闕

宗者尊也廟者貌也刻木為主敬象尊容

置之宮室以時祭享故曰宗廟山陵者古

先帝王因山而葬黃帝葬橋山昂其事也

亥云帝王之葬如山如陵故曰山陵天有紫

徵宮人君則之所居之雾故曰宮其闕者介

雅釋宮玄觀謂之闕郭璞云宮門雙闕也

三曰謀叛注云謂謀背本朝將投蕃國從偽

議曰有人謀背本朝將投蕃國或欲翻城

從偽或欲以地外奔即如莒牟妻以牟夷

來奔公山弗擾以費叛之類

四曰惡逆

議曰父母之恩昊天同極嗣續妣祖承奉

不輕梟鏡其心愛敬同盡五服至親自相屠

殘窮惡盡逆絕弃人理故曰惡逆

注云謂毆及謀殺祖父母父母殺伯叔父

母姑兄姉外祖父母夫夫之祖父母父母

議曰毆謂毆擊謀謂計謀自伯叔以下昂

議曰毆謂毆擊謀

後之昂

注云謂毆及謀殺祖父母父母殺伯叔父

毋姑兄姉外祖父母夫夫之祖父母父母

議曰毆謂毆擊謀謂計謀自伯叔以下即

欄殺訖若謀而未殺自當不睦之條惡逆者

常赦不免決不待時不睦者會赦合原唯此

除名而已以此為別故立制不同其夫之祖父

毋者夫之曾高祖亦同按喪服服為夫曾高

服緦麻若夫承重其妻於曾高祖亦如夫

之父毋服周故知稱夫之祖父母曾高亦同也

問曰外祖父毋及夫欄禮有等數不同具為

示折

荅曰外祖父毋但生毋身有服無服並同外

祖

犯並同凡人

及定婚夫等唯不得違約改嫁自餘相

等三種之夫並同夫法其有剋吉日

依禮有三月廟見有未廟見或就婚

已此既從嫡母而服故嫡母亡之其黨則已夫者

黨服嫡母亡不為之黨服禮之所從亡則

妾子為父後及不為父後者嫡母存為其

繼母之黨服此繼母之黨無服即同凡人又

祖父母若親母死於室為親母之黨服不為

母之黨服即為繼母之黨服此兩黨俱是外

凡人依禮嫡子為父後及不為後者並不為出

及定婚夫等唯不得違約改嫁自餘相

犯並同凡人

五日不道

議曰安忍殘賊背違正道故曰不道

注云謂殺一家非死罪三人支解人

議曰謂一家之中三人被殺俱無死罪

者若三人之內有一人合死及於數家

各殺二人唯合死刑不入十惡或

殺一家三人本條罪不至死亦不

入十惡支解人者謂殺人而支解

亦援本罪合死者

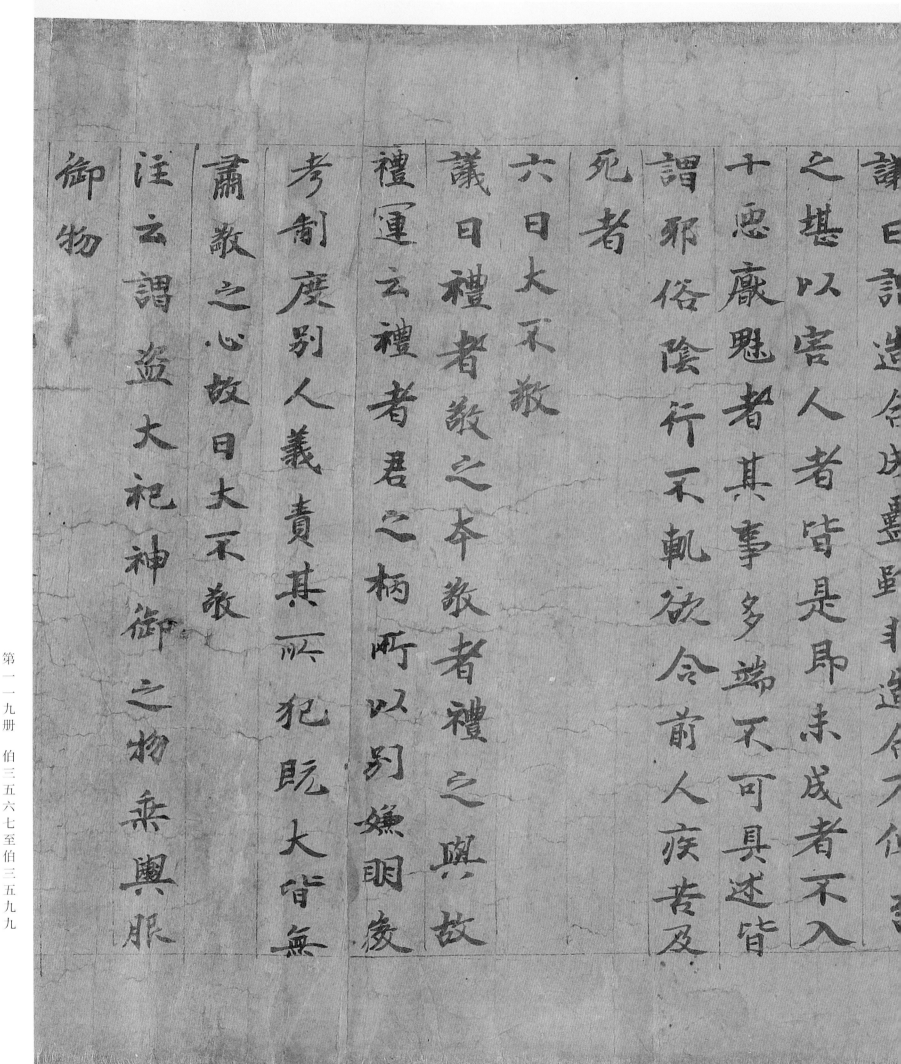

之堪以害人者皆是昂未成者不入

十惡厭魅者其事多端不可具述皆

謂邪俗陰行不軌欲令前人疾苦及

死者

六日大不敬

議日禮者敬之本教者禮之與故

禮運云禮者君之柄所以別嫌明徴

考削度別人義責其所犯既大皆無

肅敬之心故日大不敬

注云謂盜大祀神御之物乘輿服

御物

肅敬之心故曰大不敬

注云謂盜大祀神御之物乘輿服
御物

議曰大祀者依祠令昊天上帝五方
上帝皇地祇神州宗廟等為大祀

職制律又云凡言祀者祭享同若大祭
大享並同大祀神御物者謂神祇所
御之物本條注云謂供神御者惟帳

凡杖亦同造成束供而盜亦是酒醴
饌具及籩豆簠簋之屬在神前而
盜者亦入大不敬天在神而盜者非也

乘輿服御物者謂主上服御之物人

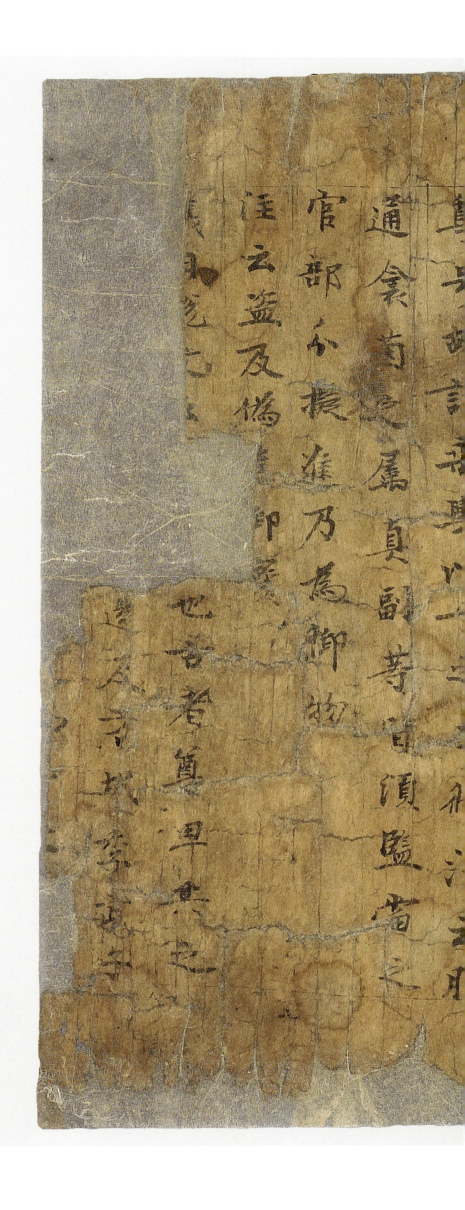

二髮長一丈三尺

生如紺瑠璃色在臉轉卷成細皮在禪頭上三毛旋生

五光入諸光中遍　佛頭皮黃金赤色宝衆光火焰

光十四色中大　佛頭頂胃其色正白如頗梨雪山

不得為辟三念佛　佛脣色紅煩梨有十四脉衆畫具

旦二畫有十四光分明了了於鼻脉中旋生諸光上衝頭乃至

髮際光有十四色圍繞衆髮佛三念　佛髮際如赤真珠色蜿轉下

垂有五千光間錯久明皆向上靡圍繞諸髮從頂上出生諸

祀佛三念佛　如瑠璃廣平正額上諸毛毛皆上靡其毛根下

四如合拳其上書優白天畫佛

佛頭上有八萬四千髮二髮長

六頭門久開毛皆兩靡布旋而

絲頭齊久開毛皆兩靡布旋生

從枕骨出如金蓮華日照開敷釋眾生意 三念佛

佛白毫相長一丈六尺十楞久明如白瑠璃筒中分俱空右旋

踠轉在佛眉間團如三寸如白頗梨珠十方光現影閒眾目如

万億日不可具見於其毛端出五色光明還入毛孔 三念佛

如來於二眉形如初月繞生諸毛稠稀得所眉光兩靡散

入諸髮其色艷紫紺青瑠璃豐翠孔雀色無異額猶如眾

墨比瑠璃光眉下三畫及眼睚中旋生四光青黃赤白上向艷出

入眉骨中出眉毛端佛 三念　如來眼睚眶中上下各五百毛柔軟可愛

如優曇華頭 三念佛　　佛眼青白分明白者白於白寶青者

睩青蓮華上下俱瞬如牛王目目雙齊頭旋出二光如青

蓮華 三念佛　　　佛耳普垂珠瑤相兩耳孔中放生毛毛

蓮華　佛三念

佛耳普垂埵相兩耳孔中放生毛毛

輪郭衆如寶蓮華懸慶日光兩耳內外出生蓮華及耳

孔七毛流出諸光有五百丈丈有五百色　三念佛

類上六畫中万右匝苇有妙光色輝艶倍常如淨金色辟
如來方類車相

如和合百千日月　三念佛
如來鼻高循直如鑄金鋌當于面

門其孔流光上下灌注　三念佛
佛髭鬚如斜斗升形於毛端頭開敷三

光紫紺紅色直復口邊旋頸上照圍繞圍光作三種畫其

畫ゑ明色中上者　佛三念
如來師子欠呿佛張口時如師子王口

方匝蓺苇口兩吻邊流二光其光金色　三念佛
佛脣色紅赤如頻

婆果於上下脣及斷齶間和合出光其光團圓猶如百千

赤真珠貫從佛口出入於佛鼻從佛鼻出入白毫家中復白

家出入者復用於　市菩薩　三念佛
佛口四十二

第一一九册　伯三五六七至伯三五九九

如頗棃碧上下齊平無衆差者其虛閒之畫流出諸光

亦紅白色如是棠色佛在時晄曜人目 三念佛

畫了了分明下斷如優曇鉢華莖色 三念佛

舌出時如赤蓮華上至鬚際遍霞佛面其舌根下及舌兩邊

有二寶珠流洉甘露滴射根上諸天世人十如菩薩無此舌

相亦無此味其舌上五畫五綵分明如寶印文其舌下十脈衆光

流出如此上味入印文中流洉上下入瑠璃筒諸佛笑時動甚舌

根此味力故舌出五光五色分明 三念佛

如金翅鳥眼 佛 三念　佛唯哯如瑠璃筒狀若累蓮華筦筧相重 佛 三念

佛心如紅蓮華金華影飾妙瑤璃筒懸在旬團圜如心開如梁

開合如不合紅華金華金光有八万四千脈猶如天畫二畫中有分

四千光二光明有八万四千色二色中有無量數蓮文已佛二

佛心如紅蓮華金華影飾妙瑠璃筒懸莊嚴匝匝如心開妙葉

開合如不合紅華金光有八方四千脉猶如天畫一（畫中有分

四千光二光明有八方四千色二色中有無量徹塵數化佛二

化佛坐金剛臺其金剛臺放金色光是諸化佛遊佛心間徧

往五道度苦衆生佛（三念）　如來頸㿔圓相三約久明有二光其光萬巳佛（二念）

佛咽唯有三點相久明猶如伊字二點中流出二光佛（二念）　佛㖵益骨兩手兩

旦及頂後七處皆平滿相光明徧照十方世界作虎珀色（三念佛）　佛肘肩如龍

佛兩肩膊圓滿相（二念佛）　如來髀䏶纖圓如鵝王鼻佛（三念）　佛肘肩如龍

王髮跪轉相著篸頭蟠龍不見其跡（三念佛）　佛手千指纖

長毫毛不失其所北二指箭端各有一輪猶見（三念佛）　如來赤銅爪（真念）

八包了了孔明佛千十指端各有萬字相二點間有千輻輪相（三念佛）

佛手合滯掌鮫指不見張睄則見如真珠綱久明可愛（三念佛）

靡如紺瑠流出五光入綱湯中　三念佛

天劫貝三念佛　佛手肉外握三念佛　佛上身與胸脇廣如師子王三念佛

佛手呈承軟如

佛骨德字萬印相中放三摩尼光佛三念　如來腋下平

滿懸生五珠如摩尼珠上程於腋有五百色光明共

相影發佛三念佛腹小宋現相三念佛齊如毗㮹伽寶珠於其

寶華二寶華萬億那由他業二業萬億三念　如來賜助大

齊中有萬億那由他色二色萬億那由他光佛如來賜助大

小正菩跪轉相著三念佛　如來諸骨枝蒿蟠龍相結其間密緻佛三念

如來鈎鎖骨卷舒自在不相妨礙其骨色鮮白如頗剌雪

山不得為辟上有紅光間錯成文炙亦如之皆出金光三念佛

如來馬王藏担身根平滿狀如滿月有金色光猶如日輪佛

佛兩胜周圓漸次而緻佛三念　佛兩膝骨圓著妍佛如來伊

佛兩腨周圓漸次而䏺佛三念　佛兩膝骨圓著妙好佛三念　如來伊

尼鹿王膊相三念佛　如來足根圓長有梵王頂相衆頹不異

各生一華後妙猶如淨國優鉢羅華三念佛　佛兩足踝不見相佛三念

佛足高平相三念佛　佛髀上色如閻浮檀金色毛皆上靡及

身諸毛隨一毛孔一毛旋生柔軟可愛三念佛　佛足指網間如

羅文彩於其文閒衆色玄黃不可具名三念佛　佛足十指纖圓邪

齊赤銅爪於其爪端有五師子口相三念佛　佛脚十指端螺文

相如毗尼羯摩天所畫之印三念佛　如來足下平滿不容一毛佛三念

佛足下千輻輪相轂輞具足魚鱗相次金剛慶相三念佛　佛那羅

延力合以成身結跏趺坐百寶蓮華座三念佛

若欲觀佛圓光者世尊在日若行之時頂光照地前由旬

比丘金…

望之同為金色有人諦觀佛頂光者前行看者見

佛在前後看者見佛在後左邊者見佛在右邊看

者見佛五右八方人來遙見世尊各作是言瞿曇沙門容

金山中遊行自在來向我西如是眾生各各異見此是

頂光相三念佛佛告阿難如來有三十二大人相八十種隨形好金

色光明二光明無量化佛身諸毛孔一初變現及佛巨身

略中說毗者我令為此時會大眾及淨飯王略說相好佛

生人聞亦同人事因人相故說三十二相勝諸天故說八十好為

諸菩薩說八万四千諸妙相好佛實相好我初成道摩伽

陁國寂滅道場為普賢賢首等諸大菩薩於雜華經

已廣分別此尊法中所以略說為諸凡夫及四弟子諸方等

已廣分別此尊法中所以略説為諸凡夫及四弟子謗方等

經作五逆罪犯四重禁偷僧祇物謗此立反破八戒眾作諸

惡事種種耶見如是等人若有能至心一日一夜繫在前

觀佛如來一相好者諸惡罪郭皆悉滅盡是故如來名婆

伽婆名阿羅訶名三藐三佛馱名功德日名智滿月名清

涼池名除罪珠名光明藏名智慧山名惡品河名迷衢

導名耶見燈名破煩惱賊名一切眾生父母名大歸依處

若有歸依佛世尊者若稱名者陰百千劫煩惱重

郭何況正心備念佛之

佛説相好經

清信佛弟子嚴煌郡　司　參軍　馮如珪在住所記之

Bibliothèque nationale de France

Pelliot chinois 3594

Bibliothèque nationale de France

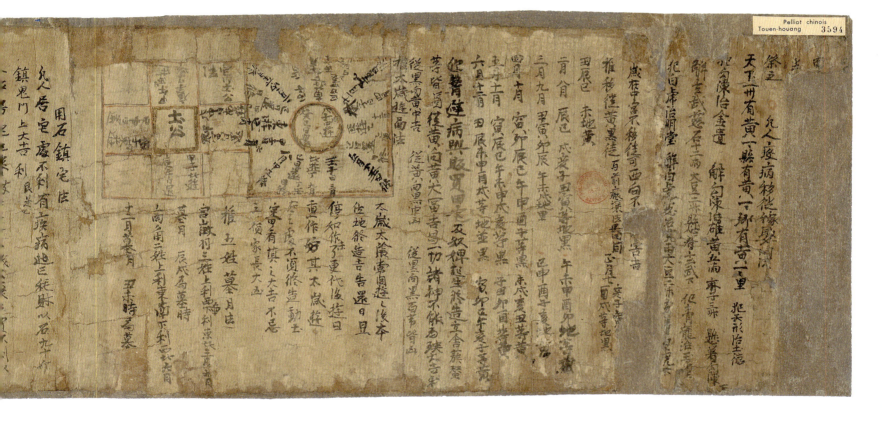

法國國家圖書館藏敦煌文獻

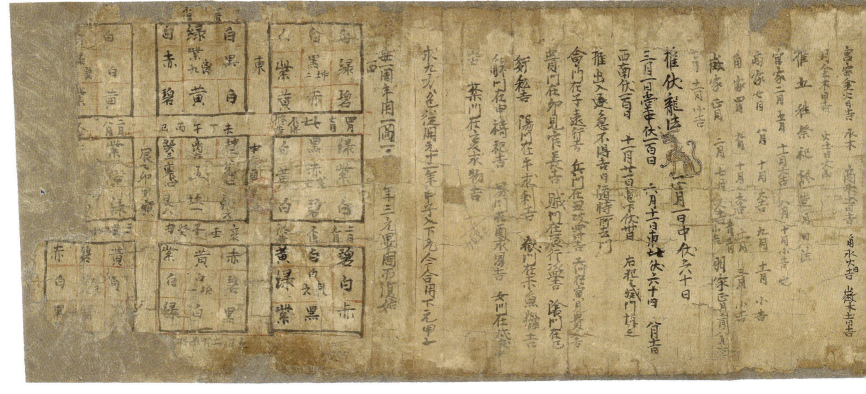

P.3594　宅經（總圖）

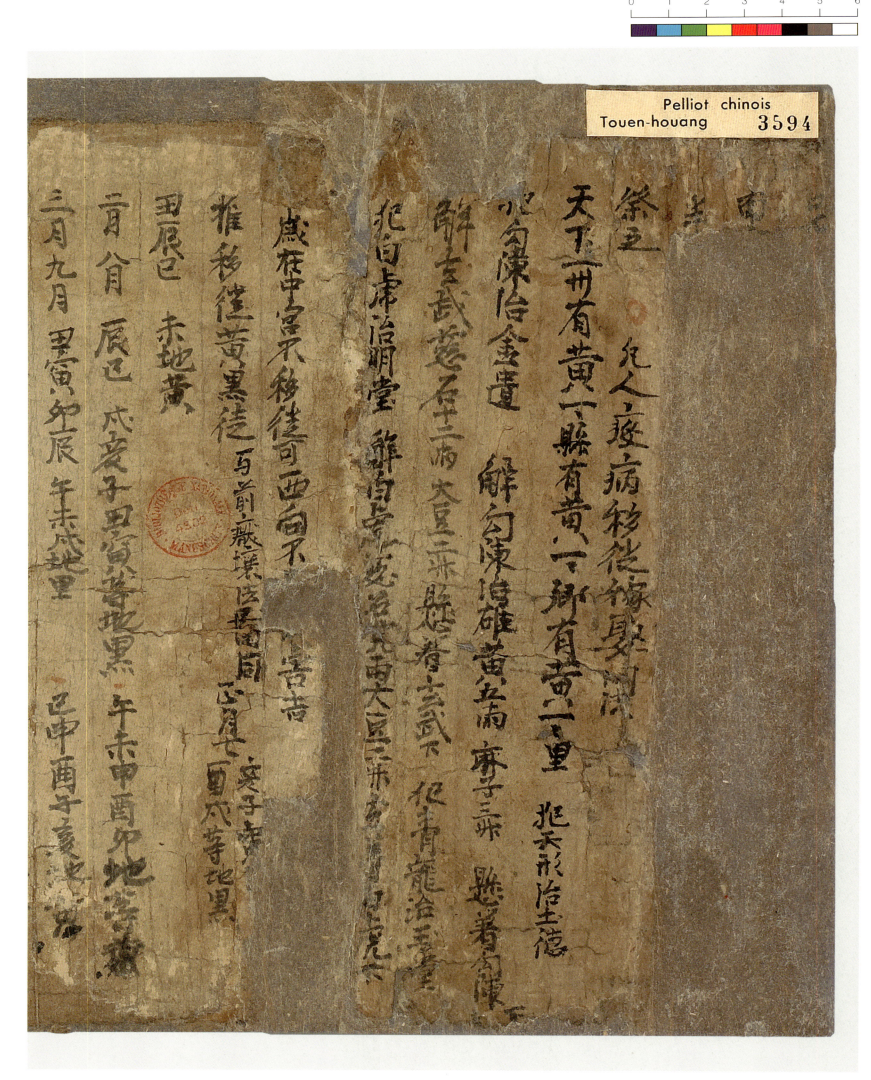

法國國家圖書館藏敦煌文獻

P.3594　宅經　　（7—1）

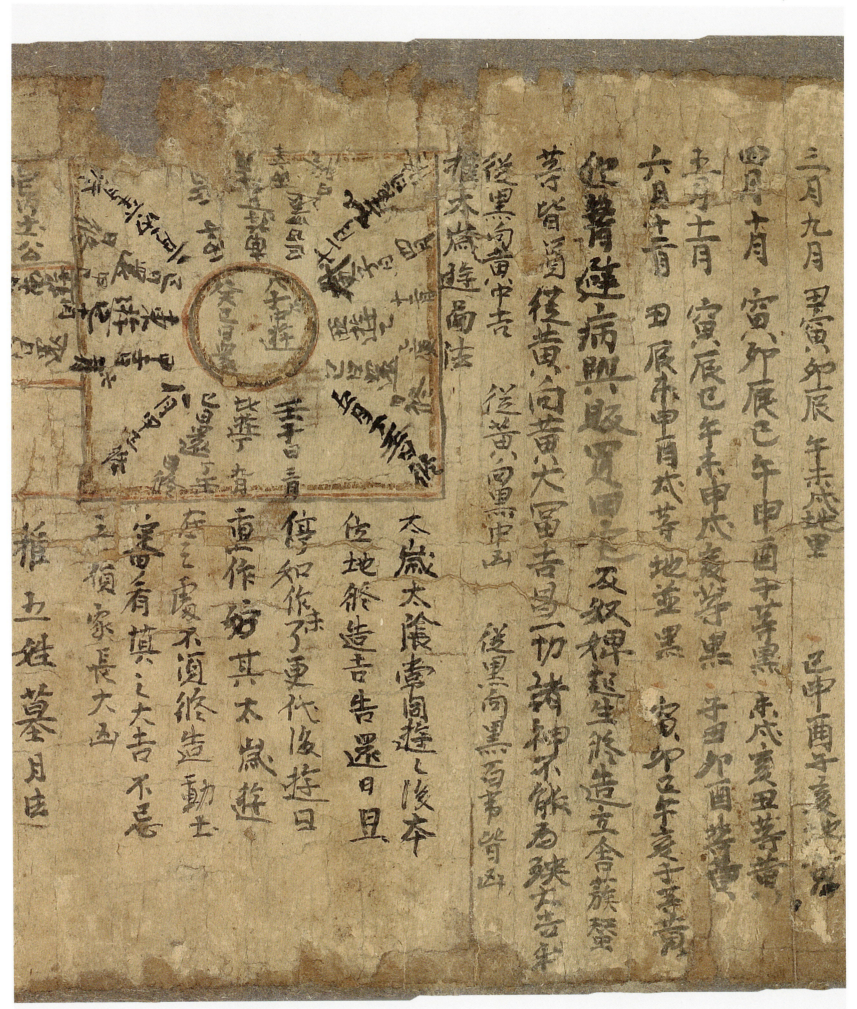

P.3594　　宅經　　（7—2）

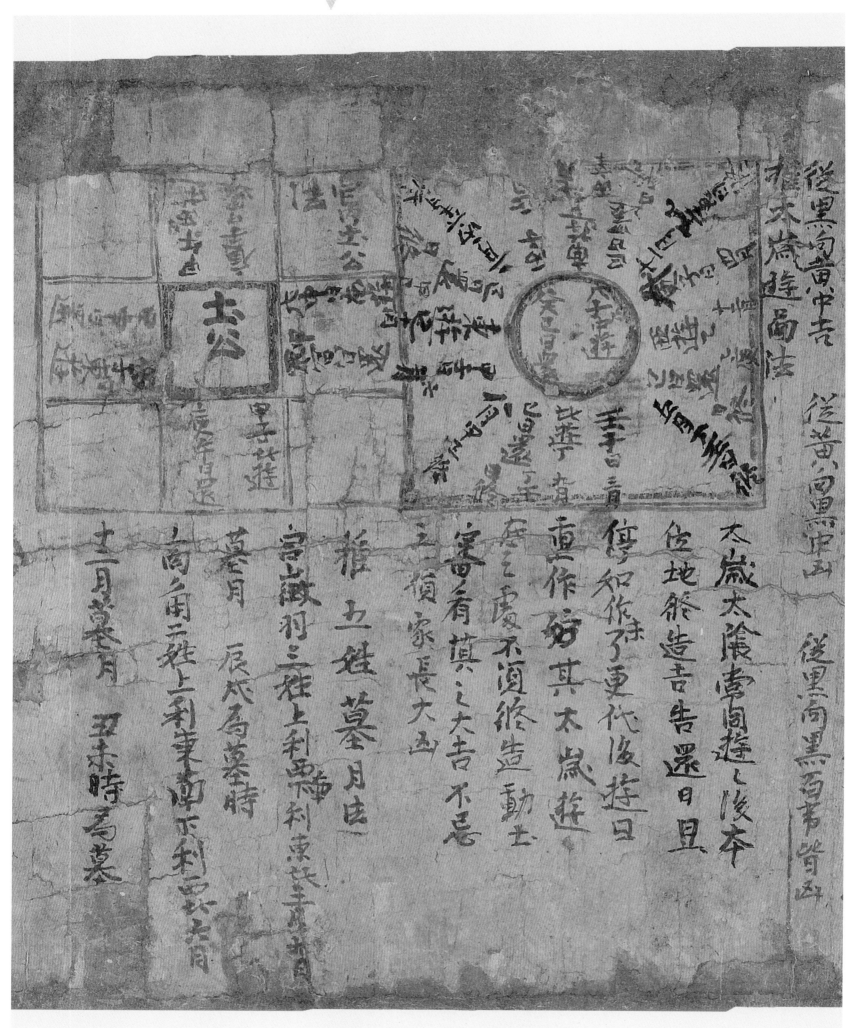

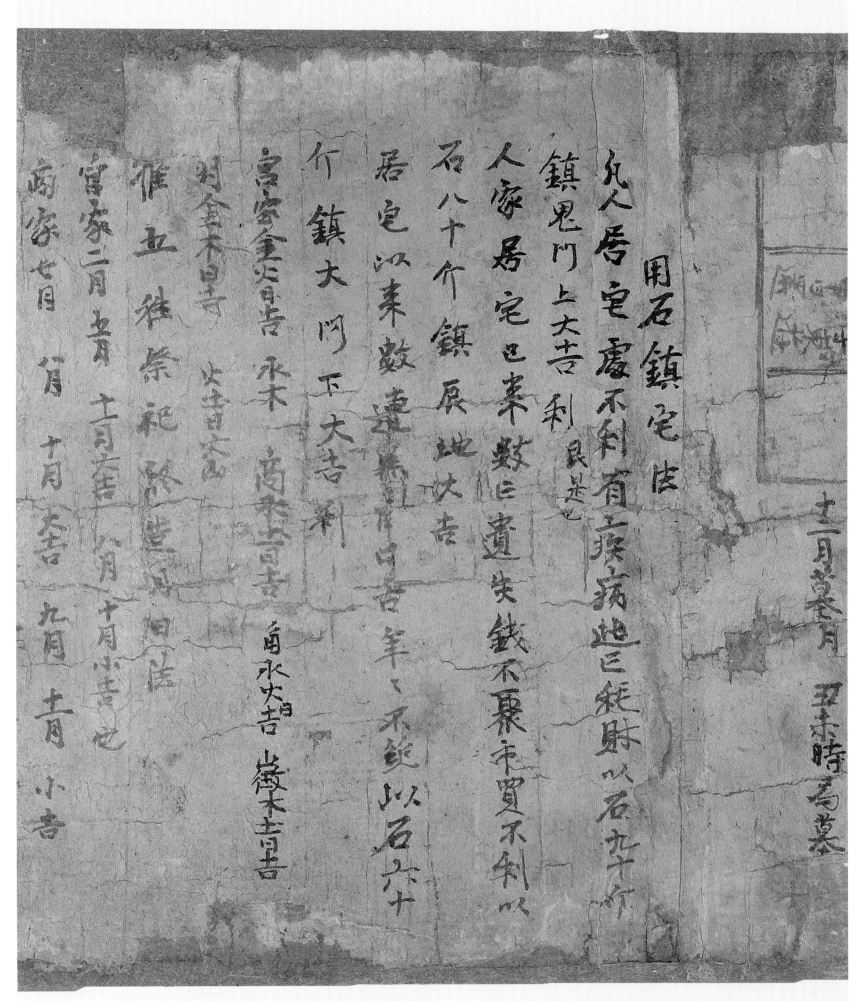

十二月葬月　丑未時為墓

用石鎮宅法

凡人居宅宝虚不利有疾病遊巨耗財以石九十介鎮鬼門上大吉　利民是也

人家居宅已來數巨遺失錢不聚市買不利以石八十介鎮辰地大吉

居宅以來數遠難曰吉筆不飽以石六十介鎮大阿下大吉　利

富家金灾日吉　承禾　商卅古吉　自承火大吉　歲末土吉

刑金木日吉　火土日大凶

催五往祭祀祠世俗旧法

官家二月五月　十月奋　十月小吉也

病家廿月　月　十月奋　九月小吉　吉　小吉

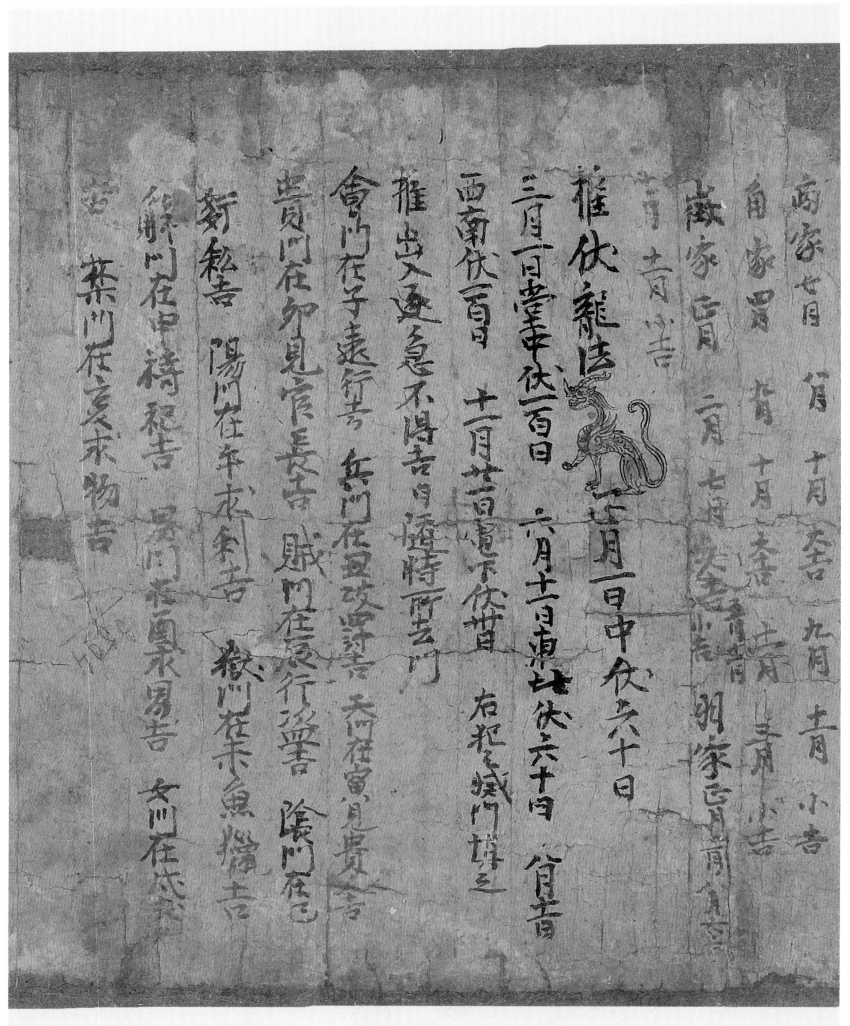

推伏龍法

推出入逆急不得吉月隨特丟門

會門在子遠行吉　　兵門在寅改行盥吉　　天門在寅貝月貴吉

青門在卯見官長吉　賊門在辰遠行徑吉　陰門在巳

狗秘吉　陽門在午求利吉　　獄門在未魚鰲吉

候門在申禱祀吉　吳門在酉求男吉　女門在戌

葉門在亥求物吉

三月一日臺中伏一百日　正月一日中伏六十日

西南伏一百　十一月廿三日下伏廿　六月十一日東北伏六十日　八月吉

右把之城門望之

兩家七日　八月　十月　九月　十月　小吉

角家冒　青　十月　春吉　十月　青小吉

徵家冒　青　二月　青吉

羽家正月前角吉

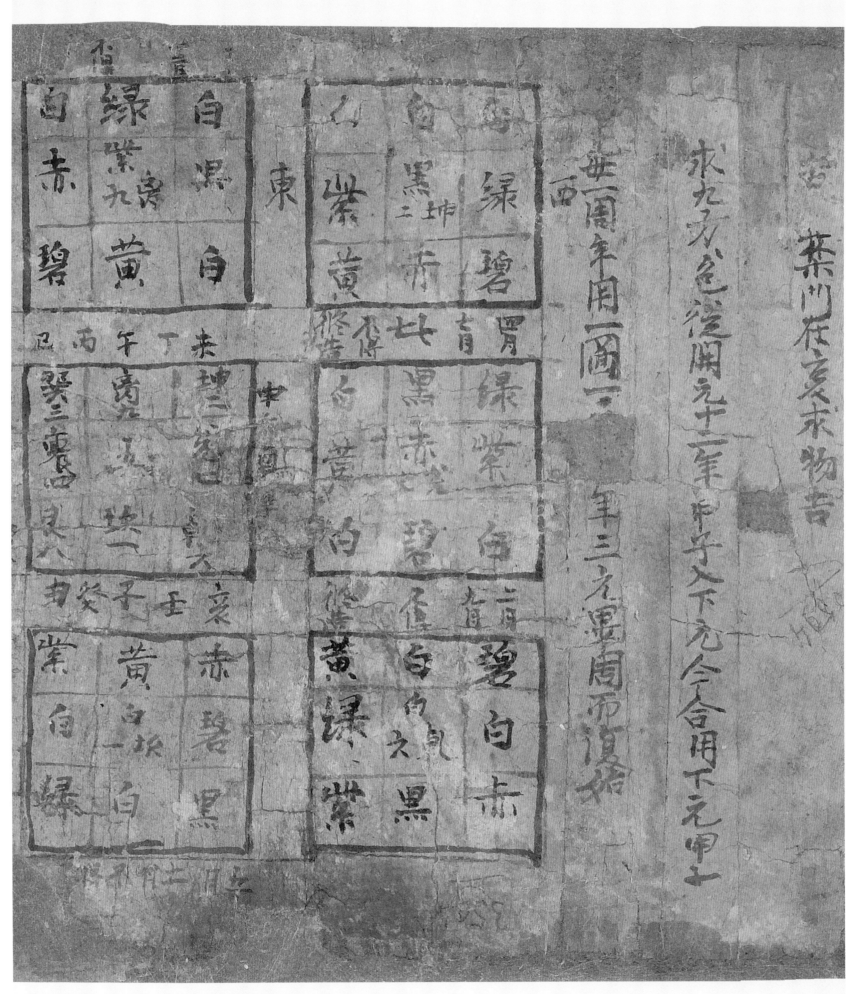

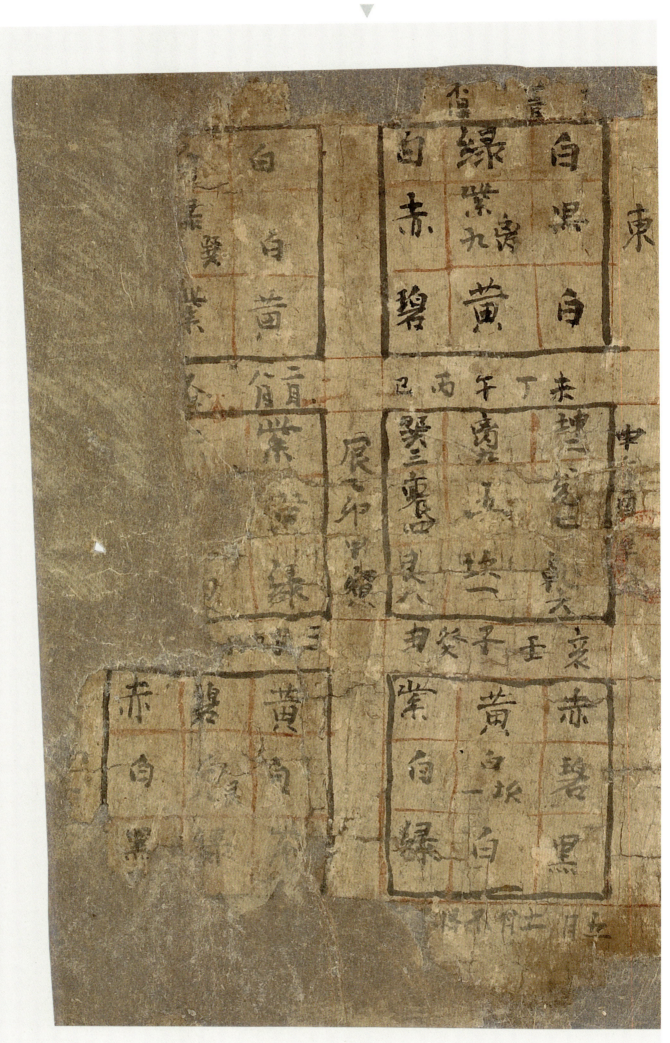

Bibliothèque nationale de France

Pelliot chinois 3595

Bibliothèque nationale de France

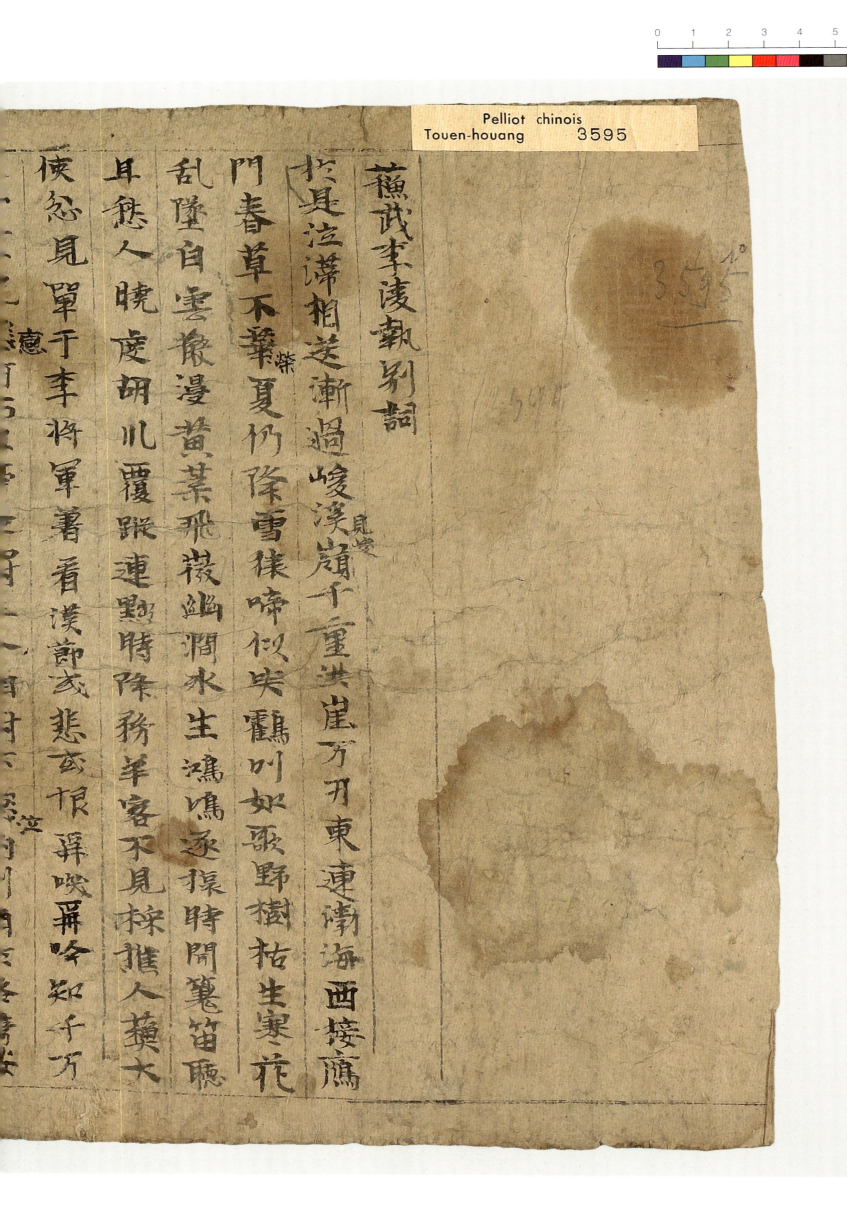

蘇武李陵執別詞

於是泣涕相送漸過峻漢嶺千重洪崖万刃東連衛海西接鷹
門春草不華夏仍除雪徒啼似哭鸛川如歌野樹枯生寒花
乱墜白雲旋漫黃葉飛薇澗水生鴻鳴逐操時間篴笛聽
其然人曉度胡兒覆蹤連野時除務羊客不見樑推人藥大
侯忽見單于李將軍書看漢節或悲或恨舞喉舞吟知千万
德

於沙場不因公來寧無歸鉛肌陋骨起望辜負言由未了迴看

李陵且見李陵身執胡裘頂帶胡帽腳跨赤剗問李陵曰將軍

是大漢之將豈不望在隴西積代已来名露頂来門烈戰南面

共人出入香宮高官隆路李斫將軍遊遊砂墓犢如骨肉陷在

虜庭言不人之所笑李陵聞訊吾得身皮骨解陪生辤親陵難

雖有力過有身而去可之無家而可歸已手把骨望天大哭李

陵所胡帶鄉之愓弃在沙場遂向霄間耿何已說往年共遷皇

長安门即言曰憶情陵物僮步年不祿五千渾入虜庭種豊過

万　行至到巉溪山南龍勒河北地迴無泉窒砂無水陵下　来字

見單于兵馬十万餘眾行若雨　一罰金　陵此日擬戰彼最我寰陵

機千戰　公在收羊擂憶吾賢不兇自從旗隊陣号越華　右射右

靈兒奴傾月眾將前街漢將争仍抽刀净入看處　去閑了　玉虜

與覧⋯十万餘行若雨　一覧全　陵此日擬戰彼最我常陵

機不戰　公在收羊憶吾賢不死自從旗隊陣考越草　右射右

靈兒奴順月梁時前街漢將爭仍抽力淨入看遠　去眼了　玉虜

而星刀斬虜集旗是日也感德又超陣雲地生戰霧况奴順取當

即抽漢將得勝約行二十餘里猶未迴旗無頼　即抽軍漢將德勝遂

陵准機哭　心飽窓

中滅　李河武帝　取儂　呂又⋯道陵工祖巳　三代

被狂復腼風校尖紅解連夫陵在火中事洽難為堯下除戰平

顯准法霧分业妻幼女無罪狂誅陵為老四八十九有五走待人快食

晉漢　勅下所司捕捉陵之家口一男一女攔入雲陽馬乘行

求得錐寸宜利煞父天子誰能手事足下如万　陵無迴心老母憤前

殺惠為時日養著到武帝殿前為陵披訴懂　途人信時附一音若遍

来鴻芽菲一行是日也　別酒　高鞾鞋唱如歌　藥武末語頁

遂乃弄盡本陵枸馬機鞭　各自駁詩一首　涼出羊趂煙

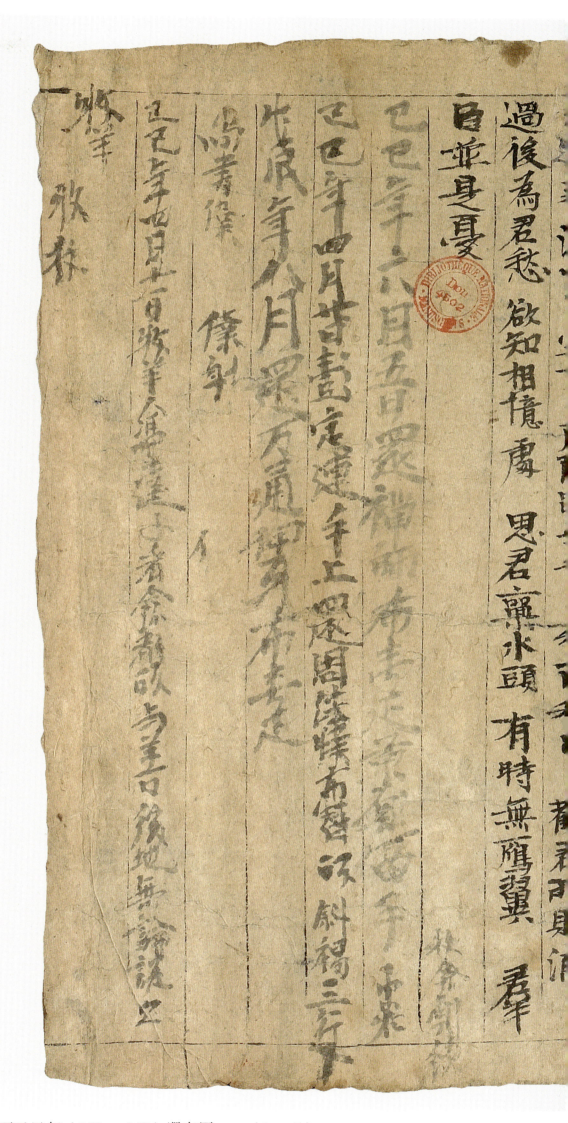

過後為君愁　敧知相憶虜　思君寜水頭　有時無雁翼　君年

白並是夏

己巳年十六月五日眾神師瑜　布書定東南番年重栗

己巳年四月廿畫定建年上眾瑜周陵煌而歷汲斜禍三行半

此辰年八月還萬通勞布去廷

临着候　　傑射

己巳年四月十一日軟羊僧僅…達小者余割汲与主口後地無論識出

一軟羊

歌森

P.3595　　1. 蘇武李陵執別詞　　2. 宋戊辰至己巳年（968—969）還布曆　　（2—2）

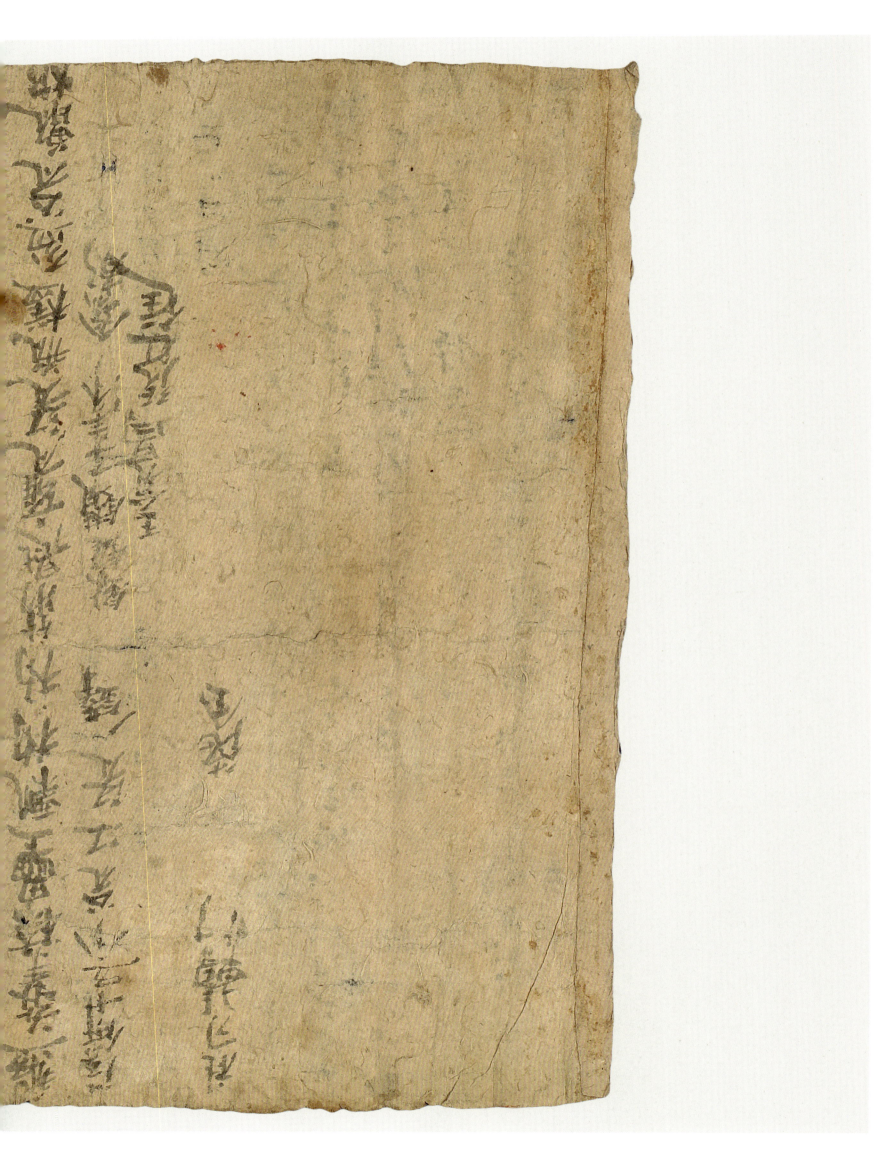

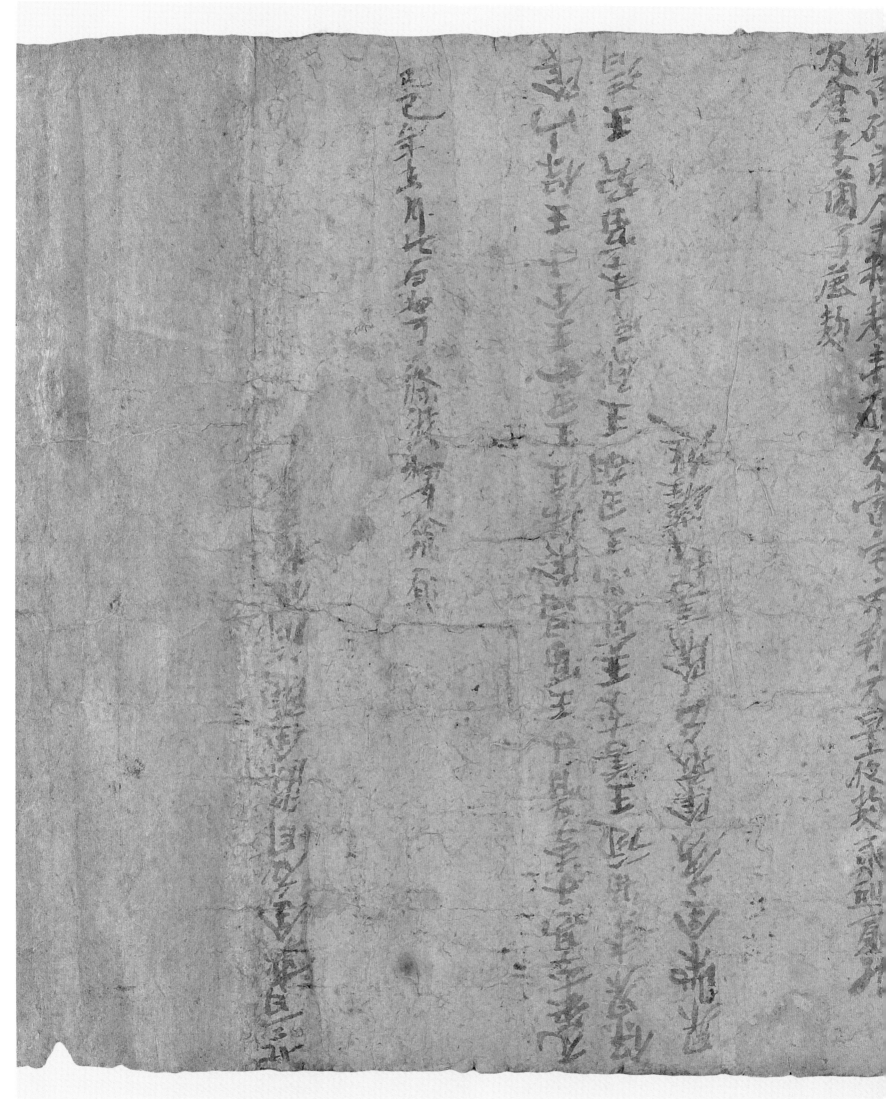

P.3595v　　社司轉帖等雜寫　　（2—1）

P.3595v　　　社司轉帖等雜寫　　　（2—2）

Bibliothèque nationale de France

Pelliot chinois 3596

Bibliothèque nationale de France

亦復如是欲導眾生度生死海登解脫山具
師遊迣大海導引眾人至珎寶㝵天師出世
世間種種方便随宜引導令入正解譬如舡
任无為登太一位而以哀愍為度眾生亦同
沁師道陵善達深奧扵无量劫久已戌道女
異扵是此土太上道君告子明等善哉善哉
聞法及諸来眾依伍谷座猒然拱默與空无
上神尊志来詣座與此道君共相勞来随世
容諸林座亦不迫連此國　　　相妨礙他
林更相暎發綵師如一真　　　不開張
爾數從十方来集道陵治　　　此金
心悟解脫時而有寶師王

法國國家圖書館藏敦煌文獻

性審識機耳令汝諸問甚得其理十方神尊

哀念汝等速降威神束到此土助汝智分示

別解釋令汝等輩得净慧刀裂愚癡綱脈王

死羅入真實際具已大乘諸道真境普爲將

來開法眼目同會无爲寂滅之處是時仙人

豆子明等无量之衆聞道君言稱讚道陵許

其所問歡喜无量不能自勝譬如有人失所

愛子忽然更活具等欣慶亦復如是即便同

聲說偈問曰

云何識真本　道性目然因　云何相塩初

兩半主死身　云何入三界　根識染諸塵

云何造惡業　四趣永沉淪　云何初發意

云何造惡業　四趣永沉淪　云何初發意

迴向正道人　云何循觀行　曰曰造天津

云何名真一　斷破以證新　云何太一果

昇玄獨可欣　唯亚廣分別　擇我髪綱心

悟入超仙品　轉位偶高真

道君於是哩念思惟良久言曰子等復座諦

聽所說言道性者即真實空非空不空亦不

不空非法非法非物物非人非非人非

因非非因非果非果非始非始非終非

非終非本非末而為一切諸法根本无造

无任名曰无為自然而然不可使然不可不

然故曰自然悟此真住名曰悟道了了照見

戌无上真一刀染生上菁惡身吾王又頂刂之

未來名之為性三世天尊斷諸結習永不生

故真實顯現即名道果果未顯故強名為因

因之與果畢竟无二亦非不二若知諸法本性

清淨妄想故生妄想故滅此生滅故性无生无

滅了達此者歸根復命又未生也仙真下聖

所不見知上聖之人少能知見亦不明了去

始遠故唯得道果洞照始終道眼具足乃能

明見以明見故名一切智无上尊也言烟煜

者辟喻県深我衣往昔親從元始天尊間如

是義烟者煜也世間之法由煜潤

氣而得出生是初一念始生倒想體最輕薄

猶若微烟䡄郭道果无量如見作生无本源

猶若微烟皵郭道界无量加見住生无本源

不可測故稱神神即心耳體无所有去本

近故性即於本本於无本故名神本未入三

界五道惡故惡輕微故性即空故故曰瑩清

但是輕癡未深見者故名无雜體是煩惱即

是主業名為兩半即體是報故名戌一是煩

惱業及以報法體唯是一隨義為三漸漸增

長分別五種一者未入三界繫縛之位雖生

其城非三界因二者能生无色界業三者能

生色界之業四者能生欲界之業五者能生

三惡道業是故說言其義有五但烟熅之氣

起於虛无无无有而有有无所有是故說從真

就對於六塵生六種識是名識眾既妄眾塵

不別假相是男是女山林草石種別名字去

來動轉從心想生故名想眾倒想眾已妄生

憎愛不別校計善惡好醜而起貪欲意志愚

癡諸惡過各造顛倒業起罪福報往反无窮

名為行眾所言眾者稍相聚合而得堅成蔭

蓋眾生命居闇苦造作眾惡淪没三塗漂浪

苦海不能自出以是義故名為入死初雖有

五後則唯二花㷔焰至欲界入此之四伍

皆由善業惱業兩半主一福果在降三塗惡

業生憂因緣兩半主一苦果如是眾生往生

死獄以妄想故受諸苦惱猶如夢中見種種

死獄以妄想故受諸苦惱猶如夢中見種種
事苦樂罪福差別不同而亦於中主愛增想
起善惡行此覺之後一切都无是諸衆生亦
復如是以道性力得遇善友聞三洞經生信
樂心從師稟受依教備行住諸切德開化衆
生備習觀行習因增進能發道意擔度群生
同入正果於如此心不主分別史定清淨直達
邊底无有染滯靜处徐清入實相境是名
初發道意之相轉有得心向无得念念无
念心心不動是名迴向正道之心是淨妙心
非因非果始終无二而亦因果非不始終習
如是想念念想應察无相想是名為觀觀想

故名无欲結習巳盡超種民迈白日騰舉出到

三清玄之又玄享无期壽及根復命體入

清虛了无非无知有非有安住中道正觀之

域及我兩半處於自然道業日新念念增益

於明淨觀覩見法身心心相得不期自會天

尊息應无復憂勞雙觀道慧及道種慧滿一切

種斷烟煜邬圓一切智故名真一煩惱盡處

名曰元為昇玄入无故稱太一細无不入大

无不包高勝莫先強名為大大即太也通元

碳故名為太獨步无侶无等等故故稱為一

是究竟慶故言太一如是等義難可了知不可

言說寂滅之相但假名字引導後來寄世言辭

言訖痾滅之相但假名字引導後來寄世言辭

開真空道略為汝等演因緣趣當諦思惟勿一向

解諸所未通微密之相汝師道陵當相教示

勤心請受目體其源尓時十方諸來太上俱

發聲言善哉善哉弃賢世界太上道君能以

方便隱其神智勞謙忍苦於此濁世為罪

衆生耶見小乘闡揚妙法漸化三乘令入一道

說此真一本際法門使一切入平等解脫當

来衆兆普受開度流通利益不可思議我等

各以威神之力助諸學者令於是經无有鄣

惱必得俌栢具一乘行於是語已各與徒衆

逺歸本國於虛空中種種變現或現大身同

遍虛空或見

水迴日駐流散金而玉七寶名珎種種服玩逼

空而下積淵世界施興衆生應受度者皆志

觀見无緣之人如聾如啞不覺不知此主大

衆无數上真見此往來及希有事心意廓

然皆入聖品具中仙人進得真伍具初學者

得入凡階豆子明等元數地仙飛仙天仙得

不退轉无量衆生發无上道心捨小乘業无

量衆生悟二乘道无量衆生開人天行辟如

天而苐降一味隨器大小淨穢不同各皆淵

味有老別開法得利亦復如是聞一法音隨

不稚果豆子明等徒產而起稽首礼曰今奉

訓喻始蒙開明諸契頓了无復於蛄始悟慈

訓喻始蒙開明諸毫頭了无復紆結始悟慈

尊大悲平等智慧甚深如師所言真實无謬

當重諸稟我等本師正一真人求其要決唯

以悟上報聖恩尒時太上之炁太虛與諸

侍從遝於玉京威容庠雅不可稱說真夢治

中一切大眾礼拜天師而說頌曰

大師天人尊　哀愍我等故　示教請道君

使得飡甘露　十方真中真　慈悲普覆護

集會解髣絧　大眾咸開悟　利益遍人天

名聞廣流布　平等入一乘　无偏不濟度

眾生根本相　畢竟如虛空　道性眾生性

皆與自然同　妄想入生死　夢幻元始妳

明　　承三大道意　正覺　　

三清法流水　麻體訓玄沖　真一智圓淵

歸根常住宮　我等聞是法　心淨䏻受持

俱登不退位　契道合真期　皆是天師恩

築此道場基　不勝情喜躍　歌詠稽首辭

弟子明等說是頌已真多治中忽表吉祥瑞

應之相奇特必麗非世所有天妓名香種種

珠貝靈禽万儔飛鳴鵠鴻吐儒雅音皆宣

正法七寶毛羽隨於地上有得之者即能飛行

聞其法音皆入道位臣身神歡哮吼出聲皆

吐法音无常无我苦惱不淨可厭惡法又演

常樂自在之章勸發眾生迴向正道鬼神難

報无量无邊諸天龍等一切異類若人非人

常樂自在之章勸發眾生迴向正道鬼神離

報无量无邊諸天龍等一切異類若人非人

同聲唱言善我子明得大法利巧說歌頌稱

楊法門潤益我等皆入定觀波於當來必得

正果如我大師无有異也於是道陵彈指吉

眾仙波等說一切見明是時眾仙礼畢而去

太玄真一本際經卷第四

言癸卯今開□與俗安會祭祀入□□敕斬草

普丙午水珎　歲博　今辭除　蘅疾書氏告

苜華老余破嵩王髙波庵五月十壹百辛亥未

分開代辰本義復天經時波□□□

十百重未出除是成復波疾解□

P.3596　　1. 太玄真一本際經卷四　　2. 具注曆日治病抄　　（7—7）

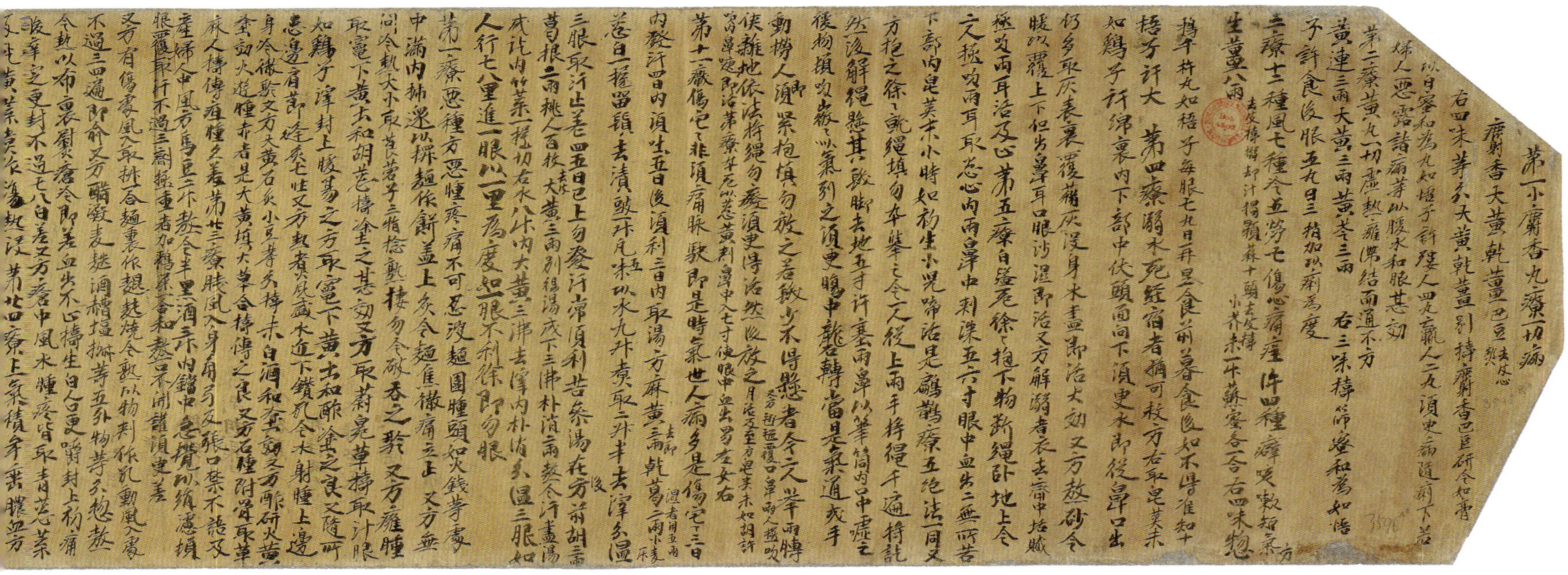

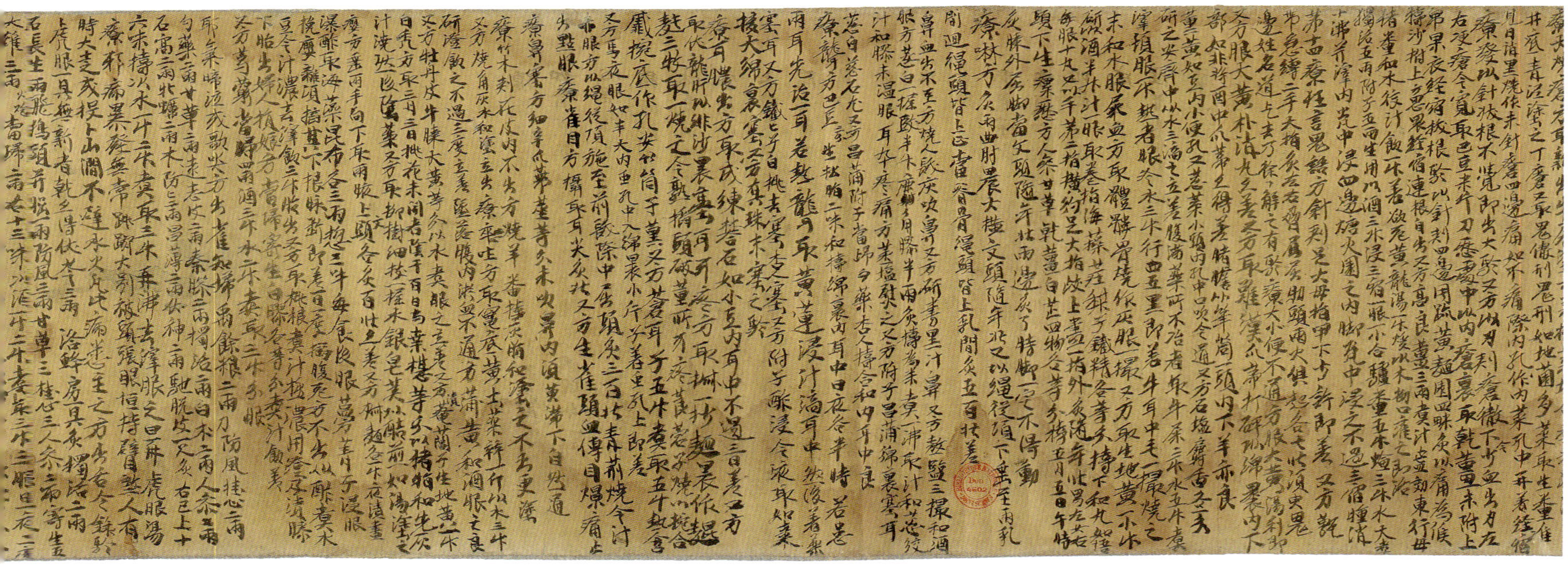

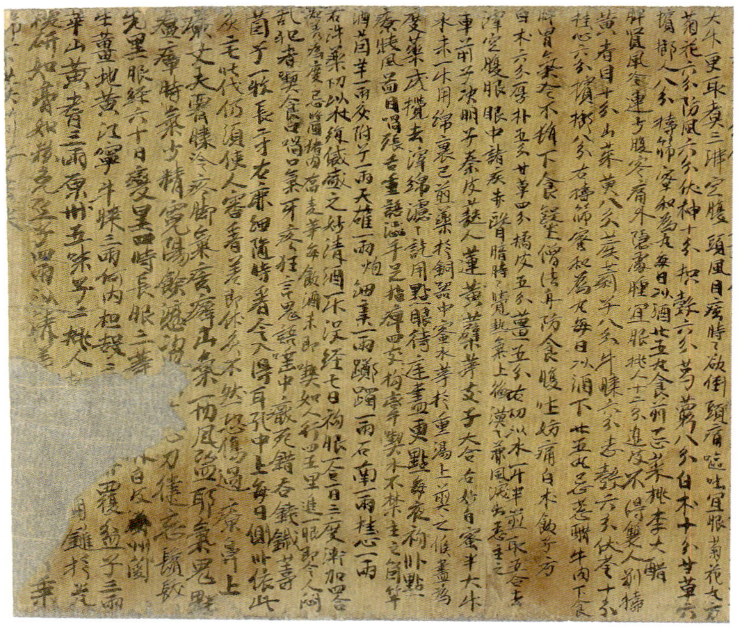

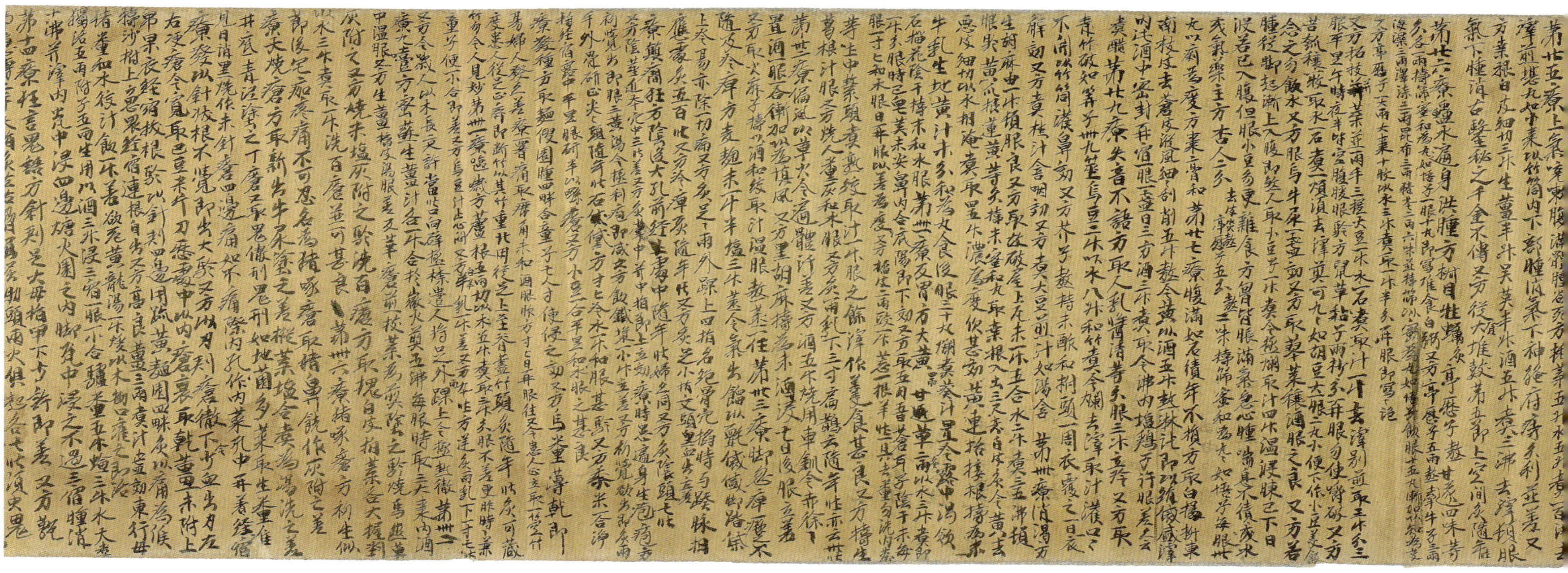

P.3596v　　醫方雜抄（總圖）　　（一）

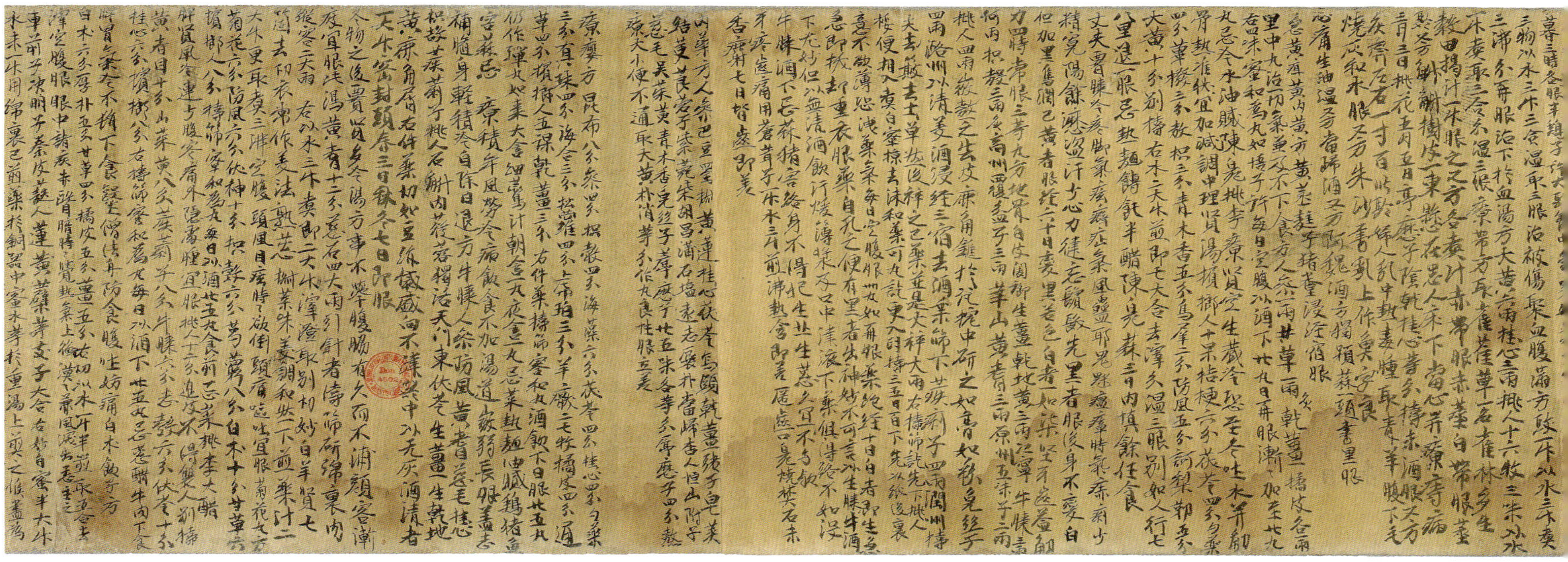

P.3596v　　醫方雜抄（總圖）　　（二）

P.3596v　　醫方雜抄（總圖）　　（三）

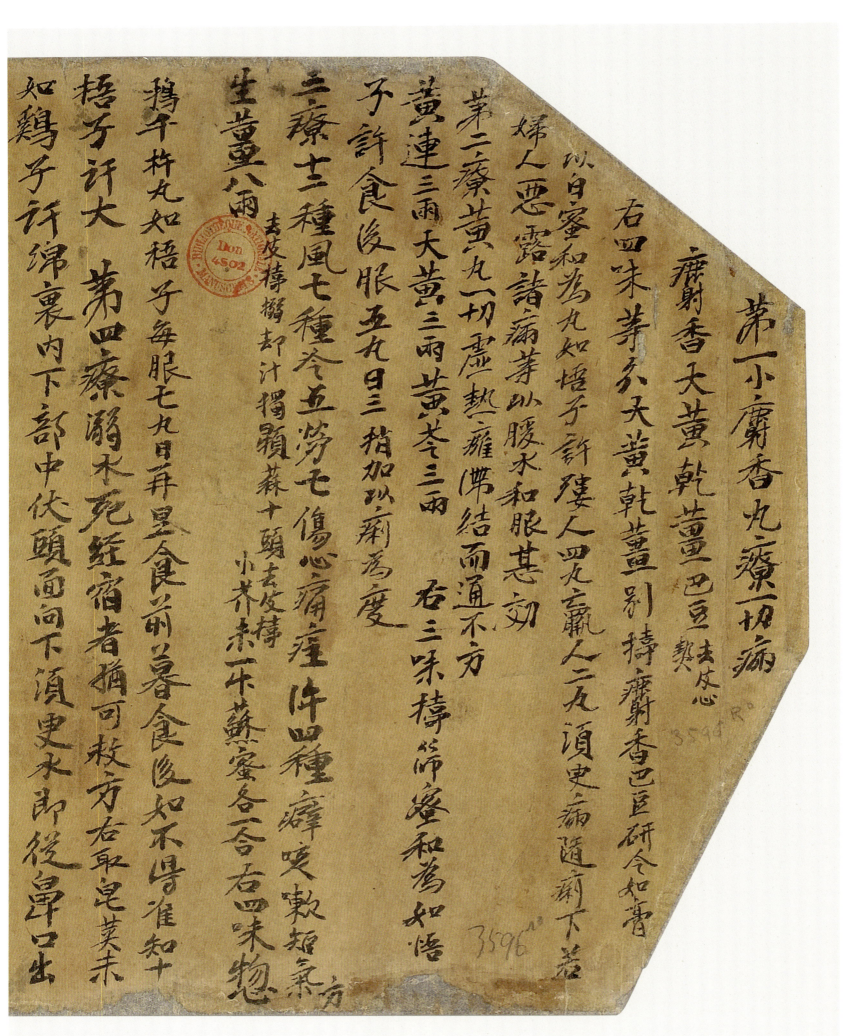

第一小麝香丸療一切瘢

麝香大黃乾薑巴豆去皮心熬

右四味等分天黃乾薑別擣療麝香巴豆研令如膏

婦人惡露諸病莠以腹水和服甚効

以白蜜和為丸如梧子許嬶人四丸羸人二丸湏臾病隨痢下差

第二療黃丸一切虛熱癰滯結而通不方

黃連三兩天黃三兩黃芩三兩　右三味擣篩蜜和為如悟

不許食後眼五丸日三稍加以痢為度

二療十種風七種冷五勞七傷心痛產件四種癖嗽短氣方

生薑八兩　去皮擣却汁擢顆蒜十頭去皮擣　小苳未一升蘇蜜各一合右四味物

鵝牛杵丸如梧子每眼七九日并旦食前暮食後如不得淮知十

梧子許大　第四療溺水死經宿者捞可救方右取皂莢末

如鷄子許綿裹内下部中伏頭面向下湏臾永即從鼻口出

如鷄子許綿裹內下部中伏頭面向下須臾永即瘥鼻口出

仍多取灰表裏覆藉灰沒身永盡即活大効又方熬砂令

暖以覆上下但出鼻耳口眼沙溫即活又方解溺者衣去臍中搯臍

極咒兩耳洛及心第五療自縊死徐ヽ抱下物斷繩卧地上令

之極咒兩耳取蘆心內兩鼻中刺深五六寸眼中亦出二無所苦

下部內皂莢末小時如初生小兒嚔洛是癲鶴療五絕法一同又

方抱之徐ヽ就繩填勿令本挙之令之從上兩手將繩千遍將訖

後物填咒嚴ヽ以氣別之須更鴨中能咨轉當是氣通亥手

然後解繩懸其敗脚去地五寸許壅兩鼻以筆筒內口中嘘之

動撼人酒即緊抱慎勿放之若敗少不得懸者令之ヽ舉兩膊

俠離地依法將繩勿廢頊更得活然以放之月洛及至方皂莢末如胡許

咬鼻㗜即活第療茅亢以慈黃剌鼻中入七寸使眼中亦出男左女右

第十一癲傷宅ヽ非頭痛脉趺即是時氣世人病多是傷宅ヽ三日

內發于留内頭土丘日後頭刂三囚内水陽方永黃ヽ二兩

去即　先高ヽ二兩ヽ　温者用五兩

蕭十一厥傷宅飞非頭痛脉飞非是時氣世人病多是傷宅飞三日

內發汗曰內消吐五日後須利三日內取湯方麻黃三兩乾葛二兩小麥

蔥白一握留鬚去清煑咴瓩以水九升煑取二升半去滓分温

葛根二兩桃人百枚大黃三兩別㕮咀湯成下三沸朴消二兩煎令汗盡湯

三眼取汗止差四五日巳上勿發汗常須利苦笒湯在方蕭胡二䨱

戒託內竹葉一握切右永八升內大黃三沸去滓內朴消分温三眼如

人行七八里進一眼以甲里為度如眼不利徐即勿眼

蕭一療惡種方惡腫疼痛不可忍汲麵團腫頭如炊錢等處

中滿內抶逕以揲麵依餅盡上灸令麵焦徹痛立正又方無

洞冷熱天小取莨菪子三指捻熱樓勿令破吞之瘥又方癰腫

取蜜下黃去和胡莨樗塗之甚匆又方取蕭菟草樗取汁眼

如雞子澤封上暖易之方取蜜下黃土和酢塗之良又隨所

惠邊眉節途灸七壯又方熱者臾飞藏水近下鑽孔令木射腫上邊

身冷徽駮文方大黃石灸小豆芽秀檮末白酒和奈二匆又方酢研火黃

奎匆火遊腫赤者是大黃埴大荤令檮傳之良又方石種附骨取草

奎勃火遊腫赤者是大黃填大草令摶傳之良又方石腫附骨取草
麻人摶傳痓腫々差萧卅三療胘風入身角弓反張口禁不語又
產婦令中風方馬豆三升熬令半黒酒三升内鐺中急攪取纊濾頓
眼覆取汗不過三劑撻重者加鵶薡香和熬豆不消護頻更差
又方有傷毒風入取抐一合麵裹依趨趂燒令熱以物刺作孔熨
不過三四遍即介又方醋澱麦麴酒糟塩抐薡五外物薡分惣熨
令熱以布裹尉瘡冷即差血出不止橋生白人巳更嚼封上初痛
酸瘙定更封不過七八白差之方瘡中風米腫疼皆取青葱菜
又乾黃菜煮作湯熱浸萧卅四療上氣積年露膿血方
莨菪子一小升半以清酒五外後火煎半酒蜜覆勿泄氣去差
莨菪子取汁内不破青州菜蕓汁盡置菜於冷露中
豆服一牧午眼一牧菜盡即差又方灸两乳下里白除各廿壯一年百
方灸之陽明宠花之跌上三寸動脈上是三七吐灸痛下寸並差
萧卅五療上氣咳嗽腹滿體腫欲宛方楸菜五外水五外煮一百沸去
萧卅㵎堪丸如棗以竹筒内下部腫流氣下神經府痔外利並差又
蘆荊堪丸如棗細切三升生薑半升吳茱半升酒五外煮三沸去澤損眼
方菜根白皮細切三升生薑半升吳茱半升酒五外煮三沸即上空間㵎隆雜
氣下腫涓古鑿秘之千金不傳又方後大頭堆鼓萧五即上空間㵎隆雜

方棗根白皮細切三升 生薑半升 吳茱萸半升 酒五升 煮三沸 去滓頓服

氣下腫消右鑿秘之千金不傳 又方 從大堆鼓萧五即上空間家隨雜

萧廿六療鱉水遍身 洪腫方 榭目 牡蠣灰 亭歷子 鼓 甘遂 四味等

各一兩搗篩蜜和為丸如悟子一服十九即寫催食白粥 又方亭歷子五兩鼓三兩

海藻三兩澤漆三兩昆布三兩豬卷三兩六味並搗篩飲服十九如悟子每服

又方亭歷子 天雨大棗十牧 汲水三升煮取一升半分再服即寫下訖

又方招技葉並兩 手三擾大豆三升 水石煮取汁一升去滓別煎取三升分三

眼平里午時夜半時空腹暖眼飲方 鼠草黏亭兩粉分 再服眼勿便嚼破 又方

浸若巳入腹但眼小豆易更雜食 方 亭歷子一升煮令極爛取汁四升溫浸膝之下日

苦氣種取永一石煮一煩須去滓煎可丸 如胡豆大眼二丸永便下作小豆羹飯

念之勿飯水 又方 眼与牛尿一盞 又方取葵菜釀酒眼之食 又方若

腫從腳起漸上入腹即妨人取小豆子一升煮令孰爛取汁溫浸膝之下日

戎氣氣藥主方杏人二分 去皮尖 鼓二味搗篩蜜和為丸 如悟子每服卅

九以南為度方棗實和萧廿七療腹滿如鼓積年不損方取白楊斬東

南枝皮去蒼皮漉風細刮削五升鼓令黃以酒五升投淋汗即以續傲藏淳

內送酒中密封新宿眼一盞日三方酒三升煮取令沸內塩雞子許眼差大云

袁醋萧廿九療失音不語方取人乳醬清等頭眼三升立差 又方取

青竹破如箏子卅九莖鳥豆三升以永八升和竹煮令爛去滓取汁灘口

不開以竹筒灌鼻勿 又方芥子鼓搗末酖和搏頭一周衣覆之一日衣

萧卅章母昌方

不用以竹瀝鼻劑又方杏子煮持末酢和搏頭一周衣覆之一日愈
解訖又方葵椹汁含明訖又方大豆口嚼汁如湯含　茅世療涕漏方
生胡麻由一味搗眼良又方取故破屋上瓦末以五三寸以水二升含水二升煮三五沸搗為末
眼劈黃瓜根蓮黃芎又榛末蜜和丸取秦根入五三寸每自床灸人令黃芎
惡皮細切以水相淹煮取置瓦濃為疾伏甚劫黃連搗搓根搗為末
牛乳生地黃汁末多和為丸食後眼三十丸爛煮葵汁呈茶露中渴領
石榴花陰乾搗末和水眼萐世療又胃方大黃黑甘通單二兩以水三升黃即
生榴花陰乾搗末安鼻內含陽即下劫又方取五月嘗苕甘子陰乾末每
眼一寸巳和末眼日平眼以善為慶又方櫨皮二兩歐不善一根羊性二其去茧刀洗內藝
芎性中藁頭煮熟殺取汁以眼之餘淨作善食甚良又方搗生
葛根汁眼之方燒人董灰和水眼萐方灸兩乳下三寸扁鵲云隨年性亦云萐
萐世世療偏風以草火令遍體汗善又方酒五升燒用車釧令亦徐下
置酒一眼含衛加以為填風又方里胡麻搗以酒和後取汁溫眼熱善一任萐世三療萐
又方取火麻子搗以酒和後取汁溫眼熱善一任萐世三療萐脚名痺還不
隨及冬痺方麥麴末卅半塩三升令氣出鑑以甑鑑鑑腳路藝
上冬易亦除一切痢又方多之一兩外踝上四指名絕骨完搏持與踝妹相
應豪灸盃百此又方冬冬痺灸之小拍文頭里血出立善
藁蕟薑商狂方陰後灸大孔前經上虛中隨年卅婦名同又方多陰頭七壯
芎方陰萐通本完中三肪善又方灸萐中拍即上立劫療時患遍身生泡疹方
初覽出即眼三黃湯令搓利痍即減文方飲鐵槳小作盃善又方初覽敬出即灸兩

右使瘡令寬取巴豆未以刀歷瘡中以內瘡裏取乾薑末附上
帛裹衣經宿抜根歇以針刺四邊用疏黃麵圍匝眛度以膏為候
得沙糊上立惡眾終宿連根自出又方高良薑三兩真汁塗亦効東行毋
猪羹和水後汁飯不差欲差黃龍湯一休燒以末楜口雍之即治
沸芥瘅內崑崙浸四邊瘅火圍之內脚盆中浸之不過三宿腫消
十瘅芥瘅內崑崙浸四邊瘅火圍之內脚盆中浸之不過三宿腫消
邊姓名道氣去方徐解之有歇療大小便不通方眼大黃湯利即
帛急縛三年夭摺灸左右臂屈處却頭兩火俱起各七炷須史眔
蒂古療狂語方針刺足大母指甲下方新即差又方乾
又方眼大黃朴消丸久差之方取雞漢瓜蒂朴碎以綿裏內下
部如非持酒中以蒂三得差臍擁小筆筒一頭內下羊亦良
董二黃如弖內小便孔又惡莱小頭內孔中口吹令通又方石塩麝香各麦
研之突膏中从水三滴之立差腹滿藥所不治者取牛屎三斗水五斗夬
渾項眼不抜者眼冷永三斗行四五里郎著牛年中毛一攝燒之
末和水眼尿血方取體髀骨燒作灰取眼一環又方取生地黃一小衣
頗酒半朴汁一眼取羹椿海藻莊銀子鐵精各等分随年叶下和丸鷄
每眼十丸又半蒂二指橫約足大指次上畫一指外灸隨年壯旦午特
頭下生瘅療方入絫甘草乾薑白芷四物各等分檮五月五日午特
反脒外屑卿當文頭隨年壯兩邊灰了 特卿一宅不得動

反腫外屠腳當父題隨年壯雨邊灸方特腳一處不得動
療㗁方灸兩曲肘農大橫文頭隨年壯之以繩從頂下垂至兩乳
間迴繩頭皆上正當脊骨繩頭皆上乳間灸五百壯差
鼻血出不至方燒人歐灰吹鼻中又方斫斷書里汁鼻又方麰鹽三撮和酒
服方蒜白一握歐半水一慮月膝半兩灸擣為末煮一沸取汁和蒜絞
汁和膝末溫服耳卒疼痛方茉鹽發之又方附子昌蒲綿裹塞耳
蒜白蒜石充又訶昌蒲附子當歸今藥杏人擣合和切年中良
療聾齒方巴豆生批帕二味和擣綿裹內耳中日夜各半時若患
兩耳先浚一耳若麰龍行取黃蓮浸汁滴耳中然後著栗
塞耳又方鐵巴子白批去寒杏人塞之方附子真珠末塞之㗁
接大綿裹塞之方真珠末塞之㗁
療耳膿出方取成練礬石如小豆內百中不過三言差又方
麩三牧取一燒之令熟擣頭破董栗不疼差方取城一抄麵裹依
取伏龍肝以緋沙裹塞一枚可疼方于五十真取五十執會
羸撥底作孔安於筒于薰又方蒼耳于五十真取五十執會
又方馬夜眼如半大內重孔中入絹裹小行分著重孔上即差
赤眼方以繩從頂施至前歐除中蓋頭灸三百壯青荊燒令汁
出點眼療崔目方擣取耳夾灸壯又方生崔頭血傳目爆痛止

赤眼方取緑竹待頃施于眼中良即差

出點眼療雀目方摶取羊肝尖須炙之方生雀頭血傳目�65痛止

療鼻塞方知辛瓜蒂藜蘆等分末吹鼻内鼻内須黄滯下自然通

療竹木刺花皮内不出方燒羊糞灰封和塗之不去更塗

又方燒角灰水和塗立出療卒吐方取寬底黄土菜新汲水三升

研澄飲之不過三度立差極差腹内淤血不通方蒲黄一和酒服之良

又方牡丹皮牛膝大黄等分以水煮服之立差又方菴藺子生地黄一升

又方取三粉三日挑花末開者千百日与蓼藍等分以猪柏和先灰

汁淺映取陰乾蓄又方取即搗細枝一握末銀皂莢以酢煎如湯塗之

療方乘兩手向下取兩版上頭令灸百壯立差又方

濕酢東海藻昆布各三兩搗三咔每食後服蕓苦子浸眼

悅麋蕪離頂搗其汁根抹新雞子美术

豆令汁濃去澤飲三咔取桃根責汁極濃用空子漬脈

下胎与婦人摧娠方當歸寄生白膝各等分責汁飲美

芩方蔦蘼當歸酒三升水二升責取三咔服

耶氣哮迩灸歌尖方出雀知婦再餘粮二兩刀防風捷心二兩

勾藥二兩甘草二兩去志皮二兩秦膝二兩橺洛雨白木二兩人参三兩

石膏三兩牡蠣二兩木防己三兩昌菖薄二兩伏神二兩馳脫皮一尺灸右已上十

六味橺汁水一升二咔責取三咔秉沸去澤服之曰再虎眼湯

六味擣，以水一斗二升，煑取三升，弃滓，服之，日再。虎眼湯
療邪病累發，無常跳躑大叫，被頭張眼，恒持蹲目，殺人。有
時大走，或投上山澗，不避水火，兄比痛恙，至之方：生吞，今錄騐。
上虎眼一具，無新者乾亦得　伏苓三兩　洛鉾房一具，灸　獨活二兩
石長生兩　飛鴟頭并腦一兩　防風三兩　甘草三　桂心三　人參二兩　寄生壹
大雄三兩，火炮　當歸二兩　右十三味，以酒一斗二升，煑取三升，三服，日一夜二。
治下淤血湯方：大黄三　桂心　桃人十六枚　三味，以水一升，煑取三合，分三
服。温息胃中氣塞嗳氣蓄方：甘草一兩　伏苓一兩　杏人去夫　三物，以水一升，
煑取五合，分服。鼠屎燒末，猪膏和塗。小兒霍亂吐亂不正方：前人
茶湯服立差。又方：含茱乾薑，煑取汁，薑多少。肥小兒利方：取燒羊屎末，飲服。
又方：黄蓮二兩，水一升，煎取二合，去滓，内犀角末四分，煎取一合，内麝香一分，旦中
暮三時各服半鷄子許，大騐。胃中氣塞嗳氣方：甘草一兩　伏苓一兩　杏人去夫
三物，以水三升，煑取三合，温服，三服。治被傷聚血腹滿方：豉一升，以水三升，煑
三沸，分再服。治下於血湯方：大黄六兩　桂心三兩　桃人十六枚　三味，以水
一升，煑取三合，分温三服。療帶下方：取苣蕂草，一名苣蕂林，多生
熟田，搗汁一升，服之。又方：各麦汁，赤帶服赤蓁，白帶服莖
騐。又方：槲樹皮一束，懸在患人床下，當心，并療痔病。
三月三日桃花，五月五日亭歷子，陰乾，桂心等分，擣末，酒服。又方
療瘡左右一寸百此騐。婦人乳中熱毒腫，取青羊腹下毛

青言桃花青月五日專應子陰軟桂心等多擣末酒服天方
灰奈左右一寸百此脉係人孔中執妻腫取青羊腹下毛
燒灰和冰眼不芳朱沙書乳上作臭字食
心痛生油溫多宿蹄酒又方阿魏酒方擣頻蘇一題書里眼

惣黄疸黄內黄方黄莖麵子猪薹浸經宿眼　灸
里中九治一切氣魚又不下食方人参二兩共草一兩　乾薑擣皮各兩
盒味蜜和爲九如悟子折每日空腹以酒下廿九日开眼漸加至七九

丸忌令水油膩陳堯桃李療賢空生藏冷忽至冬生木芽卻
骨熱准伏宜加減調中理賢湯擣擲人十果桔梗六分茯苓四累与棗
罘菫攤三朱教枳三朱青木香五分烏犀二朱防風五分訶梨勒五朱

大黄十分别擣右木二天水煎即七大令去滓头溫三眼别如人行七
里退一眼忌熱麵餺飥半醋陳氣蒜三分內慎餘任食
文夫曹痒冷疼脚氣疼癖痃氣風毒盬耶鬼魅瘟瘴時氣疾痢少

精寬陽餘灑盜汗亏心力徒忘頭髮先里者眼後身不變白
但加黑雋潤己黄者眼經六十日變里若色白者一如柒坚牙庭蓋卻
习四時常帳三蕃九方地骨自安阆御生薑乾地黄三兩江寧牛膝三蕾

阿丙枳殼三兩炙高州要復益子三兩羊山黄耆三兩原州五味子三兩
桃人皿兩藏麴之去皮·康角錐於花梔中研之如膏如粒免絲子
习月令川以青麦全三宫主酒湥　於

桃人皿兩微熬之去皮麻角錐扵花椀中研之如膏如稀冕絞于
罰潞州以清羡酒浸經三宿去酒棗篩下並痢
夭麦㪺去土草炮後祥之己棗並是大秤大兩右擣三五百下先以微後裏
櫻便相入黄白蜜擽去沫和棗可丸訖更入肘擣三五百下扡人
意不徹薄悤泄棗氣棗每日空腹服卅丸如再限棗絶經十日白青卽生急
急卽㩉却重衣眼棗自乳之便有里者出神効不可言以生㪺牛酒
下尢妙但以無清酒飲汀㥨薄㨾子丸中津液下出棗俱得終不利沒
牛㪺酒下丢蒜猪宫终身不得犯生血生悤久亘不亏軑
牙疼亙痛用蒼耳子一床水三升煎沸熱會卽差尾處口兒燒樊石末
香廱七日皆差卽差

山棗方人參巴豆𧄹楊黄連桂心茯苓寫顗軑薑殘于皂羡
結𦱖𦱖莒子柴䓵胡昌滿石塩逺志䄂朴當歸杏人恒山附子
慈毛吳茱黄青木香兒絲子薜㢴子忪五味各莘多牢㢴子四分熬
療大小便不通取大黄朴消莘分作丸良佳眼立差

山棗方昆布八分矣𦱌𦱌枳殼𦱌海藻六分茯苓𦱌勺棗
三分真珠四分海合三分松蜜雜四分㸃珀三分羊藶三㐅牧橘皮四分通
草四分櫑擣人五裸軑薑三分方件棗檽篩蜜和丸酒飲下曰眼卅五丸
仍作彈丸如棗大舍細藶寫計朝会一九夜会一丸忌菜與麺曲臧鵝者首

仍作彈丸如秦大含細嚼驀計朝含一九夜含一九忌菜麩麴油醬鵝猪魚

客蘇忌　療積年風勞冷痛飲食不加湯道欬豹長眠薑志

補隨身輕積冷自陳日退方牛膝人參防風黃耆茈毛悲

積欬茈蘇薊丁桃人石斛肉蓯蓉擣活天門東伏苓生薑一生乾地

黃・康角屑右件藥切如豆作俟盛向不謙栄中外无灰酒清者

冬物之後賣覽多令湯方事不葉午腹睏有久而不浦顏客漸

疫軍眼淺馮黃耆十二分薏苡四大雨引針者擣篩研綿裏肉

繩客二大雨　右以水三升煮即二大小澤澄取別切妙白羊腎七

圖去印衣常作差法熟茈撣菜味薑翖和然二下煎藥汁二

大牛更取煮三沸空腹頭風目疼時ヒ欹倒頭着臨吐宜眼菊花丸方

菊花六分防風六分伏神十分枳殼六分芎藭八分白木十分甘草六

擯榔人八分擣篩蜜和爲丸每日冰酒ヒ眼桃人十二分進攷不得雙人別擣

腎賢風含連芎腹空肩外隱蜀腫宜時ヒ菜桃李大醋

黃耆目十分山茱黃八分蔟蓟子八分牛膝六分志殼六分伏苓十分

桂心六分擯榔八分右擣篩蜜和爲丸每日冰酒下此五丸忌菜醋牛肉下食

曰木六分厚朴五分甘草四分橘攵五分薑五分右切以水下半蓝床五合去

寧空腹眼眼中諸疾赤腎暗時ヒ覽熱氣上御漢ヒ兼風涙出忌羊之

桂心六分山茱黃八分牛膝六分志殼六分伏苓十分生妨痛白木飲芋方

Pelliot chinois 3597

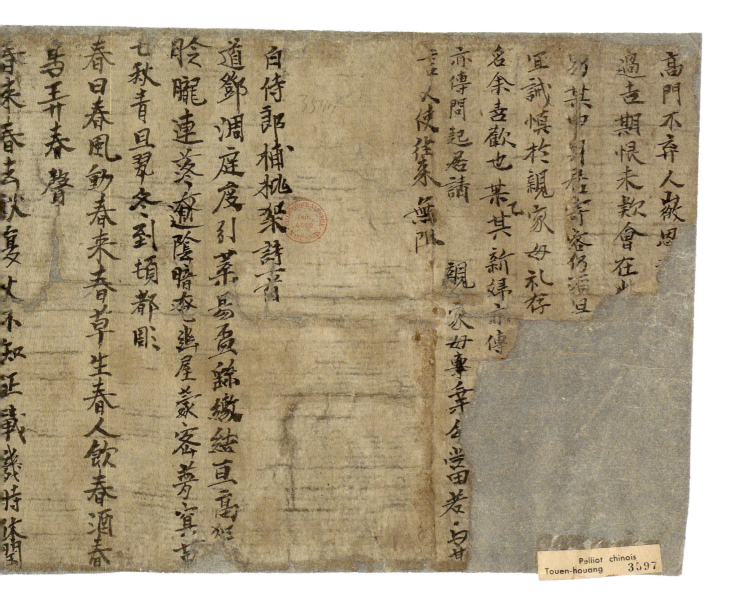

高門不弃人敬思
過去期恨未歎會在此
別其中引程等容仍頓旦
宜誠慎於觀家母礼存
名余喜歡也某其新婦亲傳
亦傳問起居請
書人使徔來　無阻
觀家母東弄　　當苗若　白甘
自侍郎柏桃栾詩首
道鄰凋庭度引葉島屋蘇緣綵亘高那
眈曨連葵遙遶陰暗泰幽屋蒙客芳宜吉
七秋青旦昃冬到頃都眠
春日春風動春来春草生春人飲春酒春
馬玉并春聲
春来春去欢復火不知正載幾持沐望

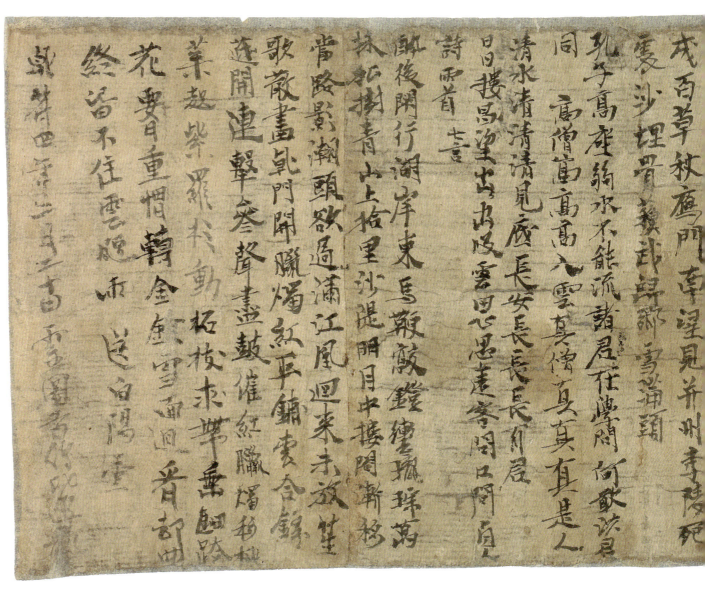

P.3597　　　書儀等（總圖）

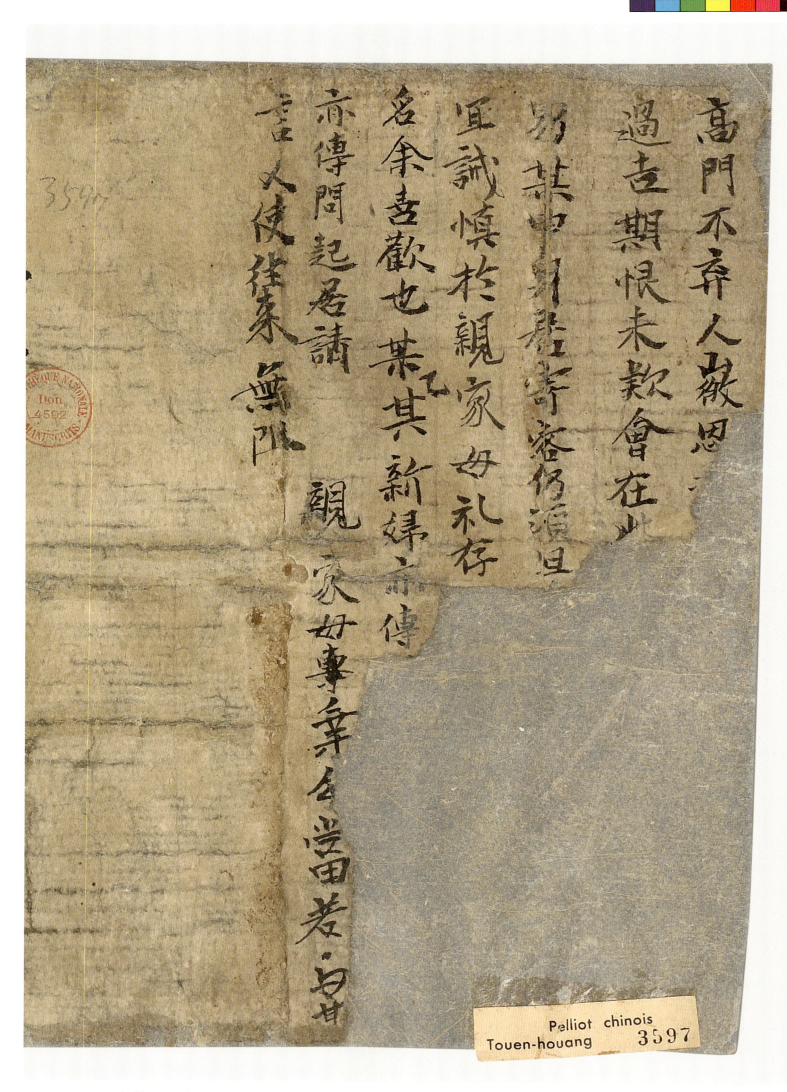

高門不齊人欽思
過吉期恨未敘會在此
別非由剋駕寄容修頓旦
旦誠慎於親家母礼存
名余喜歡也某其新婦亦傳
亦傳問起居請
　　　　觀
家母尊卑合當問各白首
吾又使從來無限

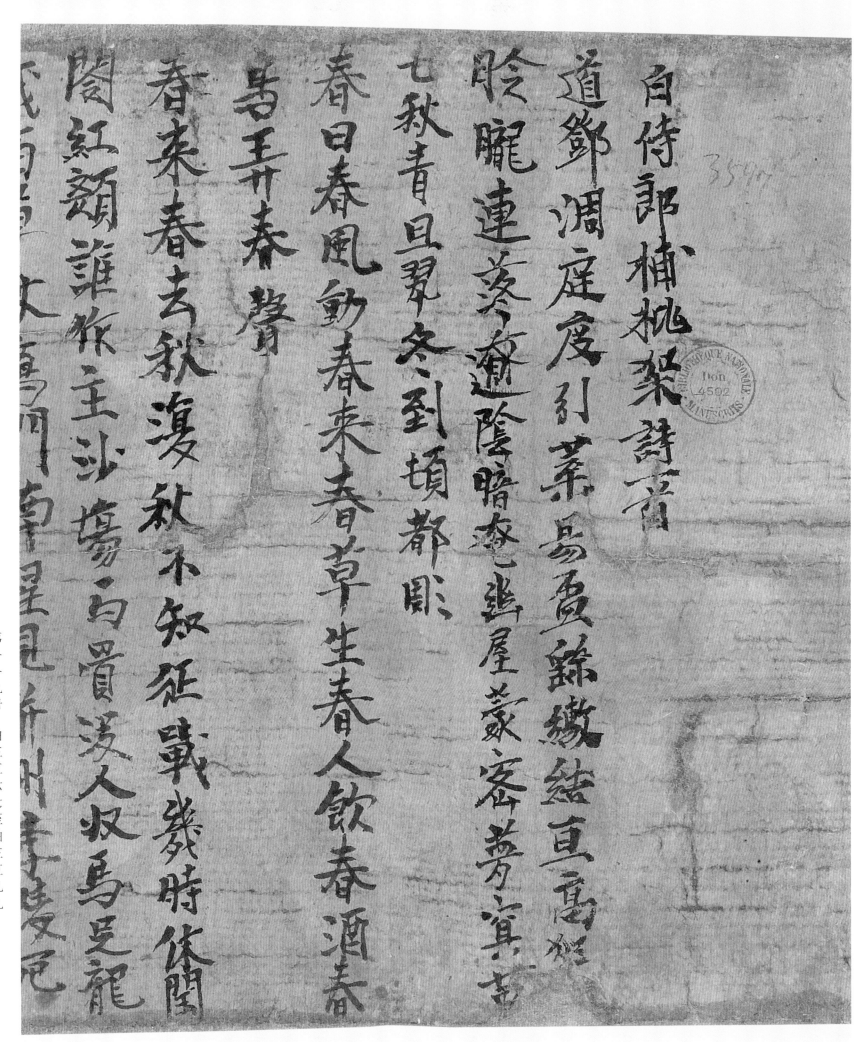

白侍郎梯桃栗詩一首

遙鄧凋庭度引菜鳥賣餘緣結亘高駛

眵朧連葵雀遙陰暗移幽屋蒙容芳真吉

七秋青旦罷冬到頃都眠

春日春風動春來春草生春人飲春酒春

鳥王卄春聲

春來春去秋渡秋不知征戰幾時休閑

閣紅額誰作主沙塲白骨沒人收馬足龍

戎萬□□南軍星□許州□□□□□

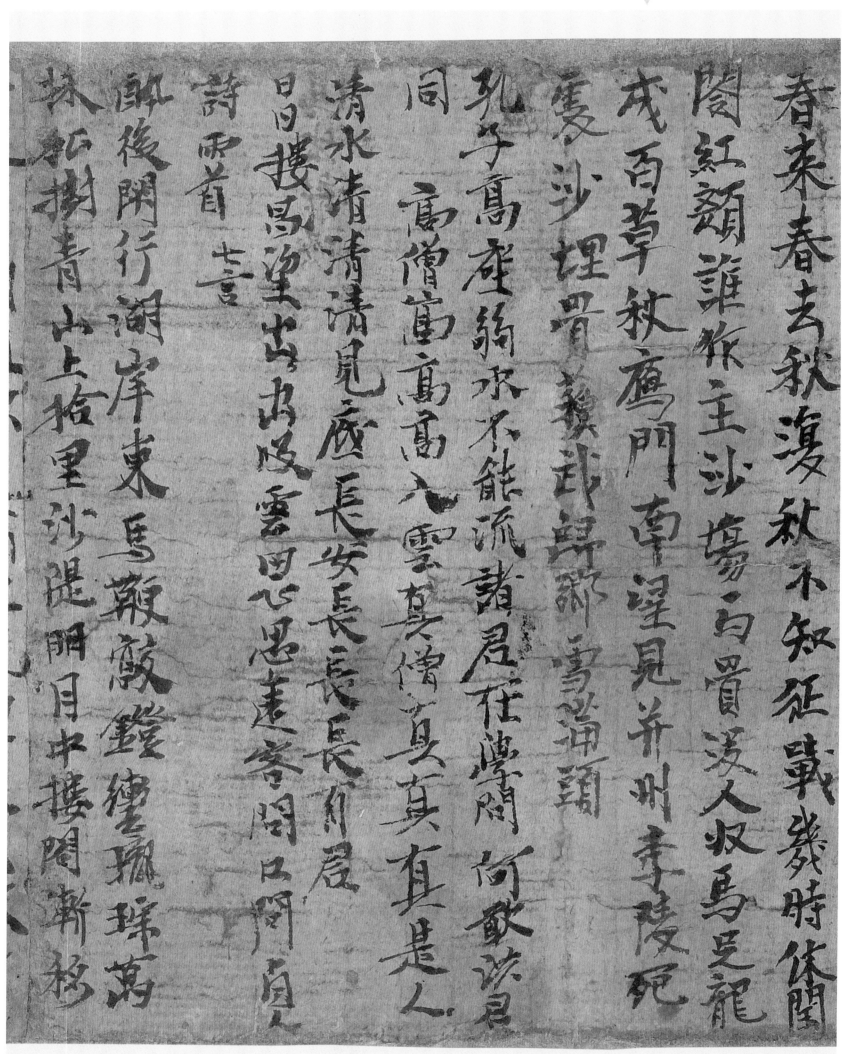

P.3597　　2. 唐詩叢鈔　　（4—3）

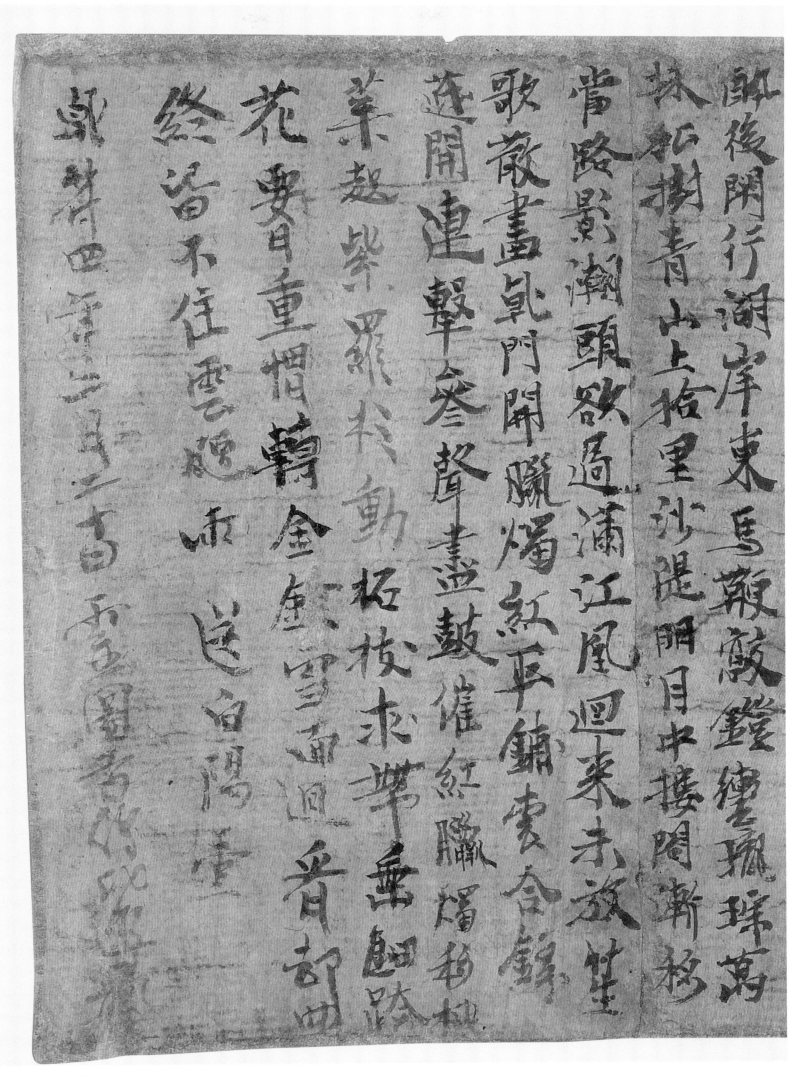

P.3597　2.唐詩叢鈔　（4—4）

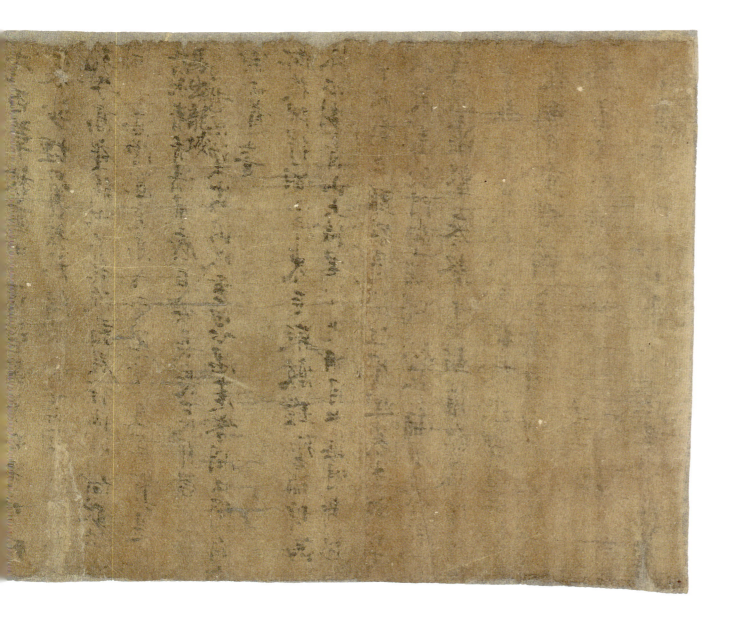

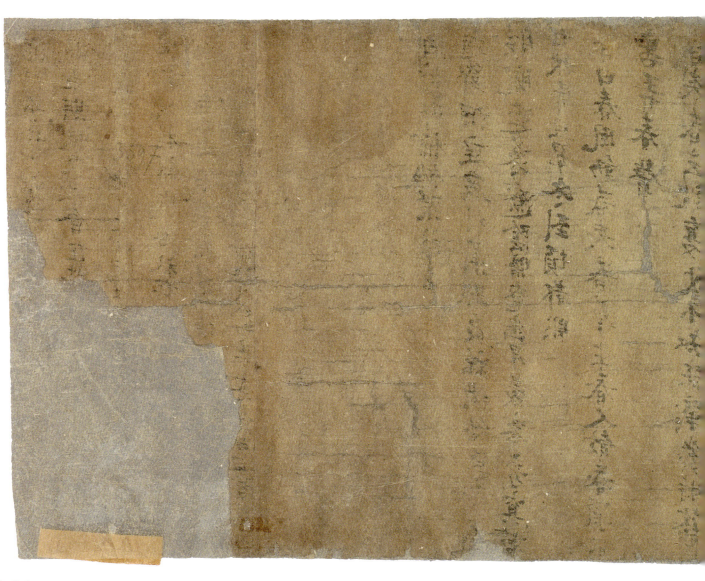

P.3597v　　唐詩雜寫（總圖）

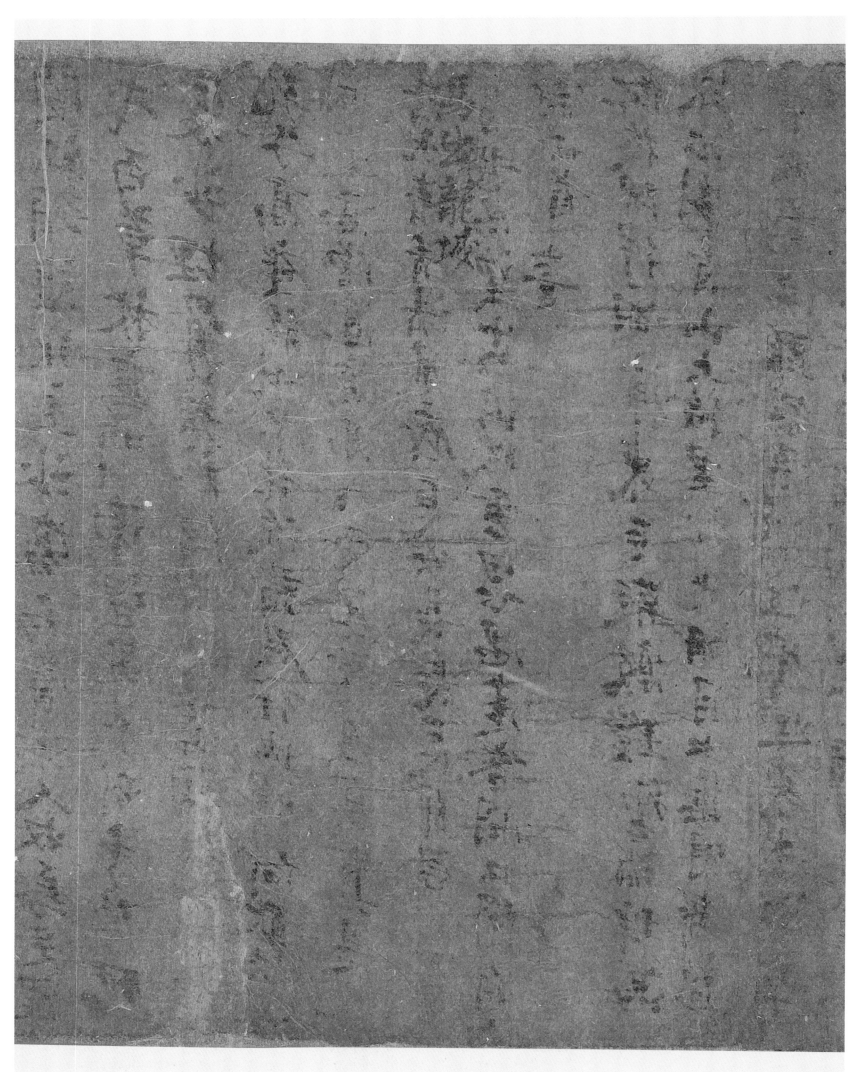

P.3597v　　唐詩雜寫

Pelliot chinois 3598

在東街進升目

瀚州陳敬初入

門戶並令具全

人在守主保惠

官中立与小城百姓 叁百見在
又退下大徳門壹合内欠門壁
藏子音木盆壹在保藏

胚色新花氈 柒領內欠壹領在大和尚
壹領在大和尚
一領花氈

漢䚩曰方氈拾領內欠壹領在
故白綿氈壹領
紅綿侍氈
古破黑方氈

舊曰方氈柒領內欠叁領在保惠
青圓黑氈貳
白綿氈䚩壹
聖僧座花氈貳
又漢䚩白方氈玖領䚩氈壹已上拾領

遷䚩褥貳
又欠後䚩壹在泥藏 丁斤
陳高

氈䚩䚩
褐藏壹口在庫已上見在
又于闐褥䚩壹

白方氈壹條氈貳欠在保力

正月廿古日達眾看坐不關舊曆數見新白氈柒領條

氈內壹裏粘羊毛氈壹條又小和尚三入花氈壹領又入鐺壹

計內有刊又入大麻壹追在沇法諫小和尚又入圍盤兩面

壹樣在沇法諫小和尚入橨壹口又新花氈叁領在大和尚

欠橨柒領却得鐺壹口付寺主保真

入花氈壹領鐵鍱二十壹面寬壹尺牒十二位正有列敬羊盤壹面

入花橨壹領熬藥壹横壹口并錄鏮承牀張內壹在沇

回爐壹鐵案壹

子込嚴壹斤

P.3598　　宋丁卯年（967）後報恩寺常住什物交割點檢曆

Pelliot chinois 3599

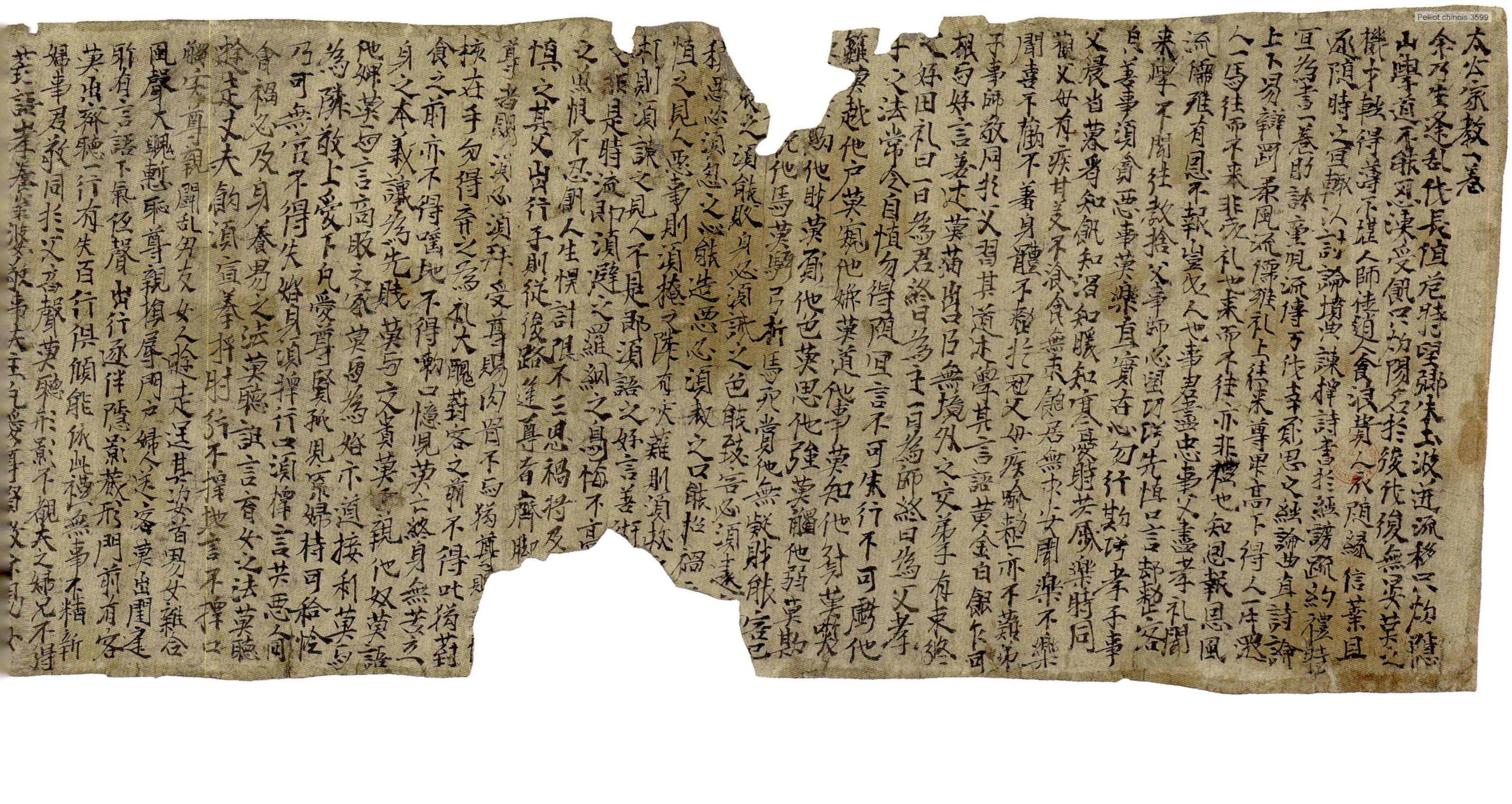
Pelliot chinois 3599
太公家教一卷

P.3599　太公家教并序（總圖）

太公家教一卷

余乃生逢亂代，長值危時，亂離流移，不避代長值危時，亂離流移，避於□□

山澤草道不報，恐凍受風，以於後代，復無異云之

機中輒得，時不雄人師使，道人食浪費，人衣隨緣，信葉且

遂隨時之宣，輒以討論墳典，諫擇討書，於經謗疏，約禮時□

且為書一卷，助誘童兒，流傳萬代，事敬思之，經論曲身詩論

上下易辨罰，乘風流儒雅，礼上往來，尊卑高下，得人一年退

人一馬往，師不來非夜，礼也，未來而不往，亦非礼也，知恩報恩風

流儒雅，有恩不報，豈成人也，事君盡忠，事父盡孝，礼闇

來辱不聞，往教，捨父事師，忠臣刃竭，先慎口言，郡超客

具善事須貪，恶事莫樂，直實在心勾，行孝時孝于事

父，晨省暮知，飢知渇，知暖知寒，憂恤芳樂，樂時同

勸父母有疾，甘美不浪食，無求安，聞樂不樂

聞喜不勸，不善身體，不親於冠，父母疾愈，勤不慕弟

子事師敬同北义，習其道，沭學其三，言語黄金白銀不可

聞妻不賢身體不穩托冠父毋疾人喻勸勅亦不蓋弟

子事師敬同北义習其道述學其言語黃金百銀下可

根句妤言姜述莫蒲肖呂無境外之文弟手有束終

父妤曰礼曰一日為君終曰為子一目為師終曰為义孝

十之法常令自慎勿得隨旦言不可朱行不可麻他

難度他戶莫窺他嫄莫道他事莫知他對莫嫂

莫騎他馬莫負他也莫思他強莫耀他弱莫敗

弓折馬死賞他無嫌財能貧富

他之心能造惡心須救之口能招禍

身必須就之色能破宮必須妻

我思必須忍之心能欧身必須捨之心須救之

怕之見人惡事則須棄之陳有次難則須欺

村則須諫之見人不是郎須避之羅綱之烏梅不可

之禍恨不忍飢人生懼討俱不三思禍將及

慎之其义出行子則從後路進尊者麻脚

是騎流即須避之好言善術

之□惧不忍鼠人生惧計限不三恩禍將及

慎之其文出行子則從後路進導者廉脚

尊者闕□須忽須并受尊賜肉骨不□狗尊

食之前亦不得匾地不得刺口憶見莫二終身無苦尊

身之本義讓為先賤莫与文貴莫与親也奴莫語

地婢莫向言商取之家莫更為始示道接利莫句

為陳敢上愛下凡受尊賢孤見窮婦持可給恰

乃可無宜不得失始身須禪行口須莫句

會禍忽及身宣善莫聽宜言音女之法莫聽

捨走又夫飲須拳拌时行不擇地言不擇口

髑究尊親鬥乱男女人捨走足其姿客百男女雜谷

風聲大殿恥尊親由門户婦人送客莫出闘建

斯有言語下氣由行逐伴隱影葳形門前有客

莫更齋聽一行有失百行俱傾能依此禮無事不精新

□□□□□□□□□□□同仁一行為設賢東忽□□□不親長之儒兄不得

耶有言語　下氣怡聲　由行逐伴　隱影藏形　門前有客

莫典窂聽　一行有失　百行俱傾　能依此禮　無事不精　新

婦事君　敬同於父　高聲黃聽　示影不覩　夫之婦兄　不得

苟語　孝養舅婆　敬事尊夫　主一身愛　尊賢教　示男女

行則緩步　言必細語　葸事女口　莫學歌儛　少為人子長

為人毋　由則殷交　動則掌屛先慎　口言然　無若希見令

特敬家養女不解絲麻　不釰鎔　貪食不作好藏捨走

女年長大　勁惟人婦　不敬君家　不果夫主大人依命說辜

遠造大罵　一言又應十口損辱　兄弟連男在父母本不是

人遠同猪　獨舍血損先之惡其口　十語九中　不語者騍少為

人千長為人父　居必擇陳　蓁近良友　側立聽堂　候待

賓客侶　無親疎来者　當受　合食与食　合酒与酒　閉門不

君不如猪　㹴狀作　富事須方　客不待古今

賓語握歇　開門不覺　所同猪狗　高此之

樹苦扸　風雨路傍之樹苦扸安客

不真人家窂三官府　十羊不圈　苦扸損虎　禾熟不收

樹若扶風雨路傷之樹若扶刀斧當道作香若於客舍
不慎之家若於官府牛羊不圈若於喬禾熟不收
苦求雀鼠屋漏不覆壞其梁柱兵特不慎敗於
軍旅人生不學貴其言語近末害者諂近室者黑蓬
生麻中不扶自直近俊害者諂近俗者賤
苟明近賢者德近愚者色貶人多賴富兒勤力筋耕
之人必豐穀食若寧之父父必居官藏貝田不耕損人功
力養子不教貴人祝食与人共食慎莫先湌當草其宗祖始
先執賜行不當路坐不坐堂逢路尊者側五道傍者
周善藥必頌審詳子孫永末先湌就堂末民尊
者莫入秋房苦得飽食慎莫先湌食必先讓勞必自當
知過必改得能莫忘回人相識先款密徽稱名道
然後相知倍年已長則父事之十年已上則兄事之五年
執死嫉功害兄弟後及兒郎先勑密徽稱名道
淀外即厠隨之三人同行必有我師焉擇其善者而

然後相知恬悔每已長則文事之十年汝上則兄事之王耳
汝泉則腐隨之三人同行必有我師上焉擇其善者而
從之其不善者而政之涕不擇鍼汝貧不擇妻飢不
擇食寒不擇衣小人為賊用焉千為得鍼相知鍼不
取其短先取其長鍼求其圓先取其方鍼求其強先
取其弱鍼求其圓先取其棄鍼防外敵先須自防敵
揚人惡先須自揚傷人之語還是自傷凡人不可自相海
水不可斗量茅刺之家必由國王蕙芝之下必有蘭
芳財祭得食財鬭得傷仁慈者壽賃暴者亡清、
之水為土耐傷濟之士為須耶狹聞人善是乍可擇檀
如人有過察捷涷藏是故囚謒彼短靡恃已長應鳩
雖迅不能快枝風雨日月雖明不照覆盆之下意慶雖
聖不能化其明王敕子難賢不能諫其闇君此千龇惠不
能自免其身較龍雖聖不能熟岸上之人刃劍錐利不
能無罪之人羅綱雖細不能執無事之人非次摸福不
入慎家之門人無遠慮必有近憂耕至急敗枕貪田謠

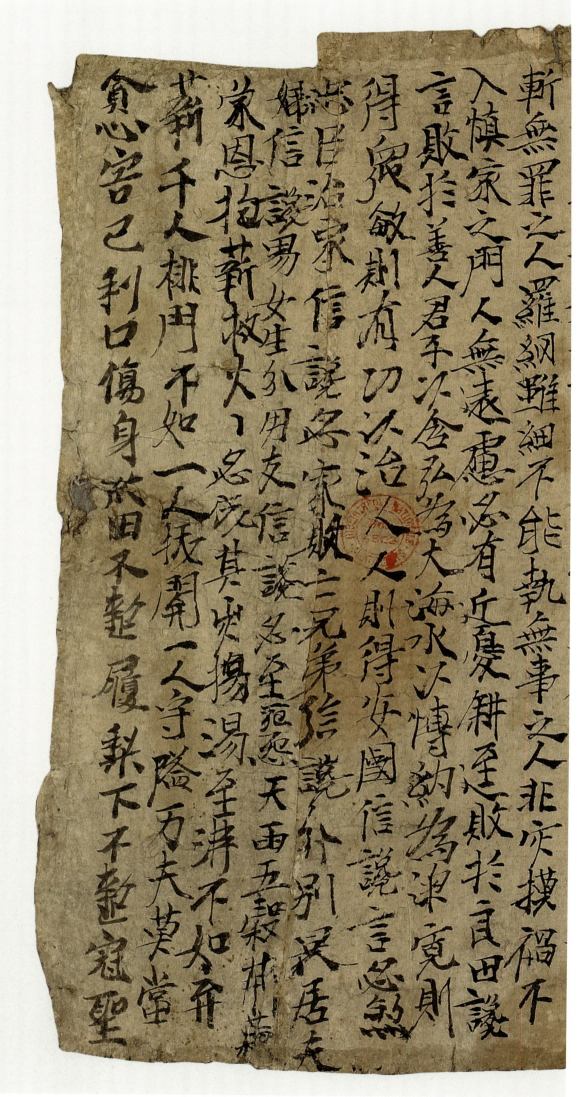

斬無罪之人羅網雖細不能執無事之人非疾橫禍不
入慎家之閑人無遠慮必有近憂冊至敗於言田譏
言敗於善人君子不念弘弘為大海水又博納為凍寬則
得眾敏則有功以治
志臣治家信諺名實敗三兄弟信諺言怒怒
婦信諺易女生外男支信諺名至寇怨天西五穀枯茢
崇恩抱薪枚火一名敗其火傷湯至洪不如火弃
薪千人桃門不如一人扶開一人守隘萬夫莫堂
貪心宮己刳口傷身省曰不勤履梨下不勤寇聖

MANUSCRITS DE DUNHUANG CONSERVÉS À LA BIBLIOTHÈQUE NATIONALE DE FRANCE

VOLUME 119

Directeur par
RONG Xinjiang
Publiés par
Les Éditions des Classiques Chinois, Shanghai
(Bâtiment A 5F, No.1-5, Haojing Route 159, Minhang Régions, Shanghai, 201101, China)
Téléphone : 0086-21-64339287
Site Web : www.guji.com.cn
E-mail : guji1@guji.com.cn
www.ewen.co
Imprimé par
Impression artistique Yachang de Shanghai S.A.R.L.

787×1092mm 1/8   54.5 feuilles in-plano   4 encart
Premiére édition : Mai 2025   Premiére impression : Mai 2025
ISBN 978-7-5732-1602-1/K.3856
Prix : ¥3800.00

DUNHUANG MANUSCRIPTS IN THE BIBLIOTHÈQUE NATIONALE DE FRANCE

VOLUME 119

Editor in Chief
RONG Xinjiang
Publisher
Shanghai Chinese Classics Publishing House
(Block A 5F, No.1-5, Haojing Road 159, Minhang District, Shanghai, 201101, China)
Tel : 0086-21-64339287
Website : www.guji.com.cn
Email : guji1@guji.com.cn
www.ewen.co
Printer
Shanghai Artron Art Printing Co., Ltd.

8 mo 787×1092mm   54.5 printed sheets   4 insets
First Editon : May 2025   First Printing : May 2025
ISBN 978-7-5732-1602-1/K.3856
Price : ¥3800.00

圖書在版編目（ＣＩＰ）數據

法國國家圖書館藏敦煌文獻 . 119 / 榮新江主編 .
上海 ： 上海古籍出版社，2025. 5. -- ISBN 978-7-5732-
1602-1

Ⅰ. K870.6

中國國家版本館 CIP 數據核字第 20256MZ532 號

法國國家圖書館藏敦煌文獻　第一一九册

主　編

榮新江

出　版　發　行

上海古籍出版社

上海市閔行區號景路 159 弄 1-5 號 A 座 5F

郵編 201101　傳真（86 – 21）64339287

網址：www.guji.com.cn

電子郵件：guji1@guji.com.cn

易文網：www.ewen.co

印　刷

上海雅昌藝術印刷有限公司

開本：787×1092　1/8　印張：54.5　插頁：4

版次：2025 年 5 月第 1 版　印次：2025 年 5 月第 1 次印刷

ISBN 978-7-5732-1602-1/K.3856

定價：3800.00 元